权威·前沿·原创

皮书系列为

“十二五”“十三五”国家重点图书出版规划项目

BLUE BOOK

智库成果出版与传播平台

黑龙江蓝皮书

BLUE BOOK OF HEILONGJIANG

黑龙江经济发展报告（2020）

ANNUAL REPORT ON ECONOMIC DEVELOPMENT OF HEILONGJIANG(2020)

主　　编／吴海宝
执行主编／王爱新
副 主 编／王　刚　赵　勤　李小丽

社会科学文献出版社
SOCIAL SCIENCES ACADEMIC PRESS (CHINA)

图书在版编目(CIP)数据

黑龙江经济发展报告.2020 / 吴海宝主编. -- 北京：社会科学文献出版社，2020.2
（黑龙江蓝皮书）
ISBN 978-7-5201-6346-0

Ⅰ.①黑… Ⅱ.①吴… Ⅲ.①区域经济发展-研究报告-黑龙江省-2020 Ⅳ.①F127.35

中国版本图书馆 CIP 数据核字（2020）第 038217 号

黑龙江蓝皮书
黑龙江经济发展报告（2020）

主　　编 / 吴海宝
执行主编 / 王爱新
副 主 编 / 王　刚　赵　勤　李小丽

出 版 人 / 谢寿光
责任编辑 / 丁　凡
文稿编辑 / 赵智艳

出　　版 / 社会科学文献出版社 · 城市和绿色发展分社（010）59367143
地址：北京市北三环中路甲 29 号院华龙大厦　邮编：100029
网址：www.ssap.com.cn
发　　行 / 市场营销中心（010）59367081　59367083
印　　装 / 天津千鹤文化传播有限公司

规　　格 / 开 本：787mm × 1092mm　1/16
印 张：25　字 数：373 千字
版　　次 / 2020 年 2 月第 1 版　2020 年 2 月第 1 次印刷
书　　号 / ISBN 978-7-5201-6346-0
定　　价 / 128.00 元

本书如有印装质量问题，请与读者服务中心（010-59367028）联系

《黑龙江经济发展报告（2020）》
编　委　会

主　　编　吴海宝

执行主编　王爱新

副 主 编　王　刚　赵　勤　李小丽

作　　者　（按文序排列）

吴海宝　孙浩进　娄　峰　陈秀萍　吕　萍
赵　勤　宫之胤　程　遥　朱大鹏　刘懿锋
宋静波　隋云鹏　李小丽　曾　博　王海英
孙浩天　赵　蕾　王力力　孙国徽　王大业
钱　成　郑文鹏　邢　明　王化冰　于　飞
于光妍　宋晓丹　栾美薇　王　拓　高玉海
吕景和　孙　宇　朱德鹏　毛成林　杨德松
马广明　安　军　于海峰　王雅华　李宪文
苏惟真　黄景生　张福超　赵月华　张　旭
刘文涛

编　　务　刘懿锋　朱德鹏　徐嘉南

主要编撰者简介

吴海宝　黑龙江省社会科学院（黑龙江省人民政府发展研究中心）副院长、黑龙江振兴发展研究院院长、高级经济师。1995年参与联合国开发计划署援华项目“大庆区域经济调整规划研究”，是主报告撰写人之一。2000年担任《大庆现代化研究报告》副主编，是主报告主要执笔人。2005年、2006年连续两年主编《大庆科学发展实践与探索》。近年来，在省报等主要媒体多次接受采访、发表文章，多个项目课题研究曾获省优秀调研成果一等奖。主持推进“龙江全面振兴评估报告”课题研究。完成“用习近平经济思想指导东北全面振兴”研究报告。在国内报纸、刊物发表文章多篇。

王爱新　黑龙江省社会科学院经济研究所所长、黑龙江振兴发展研究院副院长、研究员，兼任黑龙江省数量经济学会副会长、黑龙江省边疆经济学会副会长等。主要研究方向包括区域经济学、财政金融学、生态经济学。近年来主持和参与国际、国家级、省级社科项目21项，出版专著2部，编著10余部，发表论文、研究报告30余篇，其中有多篇研究报告被决策部门采纳，有9项成果获奖。

摘　要

2019 年，黑龙江省深入贯彻习近平新时代中国特色社会主义思想，以习近平总书记来黑龙江省考察的重要讲话为引领，积极应对经济下行压力和挑战，把握稳中求进工作总基调，以供给侧结构性改革为主线，推动全省经济总体平稳运行，积极因素增多，发展信心增强。2019 年前三季度，黑龙江省实现地区生产总值 10292.2 亿元，同比增长 4.3%，在全国经济普遍下行的情况下，增幅与上年同期持平。

农业生产取得丰收。2019 年前三季度，黑龙江省稳农业促增收，战胜农业重大自然灾害，第一产业增加值 649.1 亿元，增速为 2.6%，比上年同期下降 1.8 个百分点。其中农、林、牧、渔业增加值分别增长 4.6%、5.1%、1.4%、0.3%。2019 年全省粮食总产量将超过 1500 亿斤，实现“十六连丰”。全省畜牧业总体呈企稳回升态势，主要畜产品价格和经济效益有较大提高。加大黑土地保护力度，耕地轮作休耕 1415 万亩。

工业生产低位运行。2019 年前三季度，黑龙江省规模以上工业（以下简称“规上工业”）增加值比上年同期增长 2.7%，比上年同期提高 0.1 个百分点，低于全国平均水平 2.9 个百分点，若扣除石油和天然气开采行业，全省规上工业增加值增长 5.0%。从 40 个行业大类看，有 23 个行业增加值实现同比增长，21 个行业增幅高于全省平均水平。

服务业主导特征更加突出。2019 年前三季度，全省服务业实现增加值 6883.4 亿元，比上年同期增长 5.2%，低于全国平均水平 1.8 个百分点，但分别高于地区生产总值、第一产业和第二产业增加值增速 0.9 个、2.6 个和 2.5 个百分点，继续领跑全省经济增长。全省服务业增加值占地区生产总值的比重达到 66.9%，同比增加 1.3 个百分点，对地区生产总值增长的贡献率达到76.2%，是GDP增长的首要拉动力量。

产业项目建设成效显著。2019年前三季度，全省新签约内资项目1078个，实际利用内资1055.1亿元，一批百亿级大项目签约落地，部分已开工建设。深度推进与广东对口合作，签约合作项目337个，投资总额超过3000亿元，深圳（哈尔滨）产业园开工建设。哈尔滨工业大学"大科学工程"、中国移动数据中心项目加快建设，新光光电在科创板成功上市，持续抓好全国科协年会成果的项目转化。

去产能、去库存、降成本效果显现。2019年1~8月，黑龙江省原煤产量比上年同期下降6.8%；截至8月末，商品房待售面积1532.6万平方米，下降21.2%；7月末，全省规模以上工业企业产成品存货周转天数比上年同期减少0.7天；1~7月，每百元营业成本比上半年下降0.17元。

习近平总书记强调，黑龙江要聚焦发力，奋力走出全面振兴新路子，这是中央赋予黑龙江省的重大战略任务。黑龙江省必须深入贯彻新发展理念，落实高质量发展要求，扎实打好"三大攻坚战"，加快建设"六个强省"，落实"六抓"工作举措，走出一条质量更高、效益更好、结构更优、优势得以充分释放的新路，实现经济高质量发展，推动全面振兴、全方位振兴。

关键词： 黑龙江省　经济发展　新动能　内生动力　"六个强省"　"三大攻坚战"

Abstract

In 2019, Heilongjiang province deeply implements Xi Jinping's socialist ideology with Chinese characteristics in the new era, taking the important speech of General Secretary Xi Jinping in Heilongjiang province as the guideline, actively responding to the economic downward pressure and the challenge, and grasping the overall tone of seeking progress in stability. Taking the supply-side structural reform as the main line, we promote the overall smooth operation of the province's economy. More positive factors and more confidence are accumulated in the development. In the first three quarters of 2019, Heilongjiang province achieved a GDP of 1029. 22 billion yuan, a year-on-year increase of 4. 3% . Under the condition of general economic downturn, the growth rate remained the same as that in the first half of the year.

There was a good harvest in agricultural production. In the first three quarters of 2019, Heilongjiang Province stabilized agriculture, promoted income growth, and overcame major agricultural natural disasters. The added value of the primary industry was 64. 91 billion yuan, with a growth rate of 2. 6% , down 1. 8 percentage points from the same period last year. Among them, the added value of agriculture, forestry, animal husbandry and fishery increased by 4. 6% , 5. 1% , 1. 4% and 0. 3% respectively. In 2019, the total grain output of the province will exceed 150 billion jin, realizing "sixteen consecutive increase" . The animal husbandry in the whole province is on the trend of stabilization and recovery, and the prices and benefits of main animal products have been greatly improved. We increase efforts to protect black land, with 14. 15 million mu of cultivated land rotation and fallow.

The industrial production run at a low pace. In the first three quarters of 2019, the added value of industries above designated size in Heilongjiang province increased by 2. 7% over the same period of last year, 0. 4 percentage points higher than that from January to August, 0. 1 percentage points higher than that in the same period of last year, 2. 9 percentage points lower than the national average. If the oil and gas exploitation industry is excluded, the added value of industries above designated size in Heilongjiang province will increase by 5. 0% . From the perspective of 40 industry categories, 23 industries achieved year-on-year growth in added value, and 21 industries achieved higher growth than the provincial average.

The service industry become more prominent. In the first three quarters of 2019, the added value of service industry in the whole province reached 688. 34 billion yuan, an increase of 5. 2% over the same period of last year, 1. 8 percentage points lower than the national average, but 0. 9, 2. 6 and 2. 5 percentage points higher than the growth of the regional GDP, the added value of the primary industry and the secondary industry respectively. The service industry continue to lead the economic growth of the whole province, and the added value of the service industry in the whole province accounted for 66. 9% of the regional GDP. It is 1. 3 percentage points higher than that of last year, contributing 76. 2% to the growth of the regional GDP, which is the primary driving force of GDP growth.

Remarkable achievements have been made in the construction of industrial projects. In the first three quarters of 2019, 1078 new domestic funded projects were signed in the whole province, with the actual utilization of domestic capital of 105. 51 billion yuan. A batch of 10 billion level large projects were signed and implemented, and some of them have started construction. We deepened the cooperation with Guangdong counterparts. 337 cooperation projects were signed, with a total investment of more than 300 billion yuan. Shenzhen (Harbin) Industrial Park was under construction. The construction of big science project of Harbin University of technology and China Mobile Data Center project was accelerated. New light optoelectronics was successfully listed on Science and Technology Innovation Board. We keep focusing on the project transformation of the achievements of the annual meeting of the National Association for science and technology.

The effect of production capacity reduction, inventory reduction and cost reduction is obvious. From January to August 2019, the raw coal output of Heilongjiang province decreased by 6.8% over the same period of last year. At the end of August, the area of commercial housing for sale was 15.326 million square meters. At the end of July, the turnover days of finished products inventory of Industrial Enterprises above Designated Size decreased by 0.7 days compared with the previous year. From January to July, the operating cost per hundred yuan decreased by 0.17 yuan compared with the first half of the year.

General Secretary Xi Jinping stressed that Heilongjiang should focus on its efforts and strive to walk out of a new path of comprehensive revitalization, which is a major strategic task entrusted to Heilongjiang province by the central government. Heilongjiang province must thoroughly implement the new development concept, implement the requirements of high-quality development, make solid efforts to fight the "three key battles", accelerate the construction of "strong province in six fields", find a new way with higher quality, better efficiency, better structure and full release of advantages, realize high-quality economic development and promote all-round revitalization.

Keywords: Heilongjiang Province; Economic Development; New Driving Force; Endogenous Impetus; "Strong Province In Six Fields"; "Three Key Battles"

目 录

Ⅰ 总报告

Ⅱ 经济运行篇

Ⅲ 改革转型篇

Ⅳ 专题研究篇

Ⅴ 国际合作篇

Ⅵ 地市发展篇

CONTENTS

I General Report

Ⅲ Reports on Reform and Transformation

Ⅳ Reports on Special Subjects

V Reports on International Cooperation

VI Reports on Prefecture-Level City Development

总 报 告

General Report

B.1

2019~2020年黑龙江省经济发展形势分析与预测

吴海宝　孙浩进　娄 峰*

摘　要： 2019 年，黑龙江省深入贯彻习近平新时代中国特色社会主义思想，以习近平总书记来黑龙江省考察的重要讲话为引领，积极应对经济下行压力和挑战，把握稳中求进工作总基调，以供给侧结构性改革为主线，推动全省经济总体平稳运行，积极因素增多，发展信心增强。但黑龙江省长期存在的结构性、体制性和市场化程度不高等深层次矛盾仍比较突出，工业中传统行业比重大，大项目带动作用不够，资源精深加工不够，若干产业领域的增长潜力还没有被充分释放；民营经

* 吴海宝，黑龙江省社会科学院副院长，高级经济师；孙浩进，黑龙江省社会科学院马克思主义研究所研究员；娄峰，中国社会科学院研究员。

济发展环境和营商环境有待进一步优化；民生还有历史欠账和突出短板，人力资本流失现象严重；转方式调结构任务艰巨，新旧动能转换亟待加快，自主创新内生动力不足；不适应市场经济要求的思想观念和体制机制等深层次矛盾和问题还没有得到根本解决。以上问题导致全省经济下行压力持续加大。习近平总书记强调，黑龙江要聚焦发力，奋力走出全面振兴新路子，这是中央赋予黑龙江省的重大战略任务。因此，黑龙江省必须深入贯彻新发展理念，落实高质量发展要求，扎实打好“三大攻坚战”，加快建设“六个强省”，落实“六抓”工作举措，走出一条质量更高、效益更好、结构更优、优势得以充分释放的新路，实现经济高质量发展，推动全面振兴、全方位振兴。

关键词： 黑龙江省　经济发展　新动能　内生动力　“六个强省”　“三大攻坚战”

一　2019年黑龙江省经济发展形势分析

2019 年，黑龙江省坚持以习近平新时代中国特色社会主义思想为指导，全面贯彻中央宏观经济调控“六稳”总要求和东北振兴决策部署，深入落实习近平总书记在深入推进东北振兴座谈会上的重要讲话和考察黑龙江省时的重要讲话、重要指示精神，统筹推进稳增长、促改革、调结构、惠民生、防风险、保稳定各项工作，全省经济运行总体平稳。

综合分析研判，2019 年前三季度全省经济总体运行平稳、下行压力持续加大，但积极因素增多、发展信心增强。2019 年初以来，面对错综复杂的国际国内形势，黑龙江省委、省政府认真贯彻落实习近平总书记重要讲话和重要指示精神，扎实推进政府工作报告任务的落实，全省经济延续了上半年平稳运行的总体态势。

（一）经济基本面平稳，民生指标表现良好

1. 宏观经济总体平稳

2019 年前三季度，黑龙江省实现地区生产总值 10292.2 亿元，同比增长 4.3%，在全国经济普遍下行的情况下，增幅与上年同期持平；第一产业、第三产业增幅同比分别回落 1.8 个和 1.7 个百分点；规模以上工业增加值同比增长 2.7%（扣除石油和天然气开采业增长 5.0%），增幅比上年同期提高 0.1 个百分点，比 1～8 月份提高 0.4 个百分点，与先行指标的同步增长相匹配。综合 2019 年前三季度的经济运行走势看（见图 1），黑龙江省经济在一季度初步实现首季开门红，二季度以来经济运行稳中趋缓，走势持续承压。

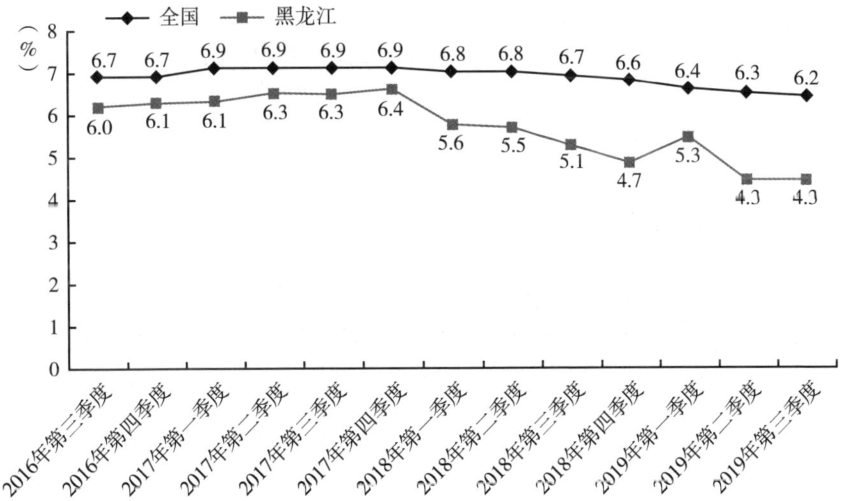

图 1　2016～2019 年黑龙江省经济增速与全国对比情况

2. 消费价格涨势总体平稳

2019 年 1～8 月，黑龙江省 CPI 同比上涨 2.3%，低于全国平均水平 0.2

个百分点；8 月份当月 CPI 同比上涨 2.9%（见图 2）。从结构分析，食品烟酒价格（7.8%）、教育文化和娱乐类价格（3.7%）是 CPI 上涨的主要推力。以上两类价格上涨的原因是：受天气异常和疫情影响，食品类（尤其是猪肉）价格不断上涨；受全省开放民办学历教育收费标准影响，教育类价格上涨明显。

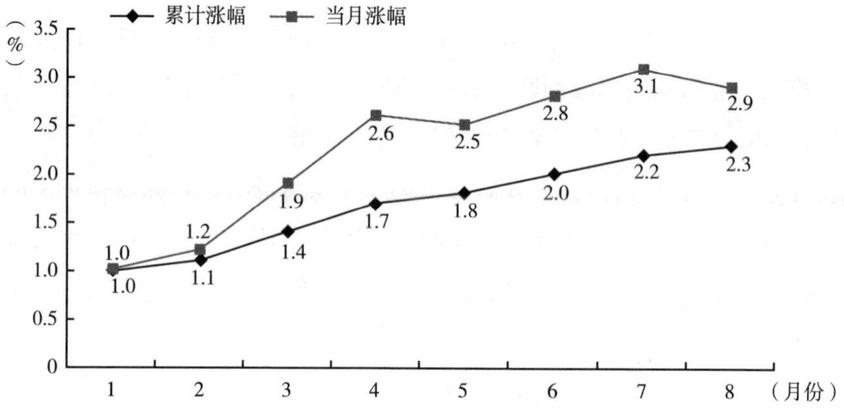

图 2　2019 年 1～8 月黑龙江省 CPI 变化情况

3. 财政总体平稳运行

财政支出进度加快。由于黑龙江省全面落实减税降费政策，全省财政收入有所下降，但财政支出进度加快，特别是民生支出保障有力。2019 年 1～8 月，全省一般公共预算收入完成 848.1 亿元（见图 3），比上年同期下降 2.9%。其中地方税收收入完成 644.3 亿元，下降 5.6%；非税收入完成 203.8 亿元，增长 6.9%。各级财政部门多渠道盘活国有资金和资产，国有资源（资产）有偿使用收入 68.8 亿元（增长 7.7%），是拉动非税收入增长的主要动力。2019 年 1～8 月，全省一般公共财政支出完成 3299.9 亿元，比上年同期增长 5.0%。民生支出 2837.4 亿元，增长 5.1%。

4. 居民收入和就业水平保持稳定

2019 年前三季度，黑龙江省城镇居民人均可支配收入实现 22745 元，同比增长 5.8%；农村居民人均可支配收入实现 9318 元，同比增长 7.0%，

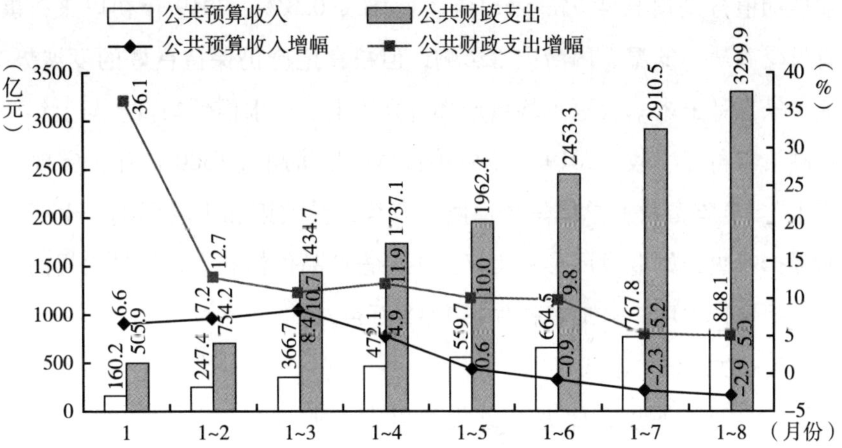

图3　2019年1～8月黑龙江省公共财政收支变化情况

高于上半年1个百分点。2019年前三季度，城镇新增就业44.8万人，完成全年目标的86.2%；登记失业率3.73%，低于预期目标0.77个百分点，从登记失业率口径看，黑龙江省高质量地完成了稳就业这个第一稳的目标。

5. 加大民生保障力度

2019年前三季度，全省用于民生的一般公共预算支出增长11.5%，占一般公共预算支出的86%，兜牢“五保支出”底线。6～8月，食品价格快速上涨，省政府及时启动物价补贴联动机制，全省累计发放价格补贴资金9283万元，惠及困难群众619.3万人次。2019年前三季度，黑龙江省所有贫困村全部实现“三通三有”和安全饮水，贫困发生率由1.64%降至0.65%，确保年底前实现9万贫困人口脱贫，剩余5个贫困县全部摘帽、100个贫困村全部出列，减贫效果良好。

（二）供给端总体向好，三次产业运行平稳

1. 农业生产取得丰收

2019年前三季度，黑龙江省稳农业促增收，战胜农业重大自然灾害，第一产业增加值649.1亿元，增速为2.6%，比上年同期下降1.8个百分点。自2013年以来首次低于全国平均水平，下降幅度较大，其中农、林、牧、

渔业增加值分别增长4.6%、5.1%、1.4%、0.3%。2019年初以来，黑龙江省虽受春旱、低温、内涝灾害影响，但粮食生产仍保持良好的发展势头，农业专家预计玉米、大豆平均亩产都将高于上年，水稻平均亩产与上年持平或略高，将再迎丰收。2019年全省粮食总产量将超过1500亿斤，实现“十六连丰”。全省畜牧业总体呈企稳回升态势，受政策和市场影响，生猪产业不断提档升级，奶业发展形势良好，主要畜产品价格和效益有较大提高。加大黑土地保护力度，耕地轮作休耕1415万亩。

2. 工业生产低位运行

2019年前三季度，黑龙江省规模以上工业（以下简称“规上工业”）增加值比上年同期增长2.7%（见图4），比上年同期提高0.1个百分点，低于全国平均水平2.9个百分点，若扣除石油和天然气开采行业，全省规上工业增加值增长5.0%。从40个行业大类看，有23个行业增加值实现同比增长，21个行业增幅高于全省平均水平。其中，装备、食品、医药、冶金、建材、纺织等行业均保持较快增长。以哈尔滨新区为核心的“哈大齐”（哈尔滨、大庆、齐齐哈尔）产业带建设全面提速，先导引领作用不断增强，成为工业转型升级核心发展带，集聚全省84%的技术创新服务平台、95%以上的高精尖人才，创造了84%的高新技术产业增加值，规上工业增加值占全省的80%以上。

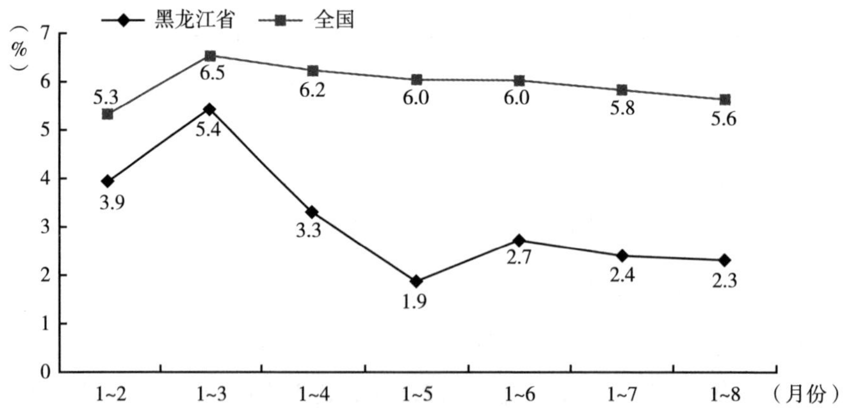

图4　2019年1~8月黑龙江省规模以上工业增加值增速情况

3. 服务业主导特征更加突出

2019 年前三季度，全省服务业实现增加值 6883.4 亿元，比上年同期增长 5.2%，低于全国平均水平 1.8 个百分点，但分别高于地区生产总值、第一产业和第二产业增加值增速 0.9 个、2.6 个和 2.5 个百分点，继续领跑全省经济增长。全省服务业增加值占地区生产总值的比重达到 66.9%，同比高出 1.3 个百分点，对地区生产总值增长的贡献率达到 76.2%，是 GDP 增长的首要拉动力量。从月度监测看，铁路运输、财政支出、存贷款余额等多项反映服务业的相关指标均保持稳定增长。

4. 产业项目建设成效显著

2019 年前三季度，全省新签约内资项目 1078 个，实际利用内资 1055.1 亿元，豫港龙泉铝材加工、圣泉 100 万吨秸秆综合利用、东北亚国际贸易中心、恒大文旅产业园、北京泰银生物制药、冰雪大世界四季冰雪等一批百亿级大项目签约落地，部分已开工建设。国道鹤岗至大连公路省内段竣工通车，牡佳高铁桦林等重点隧道贯通，机场东二跑道征地拆迁工作提前完成，佳鹤铁路如期开工。绥化新和成、万里润达，桦南鸿展、神华国能宝清等一批大项目建成投产。深度推进与广东对口合作，签约合作项目 337 个，投资总额超过 3000 亿元，深圳（哈尔滨）产业园开工建设。哈工大大科学项目、中国移动数据中心项目加快建设，新光光电在科创板成功上市，持续抓好全国科协年会成果的项目转化。

5. 去产能、去库存、降成本效果显现

2019 年 1～8 月，黑龙江省原煤产量比上年同期下降 6.8%；截至 8 月末，商品房待售面积 1532.6 万平方米，下降 21.2%；7 月末，全省规上工业企业产成品存货周转天数比上年同期减少 0.7 天；1～7 月，每百元营业成本比上半年下降 0.17 元。四煤城坚决做到“真关、真整、真淘汰”、严把资源整合关口，倒逼转型发展，加快“煤头化尾”“煤头电尾”重点项目建设，煤炭开采和洗选业下降 4.1%，经济结构持续优化。

（三）三大需求持续增长，主要指标领先东北

1. 消费品零售总额保持平稳

2019 年前三季度，黑龙江省社会消费品零售总额同比增长 6.2%，增幅分别高于辽宁（6%）、吉林（3.6%）0.2 个和 2.6 个百分点。社会消费品零售总额同比回落 0.2 个百分点，拉动第三产业对 GDP 增长贡献率达到 76.2%。社会消费品零售总额与同期全国平均水平 8.2% 的增速相比较，低了 2 个百分点，位列全国第 20；与全国首位江西省（11.2%）相比，低了 5 个百分点。

2. 固定资产投资稳中趋缓

2019 年前三季度，黑龙江省固定资产投资同比增长 1.7%，增幅比上年同期提高 5.4 个百分点，比 1 ~8 月份提高 0.9 个百分点（见图 5），“百大项目”成为正增长的主要力量。

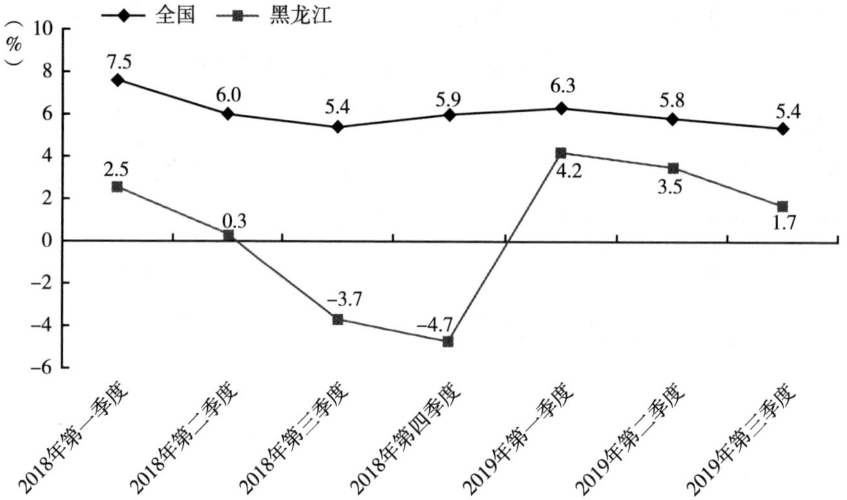

图 5　2019 年 1 ~8 月黑龙江省固定资产投资增速情况

从三次产业看，1 ~8 月，第一产业投资下降 34.7%，降幅比 1 ~7 月收窄 5.7 个百分点；第二、第三产业投资分别增长 3.4% 和 1.2%。从经济类型看，国有控股投资增长 14.8%，民间投资和外商及港澳台投资分别下降

9.1%和16.9%。从投资领域看，基础设施和房地产开发投资分别增长8.9%和2.4%，制造业投资下降4.7%。

3. 进出口保持较快增长

2019年1～8月，黑龙江省实现进出口总额1238.9亿元，比上年同期增长17.4%，高于全国平均水平（3.6%）13.8个百分点，位列东北三省一区之首，分别高于辽宁（-3.0%）、吉林（-6.6%）20.4个和24个百分点。其中，出口220.8亿元，增长21.6%；进口1018.1亿元，增长16.6%，创全省近年来新高（见图6）。坚持"越开放越发展"，中国（黑龙江）自由贸易试验区获批，哈尔滨、黑河、绥芬河三个片区启动建设，与沿线63个"一带一路"国家进出口增势强劲，进出口总额同比增长13.7%。其中，对俄罗斯进出口843.0亿元，增长12.8%；对沙特阿拉伯进出口49.7亿元，增长222倍；对阿拉伯联合酋长国进出口18.4亿元，增长1.7倍。从出口商品类别看，机电产品出口增长较快，出口93.5亿元，增长24.9%；高新技术产品出口18.2亿元，增长1.1倍。

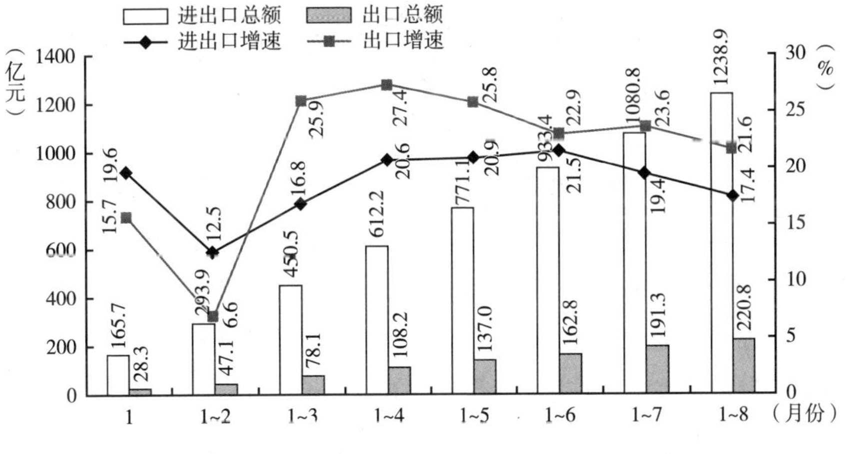

图6 2019年1～8月黑龙江省进出口情况

国际新经济形势使黑龙江省对美贸易下降，但是对黑龙江省外贸总体影响不大。黑龙江省受其影响较大的商品是汽车和大豆，其他商品与美国增加关税清单重合度不高。相关企业均采取了应对措施：大庆沃尔沃汽车制造有限公司采取转口贸易方式应对高关税，汽车经比利时出口美国；九三粮油集团有限公司加快对全球其他货源地大豆的采购工作，2019 年 1～8 月，全省从巴西进口大豆比上年同期增长 48.6%。

（四）新动能持续积聚，经济活力不断增强

1. 高技术制造业增长较快

2019 年 1～8 月，黑龙江省规上工业高技术制造业增加值比上年同期增长 12.7%，高于全省规上工业增速 10.4 个百分点。其中，医药制造业增长 8.7%，航空、航天器及设备制造业增长 38.4%，电子及通信设备制造业增长 63.6%。新产品中，新能源汽车产量增长 1.1 倍，集成电路（芯片）增长 10.8%。

2. 工业技改投资、高技术制造业投资增速较高

2019 年 1～8 月，黑龙江省工业技术改造投资增长 87.9%，占工业投资的比重比上年同期高出 4.6 个百分点；高技术制造业投资增长 46.2%，占工业投资的比重比上年同期高出 1.3 个百分点。工业技改和高技术制造业投资快速增长，将为推动新旧动能转换提供动力支撑。

3. 抓改革开放创新，更大激发发展活力

农垦、森工集团完成政府行政职能属地移交，伊春完成行政区划调整，体制机制实现重大变革，黑龙江龙煤矿业控股集团有限责任公司启动市场化债转股，2019 年 1～8 月实现利润 10.3 亿元，建龙北满特殊钢有限责任公司等“老字号”企业依靠改革焕发活力，中东齐车集团有限公司订单大幅增加，中国一重集团有限公司规模质量效益同步提升。2019 年 1～9 月，全省地方国企营业收入连续 9 个月保持增势。

（五）要素增长趋势良好，发展基础得到夯实

1. 工业用电量稳步回升

2019 年初以来，全省工业用电量降幅逐月收窄，至上半年实现正增长，

呈现稳步回升态势。2019 年 1～8 月，全省工业用电量 374.2 亿千瓦时，比上年同期增长 2.2%，增幅比 1～7 月提高 0.9 个百分点。

2. 交通货运量稳定增长

2019 年 1～8 月，全省主要交通运输方式完成货运量 42663.2 万吨，比上年同期增长 10.1%，增幅比 1～7 月下降 0.4 个百分点；完成货物周转量 1228.9 亿吨公里，增长 2.9%，增幅比 1～7 月提高 0.1 个百分点。

3. 金融市场取得良好发展

黑龙江省提高金融服务实体经济效率和水平，金融存贷款稳定增长。据人民银行统计，截至 2019 年 8 月末，全省金融机构本外币各项存款余额 27358.4 亿元，比上年同期增长 10.8%，增幅同比提高 7.1 个百分点；非金融企业及机关团体贷款 14972.8 亿元，增长 4.7%。2019 年前三季度，全省银行业人民币存贷款余额同比分别增长 9.8% 和 6.2%。省国资委出资企业平均资产负债率同比下降 7.88 个百分点。

4. 市场主体不断壮大

2019 年 1～8 月，全省新登记企业 61886 户，比上年同期增长 2.7%，日均新登记企业 255 户左右，其中，8 月份新登记企业 7875 户，同比增长 9.1%。

二　黑龙江省经济运行和发展存在的主要问题

2019 年，黑龙江省经济发展在取得稳中有进、进中向好发展成效的同时，受长期存在的体制性、结构性、资源性矛盾制约，经济社会发展中仍然面临许多迫切需要研究和解决的重大课题。在看到发展成绩和积极变化的同时，还应清醒地看到影响经济高质量发展存在的矛盾和问题。

（一）经济总量小，难形成规模经济

长期以来，黑龙江省经济总量不大、发展速度不快、发展质量不优、内生动力不足。从体量规模看，规上工业总产值在全国排名相对靠后，不仅与发达地区存在较大差距，也落后于部分中西部省区。从发展速度看，虽然近

年来规上工业增加值增速有所回升，但仍落后于全国平均水平。目前黑龙江省传统产业增长乏力，新兴领域规模过小、整体贡献度不高，缺乏总量增长的足够动力。与国内其他重要产业集聚带相比，黑龙江省的“哈大齐”等产业集聚带在经济总量、产业竞争力、辐射带动力等方面都存在较大差距，缺乏足够的集聚效应，难以形成促进经济发展的规模效应。

（二）产业结构性矛盾仍然突出

长期以来，在粗放型增长方式下，黑龙江省形成了老工业基地发展的结构锁定和路径依赖。黑龙江省拥有得天独厚的自然资源，产业结构偏向于资源型企业以及重化工业，支柱产业包括装备制造、汽车制造、钢铁、有色金属冶炼、石油化工等行业。当前，“三去一降一补”任务还没有完成，要做到去得坚决、降得有效、补得精准仍需要进一步聚焦。法治化营商环境还没有真正形成，增强微观主体活力需要下实功夫。“老字号”和“原字号”产业产品多、占比高，“新字号”产业产品少、总量少，提升产业链水平需要用更大力气。产业类别偏“重”，产业链条靠“前”。黑龙江经济多处于产业链的上游，购进的大宗商品价格下跌对产业链中下游有利，但使得采掘业、初级产品制造业的利润大幅下降。全国经济增速放缓和固定资产投资锐减对黑龙江省的装备制造业、冶金、钢铁等支柱产业产生巨大冲击，致使工业生产陷入困境。黑龙江省在发电装备、能源、原材料、汽车等支柱型产业中，国有经济依然占据主导地位，国有、民营和外资协调与均衡发展的局面尚未形成。受产业结构性矛盾的影响，黑龙江省经济在保持平稳增长的同时，也呈现增长趋缓、下行压力增大的态势。

（三）民营经济发展仍存在较大制约

近年来，黑龙江省的民营经济尽管在比重上有了大幅提升，但民企与国企之间大多是生产经营上的依附关系和体制上的“寄生”关系，市场营销、与资本市场合作、市场化方式配置资源等方面存在很大差距。从资源配置方面看，民营经济没有实现市场对资源配置的主导作用，与多数生产资料集中的国有企业竞争仍有难度。从金融资源方面看，民营企业融资能力远低于国有企业，融资成本高、期限短、长期性差。截至2018年底，黑龙江小微企业贷款余额3185.9亿元，占各项贷款比重的15.7%，比重略显不足。民营经济在拉动经济增长方面的贡献超过全省的50%，但占有市场资源并不成正比，黑龙江民营企业扮演的大多是“搞配套”和“跑龙套”角色，真正意义上的混合所有制关系尚未形成，壮大一批民营企业集团仍然任重道远。从优化营商环境方面看，黑龙江针对“放管服”改革方面出台了相关政策，但政府扶持政策滞后、力度不够、落实不到位，也在一定程度上阻碍了民营经济发展。

（四）人力资本流失问题加剧

黑龙江省经济发展与发达地区的差距导致地区人力资本外流，人力资源和人力资本的流失已经成为制约黑龙江经济快速发展的重要瓶颈。作为老工业基地，黑龙江省积累了大批素质高、技术硬的工人队伍，但专业结构不合理，缺乏管理型人才，高级人才外流现象严重，导致黑龙江人才市场出现真空现象。目前，长三角、珠三角和环渤海等发达地区已经成为在许多黑龙江毕业的大学生及本地年轻人走出家门的主要去向。黑龙江高层次人力资本中，约40%的博士、硕士学位拥有者流往外地。这不仅是人口流失，更是人才流失。外流的高层次人力资本大多集中在20～45岁这个年龄段，是人才队伍中相对有活力、魄力和价值的人力资本。由于黑龙江地区经济发展状况滞后，地区产业结构不协调，在教育、就业、工作环境待遇等方面与发达地区相比有较大差异。黑龙江省的社会保障制度还不完善。超低的出生率和越来越多年轻人的离开，使黑龙江省的人口结构出现了快速老龄化趋势。

（五）自主创新的内生动力不足

2018年，黑龙江省的科技产出指标居全国第8位，科技综合实力在全国排名第14位，然而科研成果转化率却排在全国第22位。科技创新资源还没有转化为经济发展动能。黑龙江省在新材料技术、软件技术、装备制造等方面具有一定实力，但从总体上看，黑龙江缺少创新点，创新面狭窄，还未形成一定规模的创新集群或创新活动集聚地。信息化建设已取得阶段性成果，但与数字中国、智慧社会的发展要求相比，在信息化引领经济社会高质量发展方面仍存在不少差距，传统工业发展惯性思维和路径依赖较重，数字化转型内生动力不足。新兴产业培育、高端产业集群发展不快，规上信息产业企业较少，主要集中在系统集成和服务等环节，自主研发能力较弱，经济新旧动能转换动力不足。技术密集型和知识密集型企业较少，新旧动能转换动力不足。

（六）体制性矛盾仍有待解决

黑龙江省进入市场经济较晚，目前仍处于重要的调整期，还存在一些深层次的体制机制性矛盾。政府部门比较注重以行政命令为工作手段，最明显的特征就是“大政府、小市场”，一部分行政制度还比较烦琐、程序落后、体系不健全。近年来，尽管黑龙江各级政府继续强化社会管理职能，不断加强公共服务职能，已经从全能型、管制型政府向管理型、服务型、法治型政府转变，政府职能发生了一定程度变化。但从总体上看，体制改革的速度较经济转轨的速度还有待提高，应加大政府职能转变力度，确保其很快适应市场经济发展要求，在政府与企业、政府与市场、政府与社会的关系上，一系列深层次的矛盾仍待破解，需要通过政府简政放权、优化营商环境来尽快形成一个与市场有效对接、充满内在活力的行政管理体制机制。

三　2019 ~2020年黑龙江省经济发展形势预测

本课题组对黑龙江省 2019 ~2020 年经济若干指标进行了预测分析，总体上看，黑龙江省经济仍处于低位运行区间。课题组认为，近两年黑龙江省经济发展恢复增长依然面临较大压力，主要是受到宏观经济形势的客观影响，但也不排除通过主观努力提高实际增长率的可能，影响因素包括以下几方面。

一是国家层面宏观经济形势的影响。2019 年，中国经济在国内外不确定性明显上升的复杂局面下稳中求进，但经济下行压力仍在加大。宏观经济层面的压力传导到区域层面，也影响到区域经济的发展。2019年前三季度，全国有18个省区市的经济增速低于全国平均水平。受宏观经济下行压力的传导影响，黑龙江省经济增速（4.3%）低于全国增速（6.2%）近2个百分点，来自外部的经济运行压力加大，稳增长形势严峻。

二是黑龙江省经济自身潜在增长率变化趋势的影响。当前黑龙江省的经济运行态势、经济发展趋势不仅受宏观和区域层面的外部影响，也符合自身周期性规律变化。黑龙江省作为商品粮基地、资源型地区、老工业基地和沿边开放带，与其他区域具有不同的特点，地区经济必然要受到国际经济形势、产业发展周期等诸多影响，呈现在波动中发展的周期性变化趋势。2014～2018年，黑龙江省经济增长率分别为5.6%、5.7%、6.1%、6.4%、4.7%，均低于全国增速，波动趋势明显，且2018年以来各季度指标一直处于低位运行区间，目前这一趋势仍在传导和延续，课题组预测表明，2019年和2020年黑龙江省经济增长率也将处于4%～5%这一区间。

三是黑龙江省为推动全面振兴发展采取的重大举措将有助于实现经济增速跃升。2020年，尽管经济增速预期不高，但黑龙江省通过深入实施“百千万工程”，打响“百大项目”新一轮战役，着力提升科技创新能力，加快发展生态产业，深入实施乡村振兴战略，大力发展民营经济，加快中国（黑龙江）自由贸易试验区等开放平台建设，仍有提高潜在增长率的空间。如果以上举措能够引入重量级战略投资者来龙江发展，可以形成一批带动力强的重大项目，可以挖掘创新领域的潜在增长点，将可以在更大幅度上提升潜在增长率，拉动经济发展水平跃升。

宏观经济预测模型是描述、预测国民经济系统客观经济过程的总体状态和变化规律的经济数学模型。1990年秋季，在国务院总理基金的资助下，中国社会科学院成立了院重大课题组“经济形势分析与预测”，根据该宏观经济预测模型对我国的宏观经济形势进行滚动式跟踪分析与预测，将预测结果和对策建议报送国家领导和有关部门作为参考。本报告课题组与中国社会科学院数量经济与技术经济研究所合作，依据黑龙江省现实情况和系统化预测的目标，对相关研究理论与方法进行甄别，重点运用宏观经济预测模型，对经济指标进行有针对性的筛选和设定，借此形成模型系统运行的变量体系，最终依据经验数据和综合研判方法给出模型的估计结果。模型的主要公式和基本步骤如下。

（1）V1C：第一产业增加值（不变价）

$$D(LOG(V1C/L1)) = 0.354225 \times D(LOG(K1C/L1)) + 0.383162 \times ECM01(-1) - 0.454487 \times ECM01(-2)$$

（$R^2 = 0.382147$　AIC = −3.863623　DW = 1.930177）

$$ECM01 = LOG(V1C/L1) - 0.685017 \times LOG(K1C/L1) + 0.042897 \times T$$

（$R^2 = 0.735308$　AIC = −0.210112）

（2）V2C：第二产业增加值（不变价）

$$D(LOG(V2C)) = 0.106985 + 1.473084 \times D(LOG(K2C), 2) - 0.253526 \times ECM02(-1)$$

（$R^2 = 0.590271$　AIC = −4.514308　DW = 1.841938）

$$ECM02 = LOG(V2C) - 0.270957 \times LOG(K2C) - 0.678984 \times LOG(L2) - 0.063389 \times T$$

（$R^2 = 0.991245$　AIC = −1.699883）

（3）V3C：第三产业增加值（不变价）

$$D(LOG(V3C)) = 0.875025 \times D(LOG(V3C(-1))) + 0.248296 \times D(LOG(L3(-1))) - 0.283695 \times ECM03(-1)$$

（$R^2 = 0.559956$　AIC = −4.859701　DW = 1.807237）

$$ECM03 = LOG(V3C) - 0.455961 \times LOG(K3C) - 0.319754 \times LOG(L3) - 0.021085 \times T$$

（$R^2 = 0.996425$　AIC = −2.793325）

（4）V1：第一产业增加值（当年价）

$V1 = V1C \times PV1$

（5）V2：第二产业增加值（当年价）

$V2 = V2C \times PV2$

（6）V3：第三产业增加值（当年价）

$V3 = GDP - V1 - V2$

（7）GDPCDIS：不变价 GDP 误差

$D(GDPCDIS) = 0.588021 \times D(GDPCDIS(-1)) + 0.698346 \times D(GDPCDIS(-3))$

$(R^2 = 0.920313 \quad AIC = 7.643665 \quad DW = 1.946579)$

（8）GDPC：黑龙江省地区生产总值（不变价）

$GDPC = V1C + V2C + V3C + GDPCDIS$

（9）GDP：黑龙江省地区生产总值（当年价）

$GDP = GDPC \times PGDP$

（10）GCF：资本形成（当年价）

$D(LOG(GCF)) = 0.827021 \times D(LOG(INV)) - 0.32168 \times ECM04(-2)$

$(R^2 = 0.676689 \quad AIC = -3.106327 \quad DW = 1.648946)$

$ECM04 = LOG(GCF) + 0.914967 - 0.869894 \times LOG(INV)$

$(R^2 = 0.997043 \quad AIC = -2.074685)$

（11）FIXA：固定资本形成（当年价）

$D(LOG(FIXA)) = 0.860314 \times D(LOG(INV)) - 0.172097 \times ECM05(-2)$

$(R^2 = 0.849686 \quad AIC = -3.830238 \quad DW = 1.296849)$

$ECM05 = LOG(FIXA) + 1.411137 - 0.906521 \times LOG(INV)$

$(R^2 = 0.99707 \quad AIC = -2.001228)$

(12) STK：存货增加（当年价）

$$STK = GCF - FIXA$$

(13) NEXP：货物和服务净出口（当年价）

$$D(NEXP) = -0.075321 \times D(NEXP(-1)) + 1.194896 \times D((XT - MT) \times exra) - 0.58839 \times ECM06(-1)$$

$$(R^2 = 0.988821 \quad AIC = 9.69637 \quad DW = 2.063807)$$

$$ECM06 = NEXP - 1.167494 \times (XT - MT) \times exra$$

$$(R^2 = 0.997548 \quad AIC = 9.979727)$$

(14) GDPE：支出法黑龙江省地区生产总值（当年价）

$$GDPE = CT + GCF + NEXR$$

说明：因篇幅所限，数据分析表略。

表 1 列出了 2019 ~2020 年黑龙江省宏观经济主要指标的预测结果。

表 1　2019 ~2020 年黑龙江省宏观经济主要指标预测

指标名称	2018 年统计值	2019 年预测值	2020 年预测值
1. 总量			
GDP 增长率(%)	4.7	4.2	4.0 ~5.0
2. 产业			
第一产业增加值增长率(%)	3.7	3.2	3.0
第二产业增加值增长率(%)	2.1	2.8	2.6
第三产业增加值增长率(%)	6.4	5.2	5.0
第一产业对 GDP 增长的拉动(百分点)	0.4	0.5	0.4
第二产业对 GDP 增长的拉动(百分点)	-0.3	-0.4	-0.2
第三产业对 GDP 增长的拉动(百分点)	4.6	4.1	3.7
第一产业贡献率(%)	7.8	12.2	11.2
第二产业贡献率(%)	-6.5	-9.2	-4.4
第三产业贡献率(%)	98.7	96.9	93.2

续表

指标名称	2018 年统计值	2019 年预测值	2020 年预测值
3. 投资			
社会固定资产投资名义增长率(%)	-4.7	2.1	2.0～4.0
房地产固定资产投资(亿元)	944	929	908
房地产固定资产投资名义增长率(%)	15.8	-1.6	-2.3
4. 消费			
社会消费品零售总额(亿元)	9672	9886	10492
名义增长率(%)	6.3	6.1	6.0
实际增长率(%)	4.3	3.4	3.0
5. 外贸			
进口总额(亿美元)	220	222	228
进口增长率(%)	59.8	1.0	2.6
出口总额(亿美元)	44	48	51
出口增长率(%)	-14.6	8.4	4.1
货物贸易顺差(亿美元)	-175	-174	-177
6. 价格			
工业出厂品价格指数(PPI)上涨率(%)	9.1	-2.8	-5.1
居民消费价格指数(CPI)上涨率(%)	2.0	2.7	3.0
零售物价指数(RPI)上涨率(%)	1.1	2.0	2.2
投资品价格指数上涨率(%)	3.3	0.6	-0.5
7. 居民收入			
城镇常住居民人均可支配收入增长率(%)	6.4	6.1	5.9
农村常住居民人均纯收入增长率(%)	9.0	6.5	6.2
8. 财政收支			
财政收入(亿元)	1283	1212	1171
财政收入增长率(%)	3.2	-5.5	-3.4
财政支出(亿元)	4676	4966	5036
财政支出增长率(%)	0.7	6.2	1.4
财政收支差额(亿元)	-3393	-3754	-3865
9. 货币金融			
新增贷款(亿元)	948	1109	981
人民币存款余额(亿元)	25322	27500	29540
人民币存款余额增长率(%)	7.2	8.6	7.4
人民币贷款余额(亿元)	20156	21265	22246
人民币贷款余额增长率(%)	4.9	5.5	4.6
社会融资额(亿元)	1218	2385	2064

基于以上模型分析指标数据，总体上看，2019～2020年黑龙江省经济发展各项主要指标的预测及分析如下。

（一）经济增速保持稳定，降幅持续收窄

预计2019年黑龙江省GDP增长率为4.2%，比上年略微减少0.5个百分点；预计2020年黑龙江省GDP增长率将在4.0%～5.0%的区间内，如果投资实现恢复性增长，则GDP增长率可保持在4.0%～4.2%的区间，降幅逐渐收窄；如果投资实现加速增长，则GDP增长率将扭转持续下降的趋势，比上年有所提升，保持在4.3%～5.0%的区间。总体上看，黑龙江省经济仍将保持平稳较快发展趋势。2019年和2020年，预计黑龙江省第一产业增加值增长率分别为3.2%、3.0%，黑龙江省第二产业增加值增长率分别为2.8%、2.6%，黑龙江省第三产业增加值增长率分别为5.2%、5.0%。黑龙江省经济增速下行压力将持续加大的主要原因，在于国内经济增速放缓，全国GDP增速从一季度6.4%回落到前三季度6.2%，尤其是当季增幅只有6.0%，经济下行压力的传导，直接导致黑龙江省地区生产总值和三次产业增速承受来自宏观经济运行层面的下行压力，其幅度降低区间基本趋同。因此，宏观经济运行压力持续加大将导致黑龙江省经济增速放缓。2020年，黑龙江省将加大政策叠加的支持力度，通过《乡村振兴战略规划》《工业强省建设规划》等系列规划，以及促进哈尔滨新区、煤炭资源型城市、民营经济发展、兴边富民、县域经济高质量发展等政策文件，推动规划政策落实形成合力，将仍对经济增速产生正向的拉动作用。

（二）投资保持稳中有进，项目建设带动显著

预计2019年黑龙江省社会固定资产名义增长率将为2.1%，2020年黑龙江省社会固定资产名义增长率将在2.0%～4.0%的区间内。主要原因在于，尽管固定资产投资存在较大的下行压力，2019年前三季度全省固定资产投资增幅低于上半年1.8个百分点，民间投资同比下降9.1%，制造业投资同比下降4.8%，但由于黑龙江省全力推进“百大项目”建设，实施产业

项目建设三年行动计划，并通过大力优化营商环境、推动法治龙江和诚信龙江建设来积极引进战略投资者。2019年前三季度“百大项目”已开工项目110个，完成投资905亿元，占年度计划的82.1%，其中重点推动的40个产业项目全部开工建设，完成投资226.4亿元，按季始终处于正增长区间，将对社会固定资产投资增长产生积极的正向作用。

（三）消费总体平稳增长，有利因素增多

预计2020年黑龙江省社会消费品零售总额将突破1万亿元，2019年和2020年黑龙江省社会消费品零售总额名义增长率分别6.1%和6.0%，实际增长率分别为3.4%和3.0%，总体保持平稳增长，下滑幅度逐渐收窄。主要原因在于，尽管黑龙江省人口规模和市场规模缩减将对社会消费产生负向拉动，但城镇和农村居民收入的稳定增长，以及物价水平的上涨，会对社会消费产生正向拉动，对负向拉动产生抵消作用，而且由于省外旅游人口来黑龙江旅游消费的增长，将促进黑龙江省社会消费品零售总额的增长。黑龙江省通过积极促消费扩内需，2019年前三季度网络零售额同比增长33.7%，成功举办旅发大会，生态文化体育旅游消费成为时尚，国庆假日期间全省接待游客人数和旅游收入同比分别增长235%和21%，节日消费、消费群体年轻化、电商消费等消费亮点与热点频出，在这些方面形成的稳定增长的消费倾向将对全省消费产生正向拉动作用。

（四）工业效益下行压力大，仍需加强项目建设

预计2019年和2020年，黑龙江省工业出厂品价格指数（PPI）分别上涨－2.8%和－5.1%，这两年增速分别比上年减少11.9个和2.3个百分点，这意味着2019年和2020年，黑龙江省工业出厂品价格将进一步下滑，工业企业利润率上涨压力增大。主要原因在于，黑龙江省工业产品中，煤炭、原油等资源产品处于加工价值链最低端；装备制造、石化等产品的市场需求萎缩；食品的品牌效应不强导致价格在中低端徘徊。以上三方面对于工业产品价格造成较大的负向拉动，受此影响，2019年1～8月黑龙江

省规上工业利润已同比下降 18.3%，下行压力还会向下一阶段传递。但黑龙江省将通过瞄准万亿级产业集群目标，坚持以出口为导向，壮大部分优势工业产品的品牌效应，在 2019 年前三季度食品工业增加值同比增长 10.7%，装备工业增加值同比增长 11%，高技术制造业增加值同比增长 12.3%，全省工业用电量同比增长 2.5%，铁路货运量同比增长 7.6%，9 月份制造业 PMI 指数为 50.5%，重回荣枯线以上，这些积极变化将对工业效益产生正向拉动作用。

（五）财政收入呈递减趋势，财源建设需要加强

预计 2019 年和 2020 年黑龙江省财政收入分别为 1212 亿元和 1171 亿元，财政收入增长率分别为 -5.5% 和 -3.4%。黑龙江省财政收入将呈下降趋势的主要原因在于，大规模减税降费政策得以有效落实，以及企业利润水平下降。2019 年前三季度，黑龙江省一般公共预算收入增幅同比回落 10.6 个百分点，已经显现出减税的效果。而 2019 年以来黑龙江省规上工业利润同比下降幅度较大的趋势，对于税收将产生明显的负向拉动作用。

（六）消费价格处于合理区间，保持温和上涨趋势

预计 2019 年和 2020 年，黑龙江省居民消费价格指数（CPI）分别增长 2.7% 和 3.0%，2020 年比 2019 年增加 0.3 个百分点，依然处于温和上涨阶段。主要原因在于，长期以来，黑龙江省居民消费价格指数（CPI）与全国居民消费价格指数（CPI）变化基本呈现一致的趋势，变化幅度的区间也基本符合，因此也呈现温和上涨的态势。

（七）居民收入水平稳定增长，农村增速高于城镇

预计 2019 年和 2020 年农村常住居民人均纯收入增长率分别为 6.5% 和 6.2%，城镇常住居民人均可支配收入增长率分别为 6.1% 和 5.9%。农村常住居民人均纯收入实际增速持续十年高于城镇常住居民人均可支配收入实际增速，主要原因在于，黑龙江省深入实施乡村振兴战略，合理调整“粮经

饲”三元种植结构，落实生产者补贴政策，扩大大豆以及蔬菜、鲜食玉米、高值高效特色作物面积，打好寒地黑土、非转基因、绿色有机优势牌，扩大农产品“互联网+”营销，对于农村常住居民人均纯收入产生较大的正向拉动作用。

综合来看，2020年，黑龙江省将持续深入贯彻习近平总书记在推进东北振兴座谈会上的重要讲话和对黑龙江重要讲话重要指示精神，认真落实李克强总理在国务院振兴东北等老工业基地领导小组第一次会议上的讲话精神，按照省委十二届六次全会部署，充分认清面临的有利条件和难得机遇，进一步坚定发展信心，打好政策组合拳，确保黑龙江省重大政策、重大项目、重点工作与国家规划相衔接，与国家政策相吻合；围绕加快“六个强省”建设，突出重点领域和重点地区，稳农业、增工业、促消费，加快推进“百千万工程”，扎实做好项目建设、县域经济发展、改革开放、优化营商环境、保障和改善民生等工作，千方百计推动经济稳增长，推动高质量发展。预计2019～2020年黑龙江省宏观经济增速将在新常态下运行在合理区间，就业、物价保持基本稳定，黑龙江省宏观经济不会发生硬着陆。

四　黑龙江省经济发展的对策建议

黑龙江省要坚持以习近平新时代中国特色社会主义思想为指导，全面落实党中央、国务院支持东北地区深化改革创新推动高质量发展的重大战略部署，抓住贯彻落实中央财经委第五次会议、中发37号文件机遇，按照省委十二届六次全会要求，坚持稳中求进工作总基调，坚持以供给侧结构性改革为主线，贯彻“八字方针”，深化改革创新，加快推动高质量发展，对照预期目标，精准发力，攻坚克难，推动经济高质量发展。

（一）纵深推进“百千万工程”实施

黑龙江省应在“百千万工程”推进和建设取得良好成效的基础上，纵深推进项目实施，发挥更大的带动作用。以国家顶层设计为依托，打好产业基础高级化、产业链现代化的攻坚战，有效整合资源，主动调整经济结构，提升制造业“四基”能力水平，推动工业互联网发展，开展工业上云行动，打造更多“龙江制造”“龙江创造”，在优势领域推动制造业集群高质量发展。推动以哈长城市群为重点的区域经济优势互补，以“哈大齐”自主创新示范区为引领推动产业基础高级化、产业链现代化。

（二）滚动实施“百大项目”建设

黑龙江省应坚持科学规划引领，推动转型升级，继续以攻坚会战状态抓好“百大项目”，确保实现项目开工率、投资完成率、资金到位率三个100%目标，继续抓住国家基础设施补短板、公共服务补强提、专项债券给支持的机遇，做好“百大项目”储备工作，实现新储备重大项目100个以上，争取2020~2021年的“百大项目”计划投资总额超过1万亿元，并利用冬季做好项目前期准备工作，推动重点项目早日纳入国家规划，强化振兴发展的产业支撑作用。

（三）充分释放深化改革活力

黑龙江省应依靠改革创新推动农垦建设现代农业的大基地、大企业、大产业，加速向营业收入1500亿元迈进，打造农业领域航母。靠改革创新推动龙江森工集团、伊春森工集团和大兴安岭林业集团加快打造千亿级生态产业集群。深入贯彻落实《优化营商环境条例》，形成投资“必过山海关、首选黑龙江”的良好市场预期，靠改革创新推动哈尔滨新区加快打造五百强俱乐部、独角兽孵化场、科创板诞生地。靠改革创新推动大庆油田“当好标杆旗帜、建设百年油田”。靠改革创新推动金融提升服务实体经济质效，重点推进农合机构改制化险和商业银行混合所有制改革，继续放大省级产业集团投融资平台作用，抓好交投、建投、农投、产投国有资本运营公司改革试点。

（四）持续扩大高水平对外开放

黑龙江省应深度融入共建“一带一路”，依托“三桥一岛”及北极航道合作发展通道经济；建设好自贸区、境外经济园区、绥东重点开发开放试验区，发展“特区”经济；加快中蒙俄走廊建设，打造中日韩合作平台，发展板块经济；加强与西欧、北欧等国家在生态、环保、冰雪等产业领域交流合作，发展纬度经济。加快落实中国（黑龙江）自由贸易试验区建设重点任务，复制推广自由贸易试验区改革经验，高水平编制自贸区建设实施方案和三个片区产业发展规划，加快把自贸区打造成体制机制创新的“试验田”、产业集聚发展的“增长极”、新时代改革开放的“新高地”、吸引汇聚人才的“人平台”。推进与广东、深圳对口合作走深走实，重点建设好深圳（哈尔滨）产业园、恒大文旅产业园、七台河江河产业园等10大标志性工程，加快推进宝能经贸科技城、星湖科技、粤旺绿色食品产业园等100个重点项目，实现新增投资1000亿元以上。

（五）卓有成效促进扩大消费

黑龙江省应重点在消费上“扬长”，进一步激发振兴发展的内生动力。应抓住冰雪旅游旺季，大力开发冰雪旅游产品，做好线路营销，全面放大冰雪经济消费潜力，提高冰雪旅游竞争力。在消费上“补短”，加快补齐家政、育幼、养老等社会化服务体系建设短板，培育生成新的消费增长点。在消费上“增收”，提升吃住行游购娱全链条水平，发展夜经济，延伸拓展消费。在消费上“做优”，完善旅游基础设施，发挥好旅游诚信基金作用，为游客提供优质服务。

（六）千方百计促进农民增收

黑龙江省应采取各种举措进一步提高农民收入水平，着力高质量做好秋收、秋整地工作，提高秸秆综合利用水平，组织好粮食加工和销售，提升农村电商营销能力，放大非转基因寒地黑土绿色有机品牌效应，实现增产增收。加快农业“两头两尾”重点项目建设，发挥企业粮食收储的主体作用，保障粮食加工企业满负荷生产。加快培育生成立县（市）主导产业，增强县域经济发展内生动力。

（七）高质量保障和改善民生

黑龙江省应坚决打赢精准脱贫攻坚战，促进农村劳动力转移就业，保护农民工合法权益，防止农户因灾返贫，巩固好脱贫成果。统筹做好高校毕业生、退役军人、转岗分流职工、城镇就业困难人员等群体就业创业，就业政策和资金重点向四煤城等地区倾斜，做好职业院校扩招工作。做好煤炭保供，多渠道保障煤源，大力度抓好储备，确保群众温暖过冬。做好城市困难群体救助帮扶工作，加快生猪恢复性生产，强化猪肉保供，确保价格稳定。

经济运行篇

Reports on Economic Situation

B.2

2019～2020年黑龙江省农业经济形势分析与预测*

陈秀萍**

摘　要： 2019年黑龙江省在克服多种自然灾害的情况下农业实现了稳步发展。农产品供给结构在数量上进一步优化，在质量上继续向绿色方向发展。农业增加值保持稳步增长态势；粮食产业和设施农业实现稳步发展；畜牧业经济形势发生好转；绿色农业成绩凸显。黑龙江省农业也面临着一系列挑战，包括粮食产业如何节本增效、种植业结构进一步调整、畜禽养殖业潜力的开发、农业产业体系的优化等。本文预测了2020年

* 本文为2015年国家社科基金项目"我国粮食主产区新型农业经营体系建设目标与培育机制研究"（项目号：15BJY107）的阶段性研究成果。

** 陈秀萍，黑龙江省社会科学院农业和农村发展研究所副研究员，研究方向为农业经济理论与政策。

黑龙江省农业发展的形势，并在实现粮食产业节本增效、推进畜牧业加快发展、构建结构更优的现代农业产业体系等方面提出了对策建议。

关键词： 黑龙江省　粮食产业　畜牧业　绿色农业　产业体系

2019年，黑龙江省牢记习近平总书记对黑龙江省的两次讲话精神，坚持农业农村优先发展，大力实施党的十九大提出的乡村振兴战略，认真落实贯彻中央一号文件精神，深入推进农业供给侧改革；全面落实“藏粮于地、藏粮于技”战略，着力提高粮食综合生产能力，着力保障国家粮食安全“压舱石”作用；坚持质量兴农、绿色兴农，加快建设农业强省，争当农业现代化排头兵。

一　2019年黑龙江省农业经济运行基本态势

2019年黑龙江省在克服多种自然灾害的情况下，农业实现了稳步发展。农业供给侧结构性改革进一步深化，数量结构进一步优化，质量结构继续向绿色方向发展。

（一）农业增长速度保持稳步态势

2019年前三季度，全省第一产业增加值649.1亿元，增速为2.6%，比上年同期下降1.8个百分点。自2013年以来，这一指标首次低于全国平均水平（2.9%），下降幅度较大（见图1）。其中农、林、牧、渔业增加值分别增长4.6%、5.1%、1.4%、0.3%。2019年10月，全省水稻、玉米、大豆的市场价格整体比上年同期略高，畜牧业的产值将大幅度高于上年。全省第四季度农、林、牧、渔业增加值增长速度将会有较大幅度的提高。预计全年农、林、牧、渔业增加值增速在3.2%左右，比上年小幅回落。第一产业对全省GDP增长的拉动在0.5个百分点左右。

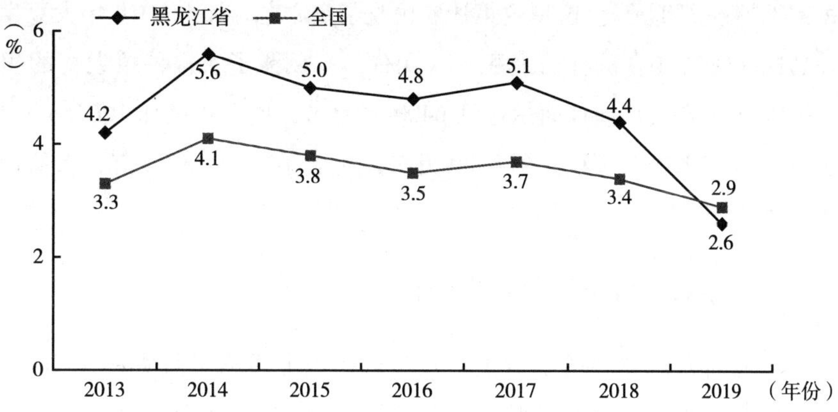

图1　2013～2019年前三季度黑龙江省、全国第一产业增加值增速情况

（二）粮食产业保持稳步发展

2019年黑龙江省粮食产业在克服多种自然灾害的情况下，粮食总产量实现小幅增长，稳固了其作为国家粮食“压舱石”的作用。

1. 粮食总产量实现“十六连丰”

2019年全省粮食作物播种面积保持在2亿亩以上。尽管多个县（市、区）不同程度地遭受洪涝、台风、低温等自然灾害的影响，但经过多方努力，采取多项措施，2019年全省粮食总产量超过1500亿斤，实现“十六连丰”。

2. 粮食种植结构继续调整和优化

为全面落实2019年中央一号文件关于“稳定玉米生产”和“实施大豆振兴计划，多途径扩大种植面积”的有关精神，全省深入推进粮食种植结构调整，重点调减非优势产区玉米的播种面积，增加大豆的种植面积，开展水稻休耕试点，实施大豆振兴计划，促进米豆合理轮作。为了激发农民种植大豆的积极性，保障农民的收益，2019年春播之前黑龙江省就预先公布了大豆补贴政策，“2019年黑龙江省将在上年基础上适当提高玉米生产者补贴标准，大豆生产者补贴每亩高于玉米生产者补贴200元以上，大豆生产者补贴每亩不超过270元”。这一政策让农民吃了定心丸，加上2018年大豆生产者补贴标准较高（合法种植面积320元/亩），刺激了农户种植大豆的积极性。2019年全省大豆播种面积达到6400多万亩，比上年增加1067.6万亩，增长18%；玉米种植面积达到8500万亩，比上年减少900万亩；水稻种植面积5900万亩。

（三）畜牧业经济形势发生好转

2018年暴发的非洲猪瘟给黑龙江省的畜牧业带来了较大的负面影响，2018～2019年畜产品产量出现一定幅度的下降，但因畜禽产品价格不断攀升，全省畜禽养殖业的经济效益实现了不同程度的增长，2019年畜牧业经济形势发生好转。

1. 生猪养殖业的经济效益大幅度提升

受非洲猪瘟疫情的影响，2019年全国生猪、能繁母猪的存栏量都大幅度下降，全年生猪出栏1702万头，较上年减少262万头。农业农村部公布的2019年9月份400个监测县生猪存栏信息显示，生猪存栏量同比下降41.1%，能繁母猪存栏同比下降38.9%。猪肉的供不应求导致猪肉市场价格上涨，特别是2019年6月份以后上涨幅度较大（见图2）。黑龙江省是全国生猪调出大省，生猪产业是农业农村经济的重要支柱产业。三季度末，全省生猪存栏1116万头，能繁母猪存栏107.3万头，生猪出栏1255万头，同比分别下降15.2%、15.7%和13.2%。以上三项指标环比均呈增长态势，分别增长2.1%、0.4%和1.6%。可见，黑龙江省生猪养殖业情况明显好于全国平均水平，并且生猪养殖业已经提前触底回升。前三季度，全省生猪平均价格为每公斤15.7元，同比上涨4.2元；平均养殖效益每头485元，比上年同期增长475元。前三季度，饲养一头生猪的经济效益相当于上年同期的46头。从全年来看，全省生猪养殖业的经济效益会出现较大幅度增长。

2. 牛、羊、禽类养殖业经济效益较好

近几年，黑龙江省通过实施肉牛基础母牛扩群增量项目和“两牛一猪”专项扶持政策，有力推动了肉牛产业发展。2018年全省牛肉产量为42.56

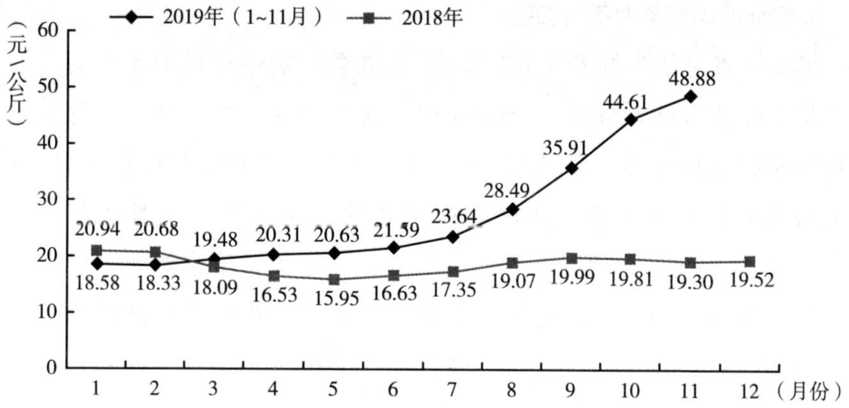

图2　2018～2019年全国猪肉平均价格

资料来源：中华人民共和国农业农村部。

万吨，年均增长2.7%。牛肉产量在全国总产量中所占的比重由2008年的5.28%提高到2018年的6.61%，跃居全国第4位。2019年随着猪肉价格的上涨，我国牛肉、羊肉、白条鸡等替代品的价格也一起攀升（见图3）。前三季度，黑龙江省饲养一头肉牛的经济效益较上年同期提高40%。全年牛、羊、禽类养殖业的经济效益都呈现出良好态势。

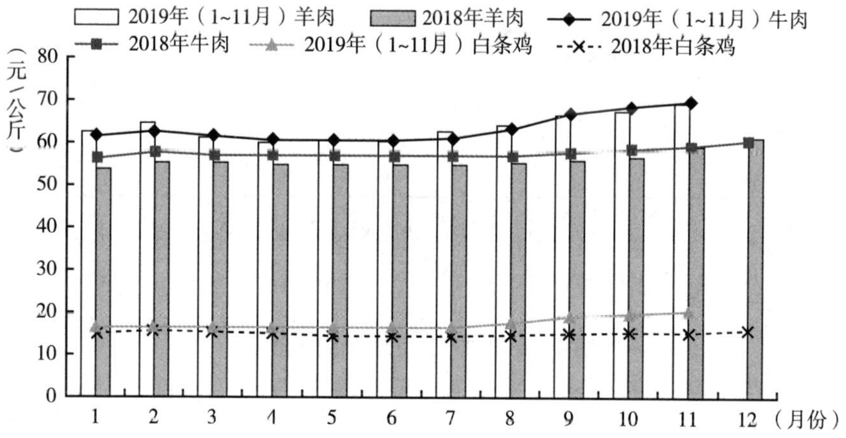

图3　2018～2019年全国牛肉、羊肉、白条鸡的平均价格

资料来源：中华人民共和国农业农村部。

3. 奶业整体竞争力不断加强

黑龙江省是奶牛饲养大省，2018 年末全省奶牛存栏 105 万头，生鲜乳产量 455.9 万吨，分别占全国的 10% 和 14.8%。“2019 年黑龙江省加强优质奶源基地建设，引进高产奶牛 1 万头；积极探索奶农办加工厂，做强做优乳制品加工业，不断提高奶业现代化水平，全面推进奶业振兴。”① 2019 年 5 月《黑龙江省人民政府办公厅关于推进奶业振兴保障乳品质量安全的实施意见》提出，不断提高黑龙江省奶业整体竞争力，力争到 2020 年，100 头以上规模养殖比重超过 65%，形成 500 万吨高品质生鲜乳生产能力。国内市场生鲜乳价格自 2019 年 5 月份探底后，连续上涨（见图 4）。前三季度，全省奶业的经济效益较好，饲养一头奶牛的经济效益相当于上年同期的 1.7 头。同时，婴幼儿配方奶粉、巴氏奶、酸奶等高质量、高附加值产品产量不断增长，黑龙江省奶业的整体竞争力不断加强。

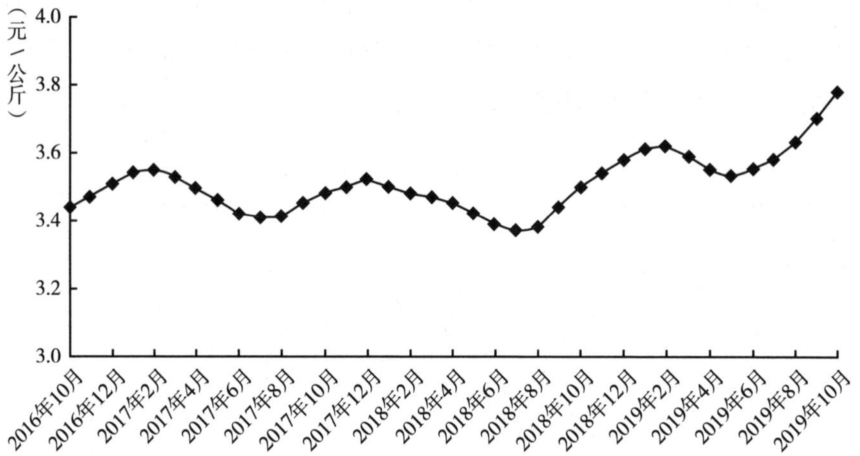

图 4　我国主产区生鲜乳收购价格

① 《黑龙江省全面推进奶业振兴，引进万头高产奶牛探索奶农办加工厂》，《黑龙江日报》2019 年 10 月 6 日。

4. 特色渔业快速发展

2019 年全省水产养殖面积 600 万亩，与上年持平；水产品受水灾和禁渔期延长的影响，产量同比减少 2.5%，但产值同比增加 3.8 亿元，增长 0.3%。特色渔业是拉动渔业增长的主要因素。特色水产品养殖产量达到 11.6 万吨，同比增长 13%。稻渔综合种养 88.8 万亩，同比增长 26%。大水面生态渔业产量 13.2 万吨，同比增长 11%。

（四）设施农业实现稳步发展

截至 9 月末，春夏菜在田总面积 62.9 万亩。受天气、大棚整治影响，产量同比减少 2.7 万吨。蔬菜、食用菌价格较好，大棚蔬菜亩效益约 6000 元，温室蔬菜亩效益约 15000 元，全省蔬菜市场供应量持续增加，种类丰富。

（五）绿色农业发展成绩凸显

1. 绿色（有机）食品认证面积保持稳定增长

黑龙江省多年一直重视绿色（有机）食品产业的发展。经过 20 多年的努力，2019 年全省绿色（有机）食品认证面积达到 8100 万亩（见图 5），超过了全省耕地面积的 1/3，超过全国绿色（有机）食品认证面积的 1/5。已经成为黑龙江农业的显著亮点。例如，日前，稻渔综合种养在黑龙江省呈现出蓬勃发展之势，全省推广实施面积由 2013 年的 5 个示范县的 12 万亩，逐年发展到 2018 年 30 个示范县的 70.5 万亩，2019 年达到了 88.8 万亩。

2. 禁止种植转基因玉米、水稻、大豆等粮食作物

2016 年末黑龙江省在全国首开先河，将“依法禁止种植转基因玉米、水稻、大豆等粮食作物”等内容写进《黑龙江省食品安全条例》，进一步保证了食品的安全性，为不接受转基因食品的消费者提供了安心的选择。

3. 绿色农业发展的基础不断夯实

全省建设高标准农田 631.77 万亩，耕地休耕轮作面积 1415 万亩，其中轮作面积 1200.6 万亩，休耕面积约 215 万亩。全省优质绿色工程中，建立了 221 个有机肥提质增效示范区。在 15 个县实施黑土地保护利用试点，落

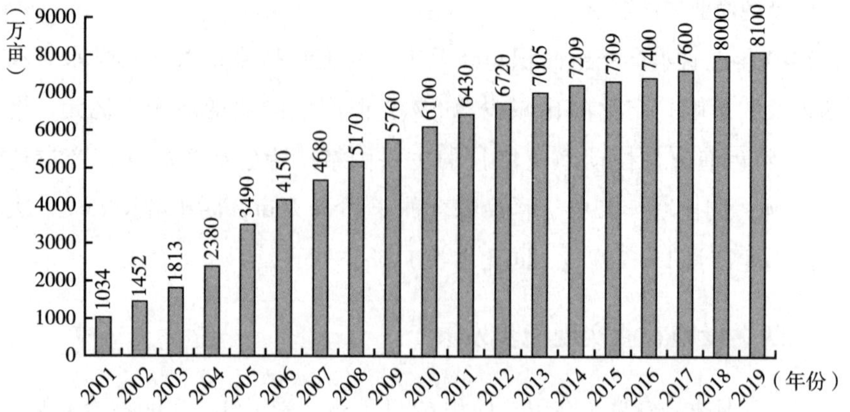

图5　2001~2019年黑龙江绿色（有机）食品认证面积

实面积420万亩。在3个县开展耕地地力恢复试点，面积1200万亩。在10个县建立减肥增效示范区，面积20万亩。2019年“三减”高标准示范基地面积4000万亩；节药喷头和喷头体更换累计49.7万条。全省农作物秸秆综合利用率不断提高，2018年超过65%。2019年黑龙江省不断推动秸秆综合利用方式科技创新，并出台了秸秆综合利用扶持政策及补助标准，使农作物秸秆综合利用管理更加制度化、规范化，2019~2020年综合利用率将会有大幅度的提高。《黑龙江省食品安全条例》规定，建立食品安全全程追溯制度，细化了绿色食品、有机食品和地理标志产品的生产经营主体，推动实现食用农产品源头可追溯、流向可追踪、信息可查询、责任可追究。这一系列措施为黑龙江省绿色食品产业的发展打下了坚实的基础。

（六）农民收入保持稳定

2019年前三季度，黑龙江省农村居民人均可支配收入为9318元，同比增长7%，增速比上年同期降低0.7个百分点，高于全国平均水平（6.4%）。其中，工资性收入2551元，增长8.7%；经营净收入4110元，下降3.6%；财产净收入691元，增长15.1%；转移净收入1966元，增长31.4%。前三季度全省生猪出栏同比减少191万头，按可比价11.5元/公斤计算，减少25.3亿元。尽管生猪出栏下降带来一定程度的减产减效，但受价格上涨带动的影响，全省前三季度生猪养殖收益明显增加，同比净增加59亿元，扣除生产成本增加量后，农户养猪实际增收21亿元，拉动农民人均增收139元，带动经营性收入增长3.3%。2019年全省农村居民人均可支配收入增长8.5%左右，高于城镇居民收入的增长速度。

二　黑龙江省农业发展中面临的挑战

对黑龙江省农业来说，2019年是一个充满暴风雪雨的一年，面临着自然和市场双层风险。不仅要面对多种自然风险，还要面对国际经济形势化所带来的影响和竞争愈加激烈的农产品国际贸易市场。目前黑龙江省农业发展中面临着以下的挑战。

（一）粮食产业如何节本增效面临严峻挑战

作为国家粮食的“压舱石”，黑龙江省保证了粮食产量的稳定增长。然而，我国粮食的生产成本不断攀升，粮食产业还受国际粮食市场价格的影响，加上我国粮食“价补分离”政策改革，粮食产业的经济效益在下滑。全省种植业增加值的增长速度从2011年的8%下滑到2018年的4.5%（见表1），特别是近2年，下滑速度呈现加快态势。目前，节本增效是黑龙江省粮食种植业面临的挑战。

表1　黑龙江省种植业增加值增长速度

单位：%

年份	2011	2012	2013	2014	2015	2016	2017	2018	2019（1~9月）
增长速度	8.0	5.8	5.9	6.0	6.4	5.4	5.7	4.5	4.6

资料来源：《黑龙江省统计公报》（2011~2018年）。

（二）种植业结构进一步调整面临困难

从种植业来看，因气候、土地规模、经营习惯、生产技术、地理位置等因素的影响，黑龙江省绝大多数农民习惯于种植大宗粮食作物，种植经济、特色农作物的比例较小。从粮食内部结构看，农民主要种植玉米、水稻、大豆三大农作物。旱田农作物主要是在玉米和大豆之间选择。2018 年全省大豆播种面积比上年减少 4.5%。在各项补贴政策的激励下，2019 年全省大豆的播种面积增长 1000 万亩，但 2020 年粮食种植业调整的空间不大。从经济效益上看，加上各项补贴，2019 年种植大豆和种植玉米的经济效益相差不大。

（三）畜禽养殖业潜力开发面临挑战

2016 年黑龙江省出台文件《关于把畜牧产业培育成为振兴发展战略性产业的指导意见》（黑发〔2016〕25 号）提出，到 2020 年全省畜牧业产值占农业总产值的比重力争达到 50%，增加值占全省 GDP 比重的 5% 以上，畜牧产业成为龙江振兴发展的战略性产业。但是畜牧业占全省农业增加值的比重一直徘徊不前，这一比重从 2012 ~2018 年始终不到 25%（见图 6），距离战略性产业的地位尚有一定距离。全省畜禽养殖环境承载力不到 0.2，远低于推荐适宜值 0.6，畜禽养殖业还有很大潜力没有被开发出来。尽管 2019

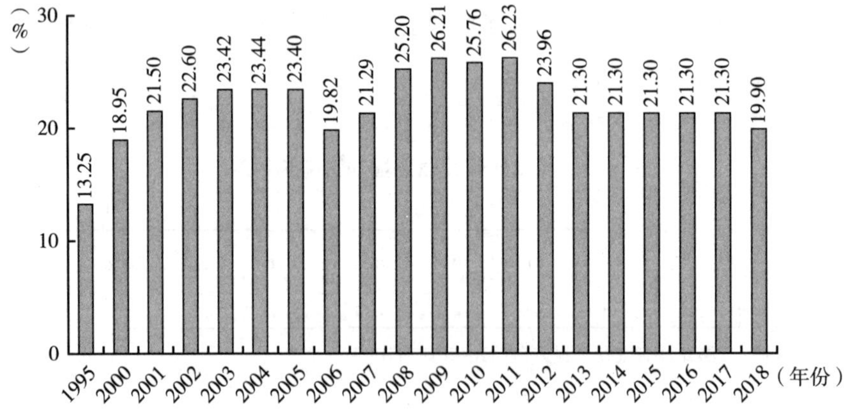

图 6 黑龙江省畜牧业占农业增加值的比重

资料来源：依据公开数据计算得出。

年猪肉价格的快速上涨会刺激全省生猪、牛、羊、禽类养殖业的发展，但养殖业有生长周期，恢复需要时间。如何激发养殖经营户的积极性、开发畜禽养殖业的潜力和加快畜牧业的发展是全省面临的挑战。

（四）农业产业体系的优化面临挑战

目前来看，黑龙江省产业体系呈现“金字塔”形。最底层的种植、养殖业比较发达，而农产品精深加工、流通、贸易、服务等高层次产业所占比重较少。这种“金字塔”形的产业体系，底盘过大、出口过小，多数农产品以“原字号”“初字号”进行销售，导致农产品销售滞缓、附加值不高，造成“种强销弱、质优价低”的现象。如何优化农业产业体系是黑龙江省面临的挑战。

三　2020年黑龙江省农业发展形势预测

“三农”工作始终是全党工作的重中之重。党的十九大提出了乡村振兴战略，2019 年中央一号文件提出了《国务院关于坚持农业农村优先发展做好“三农”工作的若干意见》，农业在我国经济建设中的基础地位不可动摇。

（一）粮食产业发展态势继续向好

世界面临前所未有之大变局，国际农业贸易的结构也正在经历一次深度的调整。大宗粮油行业关乎国计民生，对于中国这样的人口大国显得尤为重要。国家高度重视粮食产业的发展，粮食产业发展相关政策更加利好。2019 年我国在内蒙古、辽宁、山东、河南等 6 个省（自治区）各选择 4 个产粮大县继续开展三大粮食作物完全成本保险和收入保险试点，保障水平覆盖“直接物化成本 + 地租 + 劳动力成本”，这一政策如果能够全面覆盖，将大大减少粮食产业的风险。党的十九届四中全会所发布的《中共中央关于坚持和完善中国特色社会主义制度、推进国家治理体系和治理能力现代化若干重大问题的决定》（以下简称《决定》）中提出“实施乡村振兴战略，完善农业农村优先发展和保障国家粮食安全的制度政策”①。作为粮食主产区，黑龙江省在这些产业政策的激励下，农民种植粮食的积极性得到保护，发展粮食产业的内生发展动力将提高。2020 年黑龙江省粮食产业的发展态势会继续向好。

（二）大豆种植面积增长的空间不大

2019 年黑龙江省大豆种植面积增加 1000 万亩。2019 ~ 2020 年养殖业的恢复会增加对玉米的需求量，在一定程度上可以稳定或提升玉米价格。养殖业的发展会增加对大豆的需求，但从成本上看，进口的转基因豆粕在价格上更占优势。2019 年 1 ~ 9 月我国进口大豆均价为 399.14 美元/吨②，明显低于国产大豆价格。随着国际经济形势渐趋缓和，大豆的进口量将会提高，特别是豆粕的进口量会增加。国产大豆在饲料用途上没有优势，导致其价格上升的空间有限。要提高大豆产业的经济效益，一是提高大豆生产者补贴，二是提高大豆的单产。目前来看，提高大豆生产者补贴的空间有限，提高大豆单产主要依赖于种子的改良。尽管我国在积极推进大豆种子改良攻关，也培育出了一些高产大豆品种，但大面积推广尚且需要一定时间。农民主要依据种植业的经济效益和市场销售情况来选择种植玉米还是大豆。在现有大豆、玉米生产者补贴标准下，选择“米改豆”的农户数量不会很多，所以 2020 年全省大豆种植面积增加的空间不大。

（三）畜牧业发展形势将发生较大程度的好转

2018 年非洲猪瘟对全省的生猪产业发展的负面影响较大，生猪产量呈现一定幅度的下滑，猪肉紧缺，猪肉价格大幅上涨。2019 年 10 月我国政府多部门出台 17 条硬措施，从设施、贷款、保险、交通等方面全力支持

① 党的十九届四中全会《中共中央关于坚持和完善中国特色社会主义制度、推进国家治理体系和治理能力现代化若干重大问题的决定》（全文）。

② 数据来自中国海关。

生猪养殖业发展，减少了养殖业的后顾之忧。猪肉市场需求的紧缺和生猪养殖业的利好政策必将刺激养猪户的积极性，推动全省畜牧业快速发展。从目前生猪养殖业发展的情况看，一些大型企业已经开始参与到养殖业。预计2019～2020年全省畜牧业发展形势将发生较大好转，产品产量会快速恢复，产业经济效益、畜牧业占农业增加值的比重也会有较大幅度的上升。

（四）农业对外部资本的吸引力增强

近年来，黑龙江省高度重视营商环境的优化，对外部资本的吸引力大幅度增强。2019 年 1 月黑龙江省成立农业投资集团有限公司，主要功能是作为全省农业产业投融资的服务平台和对外合作承载平台，重点对农业产业领域提供投融资服务。农业已成为黑龙江省吸引外资的一个热点，例如，2019 年阿里巴巴旗下“聚划算”在黑龙江省延寿、方正、北大荒七星农场、北大荒建三江等稻米产区预定两万亩稻田，通过“聚土地”发展智慧订单农业。外部资本的进入将为黑龙江省农业的发展注入新动能。

四　促进黑龙江省农业发展的对策建议

黑龙江省农业目前面临的挑战，有些是由本省的因素造成的，但更多的因素是我国农业发展中面临的普遍问题。解决这些问题既需要本省因地制宜、有的放矢地采取一些有效措施，也需要国家层面相关制度的完善和政策的支持。

（一）从六化着手，实现粮食产业节本增效

针对黑龙江省粮食产业经济效益和农民增收速度下滑问题，建议从六化着手解决。一是以绿色化、精品化提高粮食的品质，让黑龙江省的粮食成为高端产品，实现农产品销售价格的提升，从而获得更高的经济效益。二是以规模化、科技化降低粮食的生产成本，适度的规模经营能够提高生

产要素的使用效率，降低平均成本，这已经成为共识。同样，现代化农机和科技的应用也能够有效降低生产成本，例如无人机喷药、喷肥，每亩成本不到人工喷药的1/2，还能节省至少30%的农药，且喷洒效果更好。黑龙江省土地面积大，规模经营水平更高，在现代化农机和新科技的应用上有更大的空间，应该充分利用这一优势。三是以品牌化、数字化打开产品的销路。黑龙江省的大米、大豆在全国很有名气，在外观上与其他地区的大米、大豆难以区分，消费者无法准确识别。对此，经营者在严保产品质量的前提下，应该树立和培育自己的品牌，运用现代化数字技术，打消消费者的疑虑。

（二）保护好养殖户的积极性，推进畜牧业加快发展

2019年我国生猪价格的大幅度上浮，带动了牛、羊、鸡、渔养殖业经济效益的上涨，在一定程度上激发了养殖户的积极性。特别是2019年出台的17条硬措施，对全省生猪养殖业的发展具有积极的作用。黑龙江省在认真执行这些国家政策的同时，也应该出台一些有利于畜牧业发展的政策措施，维持养殖户的生产积极性，推动畜牧业快速发展。同时，积极推动养殖业的下游产业——肉食加工业的发展，延长养殖业的产业链，提高畜牧产业的附加值，减小养殖业的产业风险。

（三）推进中草药产业发展，使之成为农民增收的重要增长极

2019年10月中共中央国务院发布《关于促进中医药传承创新发展的意见》，提出了“大力推动中药质量提升和产业高质量发展”，这对于黑龙江省是一个良好的机遇。黑龙江省具备生产优质中药材的天然生态环境，药材种质纯正，有效成分含量高，专业化规模化生产基础好，已成为全国道地药材生产的重要基地。2019年11月黑龙江省出台了《黑龙江省中医药产业发展规划》，明确提出推动中药材规范化种植养殖，力争到2025年达250万亩，产量50万吨，实现产值100亿元，建成大兴安岭高寒区、小兴安岭丘陵区、西部平原风沙干旱区、中部平原区、张广才岭老爷岭完达山半山区、

三江平原温凉湿润区六大优质中药材生产区。目前全省中草药种植面积124.6万亩，仅是规划面积的一半。黑龙江省应从种植中草药的宣传入手，对农民进行培训，以建基地、强基础、育品牌为发展思路，以标准化建设、规范化种植、产业化经营为重点，保证质量、效益双提升，把中药材产业建设成为促进乡村振兴和实现农民持续增收的重要增长极。

（四）充分利用农业优势，构建结构更优的现代农业产业体系

黑龙江省应充分利用农业优势，构建结构更优的现代农业产业体系。具体措施包括：做优粮食产业，让黑龙江省的粮食成为全国的精品；做强农产品加工业，做长农产品加工产业链，实现“吃干榨净”，增加农产品的附加值，探索发展品种专用、生产定制、产销对路的精深加工和主食加工新模式，使黑龙江省从粮食大省向食品大省转变；做活休闲农业，创造形式多样的休闲农业；做大绿色产业，包括经济、特色农产品，拓展农民多元化增收渠道；做短生产资料采购，减少中间环节，减少生产成本；做快农产品物流运输业，让产品尽快从田间到餐桌；做慢乡村旅游业，让旅客的步伐慢下来、留下来，欣赏农业、参与加工、品尝农产品、购买特色产品，推动传统加工技艺与现代食品工艺、现代消费方式有机融合，实现农业与第二、第三产业深度融合。

（五）大力发展农村集体经济，推动农业与第二、第三产业深度融合

农村集体经济是集体成员利用集体所有的资源要素，通过合作与联合实现共同发展的一种经济形态，是社会主义公有制经济的重要形式，是实现农民增收的重要渠道。近2年黑龙江省积极推进农村集体产权改革，大力发展农村集体经济，实现农村集体资产的增值。截至2018年底，全省已经有2548个村集体经济组织建立了村股份经济合作社。全省农村集体经济组织资产达到50亿元，并拥有耕地、草原、荒地、林地等资源性资产。经营性收入10万元以上的村增加至4494个，增幅达39.4%，超过全省村集体总量

的50%。与2016年相比，空壳村减少了42.5%。但是，黑龙江省农村集体经济因为起步晚、底子薄，尚滞后于全国平均水平，与农村集体经济发展较快地区的差距更大。黑龙江省应为农村集体经济提供各项支持政策，包括土地、金融、服务、人才支持等政策，扶持农村集体经济发展壮大，使之成为乡村产业经营体系中的重要组成部分，成为吸引科技、人才、资金等先进生产要素的平台，推动农业与第二、第三产业深度融合，带动农民增收。

（六）加大开放力度，深度参与“一带一路”农业合作

在“一带一路”倡议下，农业国际合作成为沿线国家共建利益共同体和命运共同体的最佳结合点之一。党的十九届四中全会提出：“建设更高水平开放型经济新体制。实施更大范围、更宽领域、更深层次的全面开放，推动制造业、服务业、农业扩大开放……”一方面，黑龙江省应充分利用“一带一路”的有利机会，加强与“一带一路”沿线国家农业的合作，加大沿线国家农业基础设施和生产、加工、储运、流通等全产业链环节投资力度，实现合作双方农业生产要素的互补和交流，推动农业共同发展。另一方面，黑龙江省自身应加大农业对外开放的力度，引入质量更高的生产要素、经营水平更高的经营主体，推进农业现代化水平的不断提高。

参考文献

《黑龙江省统计月报》（2019年1～9月份）。

黑龙江省统计局：《2019年前三季度黑龙江省宏观经济运行情况》。

B.3

2019～2020年黑龙江省工业经济形势分析与预测*

吕　萍**

摘　要： 2019年前三季度，黑龙江省工业生产总体呈低位平稳态势，高技术制造业增长较快，装备、食品优势主导产业快速增长，成为工业发展的主要支撑。2020年是我国实现全面建成小康社会、实施“十三五”规划的收官之年，面对国内外错综复杂的经济发展环境，以及体制性、结构性与资源性之间的矛盾和问题，全省工业经济下行压力仍然较大。黑龙江省将加快推进“百千万工程”和“百大项目”建设，装备产业与食品产业改造升级加快，战略性新兴产业发展势头良好，为维护国家能源安全与产业安全提供保障。黑龙江省应按照“工业强省”战略部署，坚持科学规划引领，通过优化营商环境，改造提升装备制造业，促进创新要素合理流动，培育壮大新动能等路径，促进工业结构优化升级，推动经济高质量发展。

关键词： 黑龙江省　工业经济　形势分析　工业强省

工业是实体经济的主体，更是支撑经济平稳健康发展的主导力量，工业

* 本文为国家社科基金一般项目“东北地区新型城镇化与乡村振兴协调发展的机制及路径研究”（项目号：19BJY060）阶段性研究成果。

** 吕萍，黑龙江省社会科学院经济研究所研究员，研究方向为区域经济、产业经济等。

强则产业强，产业强则经济强，经济强则龙江强。随着黑龙江省支持实体经济、优化营商环境、减税降费等调控政策措施的落实，2019 年前三季度，全省规模以上工业（以下简称“规上工业”）增加值同比增长 2.7%，较上年同期高出 0.1 个百分点，“百千万工程”取得较好成效，为加快推动经济高质量发展奠定基础。

一　2019年黑龙江省工业经济运行情况

前三季度，黑龙江省工业生产总体呈低位平稳态势，高技术制造业增长较快，地市工业经济均实现正增长，装备、食品等优势主导产业快速发展，成为工业发展的支撑。

（一）工业生产总体呈低位平稳运行态势，地方工业经济效益出现改善

黑龙江省深入实施“百千万工程”，在石油减产、石化检修等不利情况下，工业仍保持增长态势。2019 年第一季度，黑龙江省规上工业增加值比上年同期增长 5.4%，为 2015 年以来同期最好水平，同比提高 1.3 个百分点，如图 1 所示。

2019 年前三季度，全省规上工业增加值比上年同期增长 2.7%，增幅比 1～8月提高 0.4 个百分点，与上半年持平，比上年同期提高 0.1 个百分点，低于全国平均水平 2.9 个百分点，如图 1 所示。若扣除石油和天然气开采行业，全省规上工业增加值增长 5.0%。全省规上工业营业收入同比增长 3.7%，地方工业营业收入同比增长 6.8%，利润同比增长 16.6%，其中伊春、齐齐哈尔、大兴安岭、黑河等市（地）营业收入同比两位数增长分别为 39.1%、36.8%、30.8%、13.4%；伊春、齐齐哈尔、大兴安岭、绥化、黑河、佳木斯、大庆等市（地）利润同比增长分别为 91.1%、67.3%、53.3%、36.8%、33.3%、16.2%、2.7%。大庆市引进吉林星云化工总投资 170 亿元的 70 万吨聚碳酸酯——“油头化尾”项目，全年可实现销售收入 370 亿元。

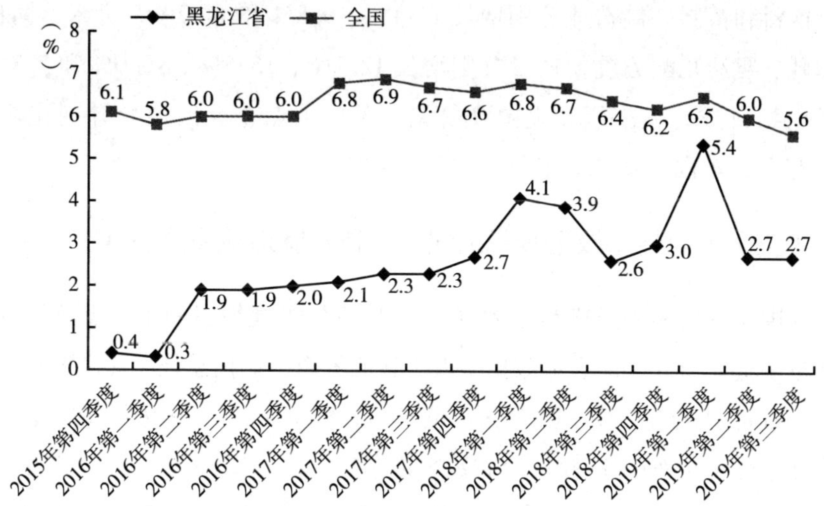

图1　2015 年以来全国与黑龙江省各季度规模以上工业增加值增速比较情况

在全省重点监测的 60 种产品中，有 38 种产品产量实现同比增长，增长面为 63.3%，23 种产品实现两位数以上增长；在产量增长的产品中，铜金属含量、新能源汽车、化学药品原药、钢材等 4 种产品产量同比涨幅超过 50%。

（二）部分行业发展速度较快，装备和食品两大主导产业增长加快

黑龙江省加快深化供给侧结构性改革，不断淘汰钢铁、煤炭、石化等传统行业的落后产能，装备和食品两大主导产业成为工业的主要支撑。2019 年前三季度，全省 10 大行业中有 7 个行业实现正向增长，与上年同期相比，建材、纺织、装备 3 个行业增速加快，分别增长 9.2%、12.2%、11.0%，分别加快 19.6 个、17.3 个、2.3 个百分点。在四大主导产业（能源、石化、装备、食品）中，装备和食品两大主导产业增长较快。一方面，装备工业增加值增长 11.0%，其中装备工业中汽车制造业增长 13.5%，汽车产量增长 10.7%，沃尔沃大庆产值增幅较高。专用设备制造业增长 27.2%。另一方面，食品工业增加值增长 10.7%，受益于农副食品加工业，食品制造业，

酒、饮料和精制茶制造业分别增长11.1%、9.8%和11.7%，大米、饲料、液体乳、婴幼儿配方乳粉产量分别增长12.7%、15.5%、10.0%和7.3%。鸿展生物科技、大庄园、飞鹤（甘南）3户重点企业产值合计同比增加41.2亿元，正向拉动食品工业3.2个百分点。

（三）工业技术改造步伐加快，高技术制造业发展较快

在国家创新驱动战略和“中国制造2025”等规划引领下，黑龙江省深入推进制造业与互联网、大数据、人工智能等新一代信息技术深度融合，催生了一批自动化生产线、数字化示范车间、智能工厂。2019年，黑龙江省认定数字化示范车间41个，全省数字化车间总数达到88个，涉及装备、食品、医药、冶金等多个行业领域。促进工业经济发展的关键是推动工业企业实施技术改造升级。前三季度，工业技术改造投资增长88.2%，占工业投资的比重同比提高4.8个百分点，高技术制造业投资增长35.2%，高于工业投资33.8个百分点，占工业投资的比重同比提高1.1个百分点，促进高技术制造业增加值比上年同期增长12.3%，高于全国3.6个百分点，高于全省规上工业增加值增速9.6个百分点。哈尔滨工业大学“大科学工程”、中国移动数据中心项目加快建设，新光光电在科创板成功上市。工业技改和高技术制造业投资快速增长，将为推动新旧动能转换提供动力支撑。

（四）地方工业经济增长较快，“哈大齐”成为工业转型升级核心带

前三季度，全省13个地级行政区工业增加值增速全部实现正增长，增速呈现“六升七降”态势，如图2所示。其中，大兴安岭地区、伊春市同比增速较快，分别提高18.8个、14.6个百分点；齐齐哈尔、佳木斯、黑河三座城市比上年同期分别提高4.5个、4.5个、3.4个百分点；大庆市同比增速提高1.4个百分点；七台河与哈尔滨、鹤岗、双鸭山、鸡西四市较上年同期回落，增速同比分别回落6.3个、4.6个、3.1个、2.3个百分点。哈尔滨新区建设全面提速，先导引领作用不断增强，“哈大齐”（哈尔滨、大庆、齐齐哈尔）成为工业转型升级核心发展带，集聚全省84%的技术创新

服务平台、86%的高新技术企业、95%的高精尖人才，创造了84%的高新技术产业增加值，规上工业增加值占全省的80%以上。

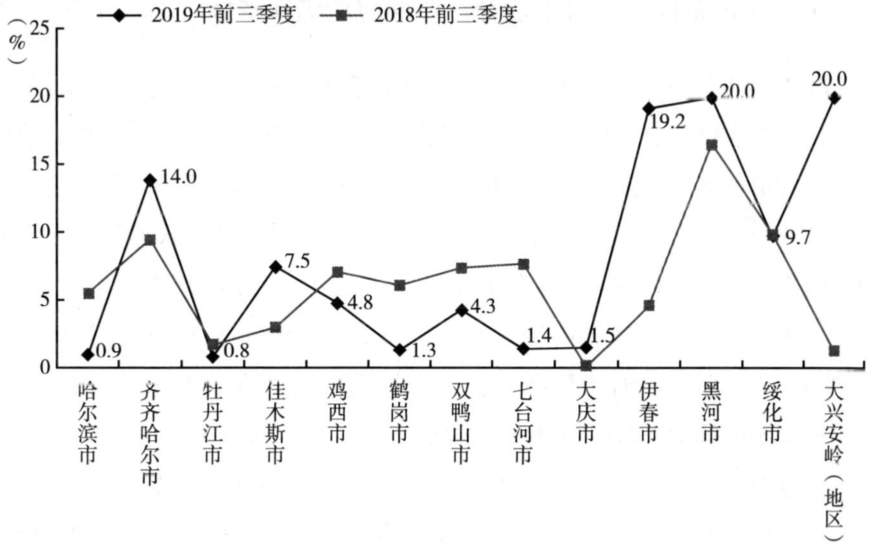

图2　2018年与2019年前三季度黑龙江13个地级市工业增加值增速比较

（五）战略性新兴产业较快增长，新经济催生发展新动力

近年来，黑龙江省加快转方式调结构，实施创新驱动发展战略，战略性新兴产业较快发展，尤其是以石墨为代表的新产业发展较快。2019年前三季度，在全省规上工业中，石墨及碳素制品制造业产值比上年同期增长19.6%，增幅同比提高1.5个百分点。石墨及碳素制品产量比上年同期增长29.3%。新产品中，新能源汽车产量增长1.2倍，集成电路（芯片）产量增长6.3%。佳木斯战略性新兴产业增势明显，全市47户规上高新技术企业实现产值63.5亿元，同比增长5.8%，有116家科技型企业被纳入高新技术企业培育库。

二　黑龙江省工业经济发展存在的问题

当前国内外经济环境依然复杂多变，工业经济稳增长的基础还不牢固，存在资源性产业对工业经济负向拉动仍在持续，传统工业经济新动能成长比较缓慢等问题。

（一）资源性产业对工业经济负向拉动仍在持续

2019年前三季度，工业经济运行稳中趋缓，稳增长的压力仍然较大，体制性、结构性、资源性的矛盾和问题依然存在。2019年1～8月份，能源工业增加值占规上企业比重达50%，石化工业次之，达到13.8%，这两大主导产业增加值均呈现负增长态势（见表1）。一是石油和天然气开采业负向拉动仍将持续。石油和天然气开采业增加值比上年同期下降28%。由于1～8月份原油实际生产波动幅度（-3.0%）低于全年计划水平（-3.6%），下一阶段原油产量降幅进一步扩大，致使石油工业产业链较短，产业链下游的炼油和加工领域尚未充分开发，资源优势并未转化为经济优势。二是石化企业停产检修和产品升级产生负向影响。1～8月份，石油、煤炭及其他燃料加工业增加值比上年同期下降4.4%。石化工业增加值增速同比下降1.6%，降幅收窄2.6个百分点。三是部分煤炭开采和洗选企业政策性停产。1～8月份，煤炭开采和洗选业增加值比上年同期下降5.6%，同比放缓8.8个百分点。仅8月份，全省149户煤炭开采和洗选企业中，有60户企业当月停产，停产面达40.3%；前三季度，鸡西煤炭企业自年初以来一直处于停产状态的就有11户。

表1　2019年1～8月黑龙江省四大主导产业增加值占比及增速情况

单位：%

名称	增加值占规上企业比重	增加值增速
能源工业	50.0	-1.3
石化工业	13.8	-1.6
装备工业	10.4	8.2
食品工业	10.2	10.8

资料来源：黑龙江省工业和信息化厅。

（二）民营企业发展水平有待提升

近年来，黑龙江省加快深化行政管理体制改革，妥善解决国有企业改革历史遗留问题，但企业的体制性障碍和深层次矛盾仍然比较突出。民营工业企业投融资渠道不畅。金融机构向民营企业提供的融资产品依然以固定资产抵押和担保贷款为主，企业融资渠道较为单一。同时，金融机构强调信贷零风险，不愿、不敢贷给那些最需要贷款的民营工业企业，特别是民营中小企业，因此，资金短缺问题在很大程度上制约了民营企业的发展。2019 年前三季度，黑龙江省非公有制企业投资同比下降 3.1%。民营工业经济发展水平较低，导致工业经济增长后续动力不足。

（三）工业固定资产投资速度放缓

2019 年前三季度，工业固定资产投资同比增长 1.4%，低于全国平均水平 1.8 个百分点，低于上年同期 6.9 个百分点。其中，制造业投资同比下降 4.8%；地方企业投资同比下降 2.6%；非公有制企业投资同比下降 3.1%；民间投资同比下降 2.3%。部分主导产业投资放缓，前三季度，食品、装备、建材、轻工业等 4 个行业完成投资同比下降。食品工业完成投资同比下降 38.7%。其中，食品制造业同比下降 33.8%，酒、饮料和精制茶制造业同比下降 34.7%，农副食品加工业同比下降 41.2%。装备工业完成投资同比下降 20.7%，其中金属制品业同比下降 0.2%；专用设备制造业同比下降 0.2%，通用设备制造业同比下降 15.7%；计算机、通信和其他电子设备制造业同比下降 55.4%；电气机械和器材制造业同比下降 84.6%。部分地市投资放缓，哈尔滨、佳木斯、七台河等地市完成投资分别同比下降 0.3%、8.1% 和 27.5%。

（四）传统工业经济新动能成长比较缓慢

黑龙江省作为老工业基地，制造业多数处于低端水平，高精尖的制造业不多。黑龙江省科技投入较低，2018 年，全省 R&D 投入强度达 0.83%，低于全国平均水平（2.19%）1.36个百分点，同时，知识产权保护力度不大，导致企业不愿进行技术研发，企业创新能力弱，生产工艺落后，生产成本高，行为短期化倾向严重，阻碍传统装备制造业转型升级。黑龙江省电力装备、航空装备、轨道交通装备、重型数控机床等传统行业受市场整体需求影响，年均增长难以有大的突破。同时，新兴行业（比如海工装备、智能制造及机器人等）产业发展规模不大。

三 2020年黑龙江省工业经济发展趋势预测

2019年，黑龙江省出台了《黑龙江省工业强省建设规划（2019～2025年）》《“数字龙江”发展规划（2019～2025年）》等政策文件，做出着力建设“工业强省”的战略部署，以大力实施“百千万工程”为抓手，加快“百大项目”的集中建设，助推26个“五头五尾”项目全部开工，加快黑龙江省项目产业集群式发展。预计今明两年的“百大项目”计划投资总额超过1万亿元，为龙江经济发展注入活力。2020年是我国实现全面建成小康社会、实施“十三五”规划的收官之年。目前，国内外经济形势依然错综复杂，世界经济在呈现复苏态势的同时，贸易保护主义持续升温。面对国内外大环境以及黑龙江省自身的体制性、结构性、资源性矛盾和问题，全省工业经济下行压力仍然较大。

（一）工业增加值增速呈现低速平稳增长态势

近几年，黑龙江省工业增加值增长速度由“十三五”开局之年——2016年的2.5%逐步回升到2017年的2.9%，2018年下降至2.1%，预计2019年工业增加值增速在前三季度（增速达2.7%）的基础上逐步回升至2.8%，保持低速平稳增长态势。展望2020年，经济发展面临诸多不确定因素，在继续深入推进工业供给侧结构性改革的基础上，加快工业领域持续“去产能”、培育壮大新动能，加快新旧动能转换，预计2020年工业增加值增速将呈现低速平稳增长势头。

（二）装备与食品等主导产业改造升级加快

作为老工业基地与粮食主产区，黑龙江省装备、食品两大主导产业是拉动全省工业的主要支撑。因此，黑龙江省将抓住全球制造业转型升级和我国经济转型的大趋势，发展智能制造、3D 打印、网络化制造等新技术、新模式，实现制造业与互联网、大数据、人工智能的深度融合发展，加快改造提升装备制造业，提高制造业占工业比重。同时，黑龙江省在保障国家粮食安全的基础上，推动粮食精深加工，把农产品精深加工打造成全省第一支柱产业，加大科技研发和创新设计对绿色食品产业发展的支撑力度，推动绿色食品传统优势产业链向上下游延伸，打造绿色食品区域品牌和国际水平的质量标准体系，必将加快食品工业的快速发展。

（三）战略性新兴产业发展势头良好

随着互联网信息时代的来临，黑龙江省工业化与信息化融合、实体经济与数字经济融合，重点项目快速落地，5G 和工业互联网等新技术发展迅速，智能制造示范项目扎实推进。特别是 10 月 25 日，黑龙江省设立百亿元龙江振兴基金，主要投资方向为高端装备与机器人、新一代信息技术与人工智能、新材料、航空航天、生物与新医药、新能源与节能等领域，将以资本对接为抓手、以项目合作为依托，发挥引导作用，促进科技成果转化，加快战略性新兴产业发展，重聚发展新动能。尤其是国务院已批复设立的中国（黑龙江）自由贸易试验区，以哈尔滨、黑河、绥芬河三个片区为重点，打造一流营商环境，推动贸易转型升级，其中，哈尔滨片区初步形成装备制造、食品、医药 3 个优势产业，新材料、新一代信息技术、节能环保等 3 个战略性新兴产业，为培育壮大转型发展新动能奠定基础。

（四）“百大项目”产能陆续释放

目前，两个超百亿元大项目在黑龙江省落地生根，其中，七台河市引进宁夏泰瑞制药股份有限公司总投资120亿元的大型兽药生产基地项目，预计2020年末投产，可实现年销售收入约192.93亿元。“百大项目”产能陆续释放，带动全省工业经济企稳向好，其中，包括100个投资亿元以上对接国家制造业十大重点领域项目有94个开复工，完成投资140.9亿元，其中，鸡西市唯大新材料科技有限公司石墨烯产业园一期项目等7个项目投产或部分投产；黑龙江省龙油石油化工股份有限公司550万吨/年重油催化热裂解及95万吨/年聚烯烃项目等52个续建项目复工建设。100个投资亿元以上资源深加工类项目有94个实现开复工，完成投资135.2亿元。其中，黑龙江新和成生物科技有限公司生物发酵产业园项目等15个项目投产或部分投产；齐齐哈尔龙江阜丰生物科技有限公司阜丰三期200万吨/年玉米深加工及其配套项目等34个新建项目开工建设。

四　推动黑龙江省工业经济转型升级的对策

黑龙江省应按照“工业强省”战略部署，加快推进“百千万工程”和“百大项目”建设，通过优化营商环境，改造提升装备制造业，促进创新要素合理流动，培育壮大新动能，加快新旧动能转换，促进工业结构优化升级，加快推动实现“工业强省”战略目标。

（一）坚持科学规划引领，加快推进“百千万工程”和“百大项目”建设

黑龙江省应着眼全省工业基础、产业现状和承担的国家任务，制定《黑龙江省工业强省建设规划（2019～2025年）》，着力打造“433”[①] 工业

① “4”是指优先发展绿色食品、高端装备、新材料、生物医药四大战略性产业；“3”是指重点培育新一代信息技术、新能源、节能环保三大先导性产业；“3”是指优化提升化工、汽车、传统能源三大基础性产业。

新体系和“一区两带多基地”① 的生产力布局，明确若干细分产业（产品）的发展路径。同时，将工业强省战略细化为“百千万工程”，夯实工业强省根基。坚持一张蓝图绘到底，落到具体企业、产业、项目和园区，按照产业、创新、招商、园区“四位一体”，着力打造一批百亿级企业、千亿级产业、万亿级产业集群，建设一批百亿级、千亿级产业园区。实施“1+7+N”规划体系②，加快实施百亿级企业成长行动计划、千亿级产业培育行动计划、产业园区培育提升行动计划、农业和农产品精深加工万亿级产业集群建设行动计划、石油天然气等矿产资源精深加工万亿级产业集群建设行动计划、科技重大专项支撑行动计划、重点项目建设行动计划七项计划。通过加快推进“百千万工程”和“百大项目”建设，夯实工业强省根基。

（二）优化营商环境，激发民营经济发展活力

黑龙江省应积极贯彻落实已出台的《黑龙江省优化营商环境条例》《关于支持民营经济发展的若干意见》等对工业企业扶持政策。一是深化“放管服”改革。加快推进简政放权、放管结合、优化服务工作，推进行政管理体制改革，切实转变政府职能，明确政府与企业职能分工，清理行政审批事项，全面推行“马上办、网上办、就近办、一次办、我帮办”工作机制，大力推进“互联网+政务服务”，推行政务服务事项网上受理、办理、反馈、查询，提高政府服务水平和监管效能，为工业民营经济构建开放的公平竞争环境，发挥市场机制的优胜劣汰作用，从而实现资源的自由流动和有效配置，形成工业经济增长的内生动力。二是加快混合所有制改革。深化国资国企改革，激发民营经济发展活力，鼓励民营企业参与国有企业发展，促进国企和民企之间优势互补，实现共赢发展，提升工业经济发展水平。

---

① “一区”是指哈尔滨创新引领区；“两带”是指大庆、齐齐哈尔、绥化、牡丹江工业支撑带和佳木斯、四煤城（鸡西、鹤岗、双鸭山、七台河）、伊春等产业转型升级带；“多基地”是指以国家级省级开发区和高新区为重点的特色产业基地。

② “1”是指《黑龙江省推进“百千万工程”建设指导方案》，“7”是指七个行动计划；“N”是指若干重点产业规划包括石墨及深加工、生物医药、乳制品、钢铁等细分产业规划。

（三）优化投资结构，促进工业有效投资

一是优化投资结构，加大对高技术产品研发和传统产业技术改造的投入力度。应以智能制造为主攻方向，适当加强对高端装备制造业和高技术行业的投资引导。围绕工业行业的关键领域、薄弱环节、共性问题，引导资金等要素投向重大技术改造项目，加快推进传统产业技术改造项目落地。二是加强国际产能合作，搭建产品、技术“走出去”“引进来”的双向平台。加大对工业企业参与国际投资并购的资金支持力度，提高境外投资质量和效益，构建“一带一路”技术转移机制和平台，推动共建技术研发中心、技术转移中心和国际产能合作服务平台等。三是激发民间投资活力，支持民营企业投资创新活动。鼓励民营企业参与“中国制造2025”，加快民间投资项目报建审批进程，推进工业企业技改等重点项目。

（四）改造提升装备制造业，推动工业经济转型升级

装备制造业是国之重器，是实体经济的重要组成部分。一是促进装备制造业结构优化升级。应以航空装备、电力装备、轨道交通装备、重型数控机床等传统产业为依托，瞄准市场需求，适应客户需要，加强技术改造，以转型升级带动传统装备发展；以海工装备、焊接、智能制造及机器人等新兴产业为依托，发挥哈尔滨工业大学、哈尔滨工程大学等高校科研优势，推进科技成果省内转化，谋划成立新公司，打造新的经济增长点；以直升机、通用飞机、核电装备、燃气轮机、铁路货车等优势装备产品为依托，以“一带一路”、对俄工业与技术合作、龙广对口合作为契机，推动优势装备产品“走出去”。二是加快装备制造和服务业的深度融合。在做大制造业规模基础之上，通过高端装备制造和服务的供给能力，推出新技术、新产品、新服务，比如，创新“制造＋文化”融合模式，随着北京冬奥会进入倒计时，“带动3亿人参与冰雪运动”不断推进，应在制造业研发、设计、生产等各个环节有机融入文化等服务元素，为制造业创造新优势，推动装备制造业的高质量发展。

（五）促进创新要素合理流动，培育壮大新动能

加快促进知识、技术、信息、数据等创新要素合理流动、有效集聚，完善智力要素集聚流动机制，完善数据资源开放共享机制，健全科技成果加速转化应用机制，培育壮大新动能。积极实施“互联网＋”和“中国制造2025”，推动互联网、大数据、人工智能和实体经济深度融合，在中高端消费、创新引领、绿色低碳、共享经济、现代供应链、人力资本服务等领域培育新增长点，加快培育新动能。人才是工业经济发展的核心要素，应贯彻落实《黑龙江引才计划》《黑龙江省“头雁”行动方案》等政策，通过“固巢留凤”“筑巢引凤”吸引更多科技人才振兴龙江，激发人才内生动力和创新活力，为新技术、新产业的发展，培育壮大新动能提供智力支撑。

参考文献

张卫华：《工业经济平稳运行结构调整继续推进》，《中国信息报》2019年10月21日。

胡伟、陈晓东、李传松：《改革开放以来中国工业经济发展空间格局演化》，《江苏社会科学》2019年第2期。

陈皓琪：《东北三省工业经济发展相关研究》，《现代工业经济和信息化》2018年第5期。

张航燕、黄群慧：《转向高质量发展的中国工业经济——2017年运行特征与未来政策建议》。

孙猛：《东北地区工业增长的结构红利效应》，《东北亚论坛》2017年第5期。

B.4

2019～2020年黑龙江省服务业形势分析与预测

赵勤　宫之胤*

摘　要： 2019年前三季度，黑龙江省服务业运行平稳，主导特征更加突出，但服务业增长难度较大，发展不平衡、不充分等问题仍比较突出。2020年，黑龙江省服务业发展挑战与机遇并存，将继续以高于地区生产总值的速度平稳发展，增速可能稳中趋缓，预计在5.0%左右。推进服务业高质量发展，应进一步优化空间布局，推进区域平衡发展；强化融合创新，培育壮大新动能；加大扶持力度，激发企业内生动力；吸引人才人口集聚，引领产业扩容增量；注重品牌升级，推进产业质量变革。

关键词： 黑龙江省　服务业　稳增长　高质量发展

一　2019年黑龙江省服务业运行情况分析

2019年，黑龙江省继续坚持稳中求进总基调，不断深化改革创新，优化营商环境，推进经济高质量发展，在经济下行压力持续增大的情况下，服务业呈现出总体平稳、稳中趋缓的发展态势。

* 赵勤，黑龙江省社会科学院农业和农村发展研究所研究员，管理学博士，研究方向为产业经济和区域经济；宫之胤，黑龙江省社会科学院研究生院硕士研究生，研究方向为产业经济。

（一）服务业总体运行情况

1. 产业增速持续放缓，主导特征更加突出

受经济下行压力影响，从2018年第三季度以来，服务业增速持续放缓。2019年前三季度，全省服务业实现增加值6883.4亿元，同比增长5.2%（见图1），低于全国平均水平1.8个百分点，但分别高于地区生产总值、第一产业和第二产业增加值增速0.9个、2.6个和2.5个百分点，继续领跑全省经济增长。服务业主导特征日益突出，继续成为区域经济增长第一支撑力。2019年第三季度，全省服务业增加值占地区生产总值的比重达到66.9%，同比提高1.3个百分点（见图2），对地区生产总值增长的贡献率达到76.2%。

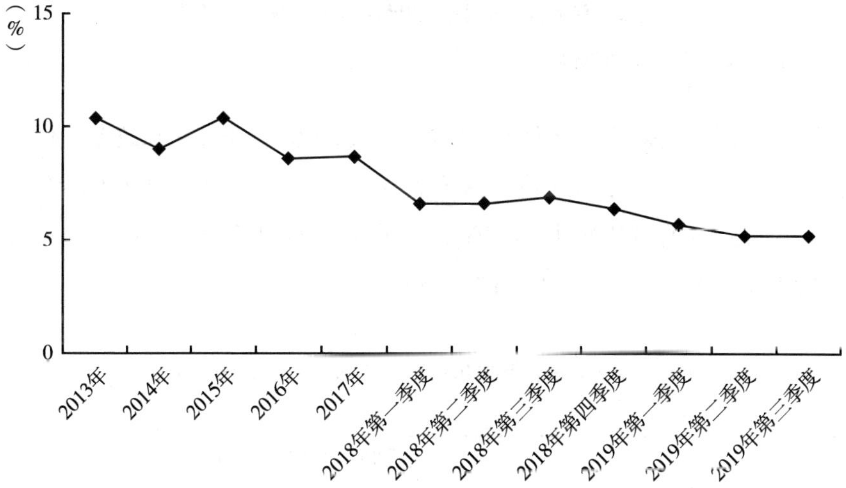

图1　黑龙江省服务业累计增速

资料来源：黑龙江省统计局。

2. 内部行业分化加剧，传统行业比重下降

从增速来看，服务业内部六大行业增加值均保持增长态势，但分化比较明显。金融业，交通运输、仓储和邮政业分别增长7.8%、4.7%，增速比上年同期分别提高2.4个和4.5个百分点；而其他行业增速不同程度地放缓

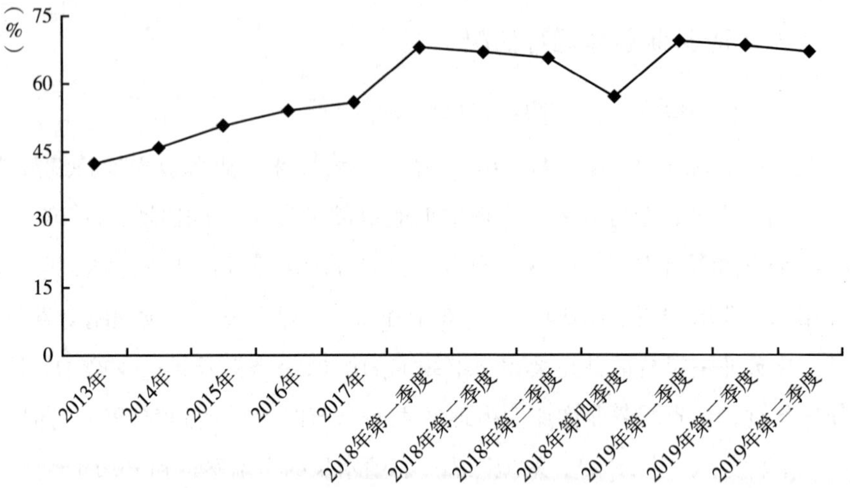

图 2　黑龙江省服务业占地区生产总值的比重

资料来源：黑龙江省统计局。

（见表1）。从占比来看，批发和零售业，交通运输、仓储和邮政业，住宿和餐饮业这三大传统行业增加值所占比重为34.9%，比上年同期下降0.7个百分点；金融业所占比重为11.7%，比上年同期增长1.3个百分点；房地产业所占比重为7.4%，与上年同期持平。

表 1　2019 年前三季度黑龙江省服务业内部各行业情况

单位：亿元，%

行业	增加值	比上年同期增长	占比
批发和零售业	1363.4	4.0	19.8
金融业	807.1	7.8	11.7
交通运输、仓储和邮政业	585.4	4.7	8.5
房地产业	510.5	1.3	7.4
住宿和餐饮业	454.5	5.8	6.6
其他服务业	3038.5	5.4	44.1

资料来源：根据《2019 年 9 月黑龙江省统计月报》整理计算。

3. 投资呈现回升态势，基建投资大幅增长

2019 年初以来，服务业投资呈逐步回升态势。前三季度，全省服务业

固定资产投资完成额同比增长4.2%，增幅比上年同期提高12.4个百分点，比上半年提高1.4个百分点，也高于同期工业固定资产投资2.8个百分点。从领域看，投资集中在基础设施建设，地铁、高速公路、国道等项目建设加快推进，道路运输业投资增长了53.4%，对行业拉动作用明显，成为稳投资的关键。

4. 消费市场平稳运行，消费结构不断优化

2019年前三季度，全省消费市场平稳运行，社会消费品零售总额同比增长6.2%，略低于上年同期（6.4%），增幅低于全国平均水平2.0个百分点（见图3）。从地域看，城镇社会消费品零售额同比增长6.0%，增幅比上年同期回落0.3个百分点；乡村社会消费品零售额同比增长6.9%，增幅与上年同期持平。从行业看，批发零售业、住宿餐饮业零售额同比分别增长6.2%、6.1%，与上年同期相比均有所回落。但限上网上商品零售表现亮眼，零售额同比增长12.3%，占比提高了0.6个百分点。从领域看，智能家电和音像器材、计算机及其配套产品、智能手机销售额分别增长39.3%、81.3%和36.0%，对社会消费品零售总额增长有较大拉动作用，成为新的消费增长点。

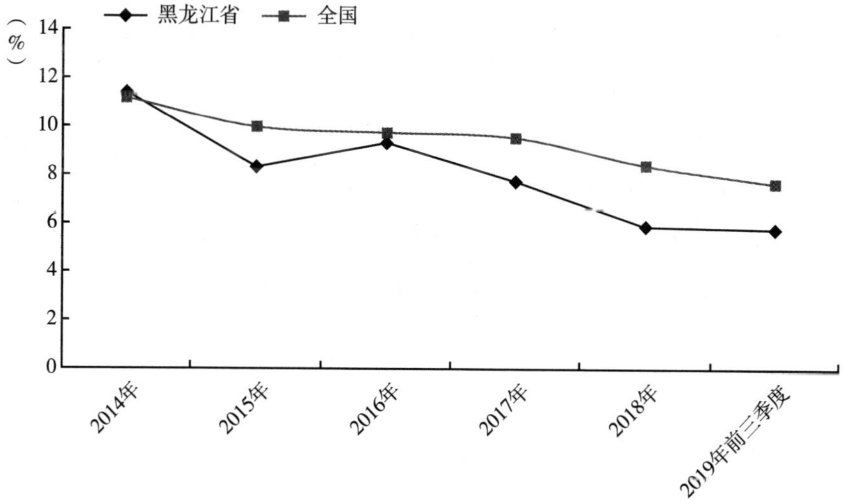

图3　黑龙江省社会消费品零售总额增长情况

资料来源：相关年份《黑龙江统计年鉴》与《2019年9月黑龙江省统计月报》。

5. 用电量平稳增长，产业贡献较明显

前三季度，全省服务业用电量达141.7亿千瓦时，同比增长5.7%，对全社会用电量增长贡献率达64%。分行业看，除公共事业及管理组织用电量下降外，其他服务业用电量均有不同程度的增长。其中，表现最抢眼的是交通运输、仓储和邮政业，同比增长25.5%；租赁和商务服务业同比增长13.2%；批发和零售业增长12.9%；住宿和餐饮业增长9.8%；信息传输、计算机服务业和软件业用电量增长9.7%；房地产用电量增长6.6%；金融业增长3.1%。

（二）主要行业运行情况

1. 交通运输业企稳回升

交通运输业总体上呈现企稳回升趋势。前三季度，全省累计完成客运量25147.5万人，同比下降4.1%，旅客周转量671.8亿人公里，同比增长1.1%；货运量和货运周转量逐渐回暖，累计完成货运量49799.3万吨，同比增长9.8%，货物周转量1406.9亿吨公里，同比增长2.4%。主要运输方式的分化趋势减弱，民航运输增长显著放缓，民航客运量、旅客周转量同比分别增长2.8%、3.0%；铁路运输全面回暖，铁路客运量、货运量分别增长7.1%和10.2%，旅客周转量和货物周转量分别增长3.9%和5.9%；公路运输延续下滑态势，公路客运量、旅客周转量分别下降10.7%、9.3%，货运量上升11.4%，货物周转量下降2.4%。

2. 邮政快递业持续向好

受快递业务快速发展的拉动，2019年初以来，黑龙江省邮政业保持较快增长。前三季度，全省邮政行业业务收入（不包括邮政储蓄银行直接营业收入）累计完成84.20亿元，同比增长12.46%；累计完成业务总量81.38元，同比增长20.05%。[1]邮政服务业务收入累计完成38.02亿元，同比增长14.24%；邮政寄递服务业务收入累计完成4.9亿元，同比下降12.0%。[2]快递服务行业继续保持高速增长，2019年前三季度累计完成业务量23463.8万件，同比增长9.9%；累计完成业务收入41.2亿元，同比增长24.5%。[3]其中，国际/港澳台业务量暴增，同比增长1578%；异地业务占比最大，其业务量和业务收入分别占全部快递业的75.1%和54.1%。

3. 软件信息技术服务业下滑显著

截止到2019年8月末，全省共有软件和信息技术服务业企业370家，与上年同期相比骤减137家。2019年1～8月，累计实现软件业务收入63.0亿元，同比下降41.7%，低于同期全国平均水平56.6个百分点，低于东北地区50.4个百分点；累计实现利润11.2亿元，同比下降23.3%。其中，信息技术服务收入33.4亿元，下降44.0%；软件产品收入24.7亿元，下降36.1%；嵌入式系统软件收入4.1亿元，下降59.4%。软件行业主要指标大幅下降，一定程度上阻碍了技术进步与服务业业态的创新，不利于传统服务业企业改造升级。

4. 旅游业保持快速增长

2019年以来，旅游消费需求一直保持旺盛，产业融合持续加深，龙江旅游吸引力不断加强，旅游产业发展平稳有序，主要指标稳步增长（见图4）。前三季度，全省共接待国内外游客14976万人次，同比增长15.0%；实现旅游收入2145.3亿元，同比增长19.6%。[4]春节和国庆两个黄金假期，龙江旅游市场火爆，共接待游客2738.8万人次，实现旅游收入208.0亿元。旅游业仍是黑龙江省服务业发展的重要力量。

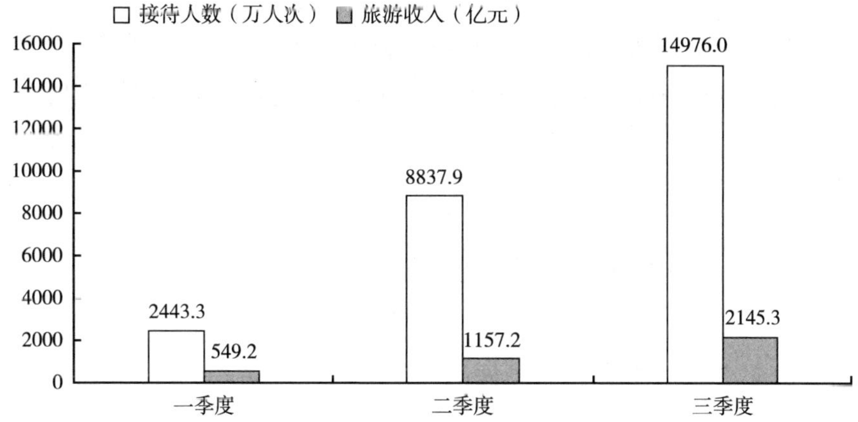

图4　2019年黑龙江省旅游累计接待人数和收入情况

资料来源：黑龙江省文化和旅游厅。

5. 房地产业持续低迷

2019 年前三季度，房地产开发投资放缓，累计完成投资额 705.7 亿元，比上年同期增长 2.8%，增幅同比下降 18.9 个百分点。房屋施工面积保持增长，累计达 10821.6 万平方米，增长 9.5%，增幅高于上年同期 6.8 个百分点，但新开工面积 1880.3 万平方米，增长 8.0%，增幅低于上年同期 8.1 个百分点。随着调控政策的深入，房地产市场成交量持续萎缩。商品房销售面积、销售额继续双双下降。其中，商品房销售面积 1113.8 万平方米，同比下降 8.9%；商品房销售额 857.4 亿元，同比下降 2.9%。第三季度，房地产景气指数为 90.4，仅比去年同期提高 0.3 个百分点，比上半年降低 0.2 个百分点，房地产行业增长动力不足，对实体经济产生一定的负面影响。

6. 金融业总体运行平稳

2019 年前三季度，黑龙江省主要金融指标走势良好。截至 2019 年 9 月末，全省金融机构本外币各项存款余额 27499.7 亿元，比上年同期增长 9.7%；各项贷款余额 21274.1 亿元，比上年同期增长 5.6%，[5]存贷款均保持稳定增长。金融机构对实体经济的支持不断增强，与 110 项“百大项目”进行对接，累计为 36 个项目授信 949.2 亿元，已投放金额 310.3 亿元；加大对小微企业贷款和涉农贷款，9 月末小微企业贷款余额 3289.6 亿元，涉农贷款增速实现正增长。企业融资渠道不断拓展，境内 A 股上市公司新增融资 18.3 亿元，同比增长 2.9 倍；新三板挂牌企业新增股权融资 2257 万元。[6]全省累计实现保险保费收入 795.2 亿元，同比增长 5.8%，[7]保险业风险保障功能进一步增强。

二 2019年黑龙江省服务业运行中的主要问题

（一）不充分不平衡问题突出

无论从发展规模还是发展质量上看，当前黑龙江省服务业在全国仍处于中游水平，产业发展不充分、不平衡问题依旧突出。一是生产性服务业发展不充分。受多重因素影响，黑龙江省农业增长动力偏弱、工业企稳基础不牢，对生产性服务业需求相对不足，尚未形成三次产业融合互动的良性发展。二是区域发展不平衡。主要表现在城乡服务业发展差距大，13个地市服务业发展不平衡。现代金融、教育、医疗、科技、信息、文化娱乐等服务业主要集中在城市，特别是中心城市；乡村生产、生活性服务业发展层次低，且主要集中在传统领域，乡村旅游等新业态发展缓慢。13个地市中，只有哈尔滨、牡丹江、齐齐哈尔3个地市服务业占地区生产总值的比重高于50%，其中哈尔滨服务业比重超过65%，服务业对经济增长贡献率超过70%，其他地市，特别是资源型城市、传统农业大市服务业发展不充分。

（二）产业主体竞争力不强

黑龙江省服务企业数量众多。2017年有服务业法人单位234967家，占全部法人单位的70.1%，服务业企业法人164355家，其中私人控股企业145629家，所占比重最大，成为服务业发展的主力军。但多数服务业企业规模偏小，缺少具有较强竞争力、较高知名度、支撑行业发展的领军企业。在2019年“全国服务业企业500强”榜单中，黑龙江入围企业仍然只有倍丰农资集团一家，且位次逐年下降，由2015年的208位下滑至2019年的274位。从省内看，2019年黑龙江省百强服务企业的最低门槛仅为营业收入4.95亿元，而同期浙江省百强服务企业的最低门槛为14.1亿元。

（三）收入偏低抑制服务消费

多年来，黑龙江省城乡居民收入一直低于全国平均水平。2018年，全省城镇、农村常住居民人均可支配收入分别为29191元、13804元，分别低于全国平均水平10060元、813元。2019年前三季度，黑龙江与全国的差距继续扩大，城镇、农村常住居民人均可支配收入分别为22745元、9194元，分别低于全国平均水平9318元、2304元。较低的收入水平，在一定程度上反映出黑龙江省城乡居民消费能力的恶化倾向，不利于服务消费潜力的释放，不利于消费性服务业层次的提升。2018 年，食品、衣着、居住类支出仍占黑龙江省城乡居民人均消费支出的较大比重，医疗保健、文化娱乐、交通通信等服务支出不足。

（四）人口人才支撑不足

服务业的发展需要庞大的人口基础作为支撑，同时服务业又是劳动密集型和知识技术密集型的产业，其发展需要大量劳动力投入和专业人才支撑。近年来，全国各大城市间的人才争夺，特别是对年轻人口的争夺日益激烈，省外城市“零门槛落户”、家属随迁、人才公寓、租房购房补贴、创业补贴、优惠贷款等政策，成为吸引一批黑龙江服务业中高端人才外迁、高校毕业生省内就业意愿下降的重要因素。人口大量流失、专业人才不足，正在制约黑龙江省服务业的发展。2018 年末，黑龙江省常住人口为 3773 万人，比 2013 年末减少了 62 万人。黑龙江省服务业发展，面临着人口流失、人才特别是中高层次人才不足的严峻形势，人力资源缺乏的问题在次中心城市、四线城市表现尤为明显。

三 2020年黑龙江省服务业形势预测

2020 年，是“十三五”规划实施的收官之年、“十四五”规划编制的关键之年，我国将踏上全面建成小康社会、全面开启社会主义现代化建设的新征程，纵观国内外，服务业发展环境依然复杂，不确定、不稳定因素有所上升。从国际环境看，全球局部地缘政治风险高企，经济运行风险加大，世界经济和国际贸易增速同步趋缓。从国内环境看，解决长期存在的结构性、体制性矛盾仍需要一个过程，实体经济发展存在的困难依然较多，经济运行面临着新的下行压力。内部与外部、短期与长期、周期性与结构性、固有的与不确定的矛盾和问题相互交织叠加，极易形成共振效应，对黑龙江省服务业持续稳定发展带来挑战和压力。但同时，服务业发展也面临着改革红利和政策红利的逐步释放、新技术及其应用的持续扩大、新动能的加速成长等利好因素。综合来看，2020 年黑龙江省服务业发展挑战与机遇并存，总体上继续保持运行平稳的发展态势，但增速可能稳中趋缓。

——服务业增速保持在 5.0% 左右。一方面，政策红利持续释放，项目建设扩大需求。2019 年以来，国家出台了《关于新时代服务业高质量发展的指导意见》《关于推动先进制造业和现代服务业深度融合发展的实施意见》《关于推进养老服务发展的意见》《关于促进家政服务业提质扩容的意见》等纲领性文件，黑龙江省出台了《加快推进 5G 通信基础设施建设实施方案》《加强金融服务民营企业二十项政策措施》《关于发展“互联网 + 医疗”促进“看病不求人”的实施意见》《“数字龙江”发展规划（2019～2025 年)》等指导性专项文件，《优化营商环境条例》也将于 2020 年 1 月 1 日正式实施。这些政策效果将在 2020 年得到逐步释放，有利于黑龙江省现代服务业加快发展。随着“百千万工程”的深入实施，“百大项目”建设全力推进，将会直接或间接地激活和扩大服务需求，推动物流服务、金融服务、研发设计、信息服务、节能环保服务、商务服务、人力资源管理与培训服务等生产性服务业的发展。另一方面，黑龙江省体制性、结构性、资源性矛盾依然存在，资源型产业对经济的负向拉动仍在持续，新动能成长比较缓慢，经济稳中向好的基础尚不稳固，“产业结构偏重、民营经济偏弱，创新人才偏少”，部分行业和企业生产经营困难，居民收入水平偏低，经济发展下行压力持续增大，这在一定程度上制约了服务业的发展。预计 2020 年黑龙江省服务业增长速度在 5.0% 左右。

——社会消费品零售总额增长 6.0% 左右。随着地铁、高速公路、国道等服务业基础设施建设加快，营商环境逐步好转，民生保障日益完善，鼓励社会办医、社区养老和家政服务等一系列消费政策“组合拳”，城乡居民消费环境不断改善，提高生活品质和消费升级需求持续扩大，有利于促进城乡消费稳定增长，消费继续成为经济增长的第一引擎。但受全省经济持续下行、汽车及石油类消费下降、居民收入水平偏低等多重因素影响，消费将保持温和增长态势。

——旅游业仍将保持快速发展。黑龙江省将继续实施旅游强省建设，推进旅游高质量发展。通过开展旅游整治行动，完善旅游基础设施，提升旅游服务能力，优化旅游发展环境，打造“北国好风光、尽在黑龙江”旅游品牌，发展智慧旅游，进一步扩大旅游需求。预计旅游业增速继续保持在15%以上。

——社区家政服务加快发展。2019年5月29日，国务院常务会议部署进一步促进社区养老和家政服务业加快发展的措施，决定对养老、托幼、家政等社区家庭服务业加大税费优惠政策支持。[8]2019年6月，《国务院办公厅关于促进家政服务业提质扩容的意见》出台。随着城乡居民生活水平的不断提高、人口老龄化的日益加剧以及二孩政策的全面实施，人们对家政、养老、托幼等服务需求越来越大。需求拉动和政策推动，将会为具有公益性、商业性的社区家政服务业提供了广阔的发展空间。预计2020年，黑龙江省社区家政服务将加快发展。

——房地产业继续处于调整期。“房住不炒”“因城施策”仍然是未来一段时期国家对房地产业宏观调控的总方针。随着经济下行压力加大，房地产也进入了下行周期，房地产行业流动性不强，将继续处于深度调整期。

四　推进黑龙江省服务业高质量发展对策建议

推动服务业向高质量发展，要以增强服务业核心竞争力为目标，聚焦服务业重点领域和发展短板，重塑服务业投资营商的新环境，重聚服务业发展的新动能，努力构建优质高效、充满活力、竞争力强的现代服务产业新体系。

（一）优化空间布局，促进区域协调发展

一是加快促进现代服务业的极化和网络化发展。围绕全省生产力布局和城市空间格局，以大中城市为中心，因地制宜构建区域化、差异化、规模化的现代服务业发展格局。省会哈尔滨，要重点发展高端服务业，特别是在哈

尔滨新区形成以对俄全面合作为基石的科创中心、金融中心，面向东北亚的商贸会展中心、特色国际文旅中心和新兴产业集聚高地；大庆、齐齐哈尔、牡丹江、佳木斯等次中心城市要重点增强服务业集聚辐射功能；鸡西、鹤岗等资源型城市要优先发展生产性服务业，特别要利用产业技术优势开展服务外包；黑河等口岸城市要重点加快现代商贸流通、特色旅游发展，推动服务业向国际化转型。[9]二是加快推进乡村服务业发展。以提高乡村服务业与资源环境匹配度为基准，综合考虑各地资源禀赋、区位条件、发展基础、生态环境，选准乡村服务业发展的主攻方向和突破口，重点发展乡村旅游、现代物流、电子商务、健康养生、文化创意等新兴服务业，加强乡村基础设施和公共服务建设，支持有条件的乡村联手打造农业服务业联合体。[10]

（二）强化融合创新，培育壮大新动能

一是深化产业融合。深化服务业与农业融合，引导农业生产向生产服务一体化转型，支持利用乡村各种资源，推进乡村旅游、农业创客空间等新业态新模式发展，探索建立农业社会化服务综合平台，加快线上线下有机融合。深化服务业与制造业融合发展，打造工业互联网平台，推动制造业企业，特别是龙头企业，加快推进上中下游生产性服务向专业化、社会化、高端化转变；鼓励有条件的制造业企业向一体化服务总承包商和集成服务商转变；[11]引导服务业集聚区或功能园区升级发展。二是推动服务创新。加强技术创新，围绕黑龙江省重点服务领域，打造一批关键共性技术平台和应用平台，推动新一代信息技术在服务领域深度应用，提升服务业信息化、智能化发展水平。加强制度创新，深化“放管服”改革，进一步减少服务业行政审批，放宽市场准入，建立健全部门间协调机制和信息共享机制，推动数据流动和利用的监管立法，健全知识产权侵权惩罚性赔偿制度。加强业态模式创新，推动智慧物流、服务外包、医养结合、远程医疗、远程教育等新业态加快发展，引导平台经济、共享经济、体验经济等新模式有序发展，鼓励更多社会主体围绕服务业高质量发展开展创新创业创造。

（三）加大扶持力度，提高企业竞争力

一是加快政府职能转变。针对服务业出现的新产业新业态新模式，继续探索服务领域市场准入改革，进一步放松政府经济性管制，从体制机制上为服务企业松绑；加强政府公共服务职能，为中小型企业提供信息咨询、融资担保等服务；强化市场监管职能，加大对文化旅游、住宿餐饮等行业监管，坚决严查打击恶意涨价、价格欺诈、欺行霸市等扰乱市场经营秩序的违法行为，维护良好的市场秩序。二是加大对服务企业资金扶持。建议设立“省级服务企业成长基金”，为成长性好、就业效应大、带动作用强、科技含量高的服务企业和项目提供资金支持，特别是加大对规下转规上企业的扶持力度；设立“省级服务业特别基金”，鼓励支持营业收入超过5000万元的服务企业创新商业模式、开展兼并重组和跨区域经营，进一步做大规模，[12]完善产品结构，扩展客户资源，加快向价值链高端延伸，激发企业创新活力。

（四）吸引人才人口集聚，引领产业扩容增量

人是最活跃、最持续、最有效的发展要素，推进服务业高质量发展关键在于人。要坚持引育并重，将人的振兴与创新创业相结合，强化服务业发展的人力资源支撑。一是切实提高人口吸引力。针对黑龙江人口人才流失严重，要转变思想观念，把留住人，特别是留住年轻人作为促进服务业发展的前提条件，全面落实落户随迁、人才公寓、住房补贴、创业补贴、优惠贷款等各项人口政策和人才政策，放低门槛接纳普通劳动者，推进农民工市民化进程，鼓励、引导年轻人在龙江就业创业。二是加大中高层人才引进。不断优化发展环境，围绕服务业发展重点领域，通过制订服务业中高层次人才及团队引进计划、设立服务业中高层次人才专项资金、完善基础设施和消费环境，加强教育、医疗等社会保障，畅通各界高层次人士来龙江工作渠道。三是创新人才培育机制。鼓励普通高等学校、职业院校增设服务业相关专业，支持企业和社会力量兴办职业教育，对接线上线下教育资源，重点围绕信息

技术服务、研发设计、金融服务、检验检测认证、知识产权服务、现代供应链管理、商务服务等生产性服务领域需求，家政、养老、托育、健康养生、医疗护理等民生领域服务需求，开展分级分类精细化培训，提升从业人员职业技能，增强服务供需对接能力。

（五）注重品牌升级，推进产业质量变革

坚持高质量发展、绿色发展，通过地域品牌、产业品牌和产品品牌引领，将各地资源优势转化为市场竞争优势，破解服务业同质竞争的困境。一是加强规划指导与制度安排。研究编制全省服务品牌发展规划，加强统筹谋划、统一指导；搭建服务业品牌公共服务平台，健全品牌发展法治保障，构建品牌维权发展机制。二是培育壮大品牌经营主体。通过定向扶持的方式，着力培养黑龙江省服务业龙头企业，鼓励服务业龙头企业利用品牌资源进行扩张和延伸，支持培育集生产、加工和服务为一体的产业经营组织联盟，通过促进要素集聚、服务集约扩大服务业规模经营，提高龙江服务品牌全国影响力。三是提升服务业集聚力。优化服务业空间布局，依托各类园区、市场，打造服务业亮点区块，培育壮大一批具有地方特色和比较优势的服务业集群，推动业态空间聚集。

参考文献

［1］［2］［3］黑龙江省邮政管理局：《2019年9月份黑龙江省邮政行业运行情况》，2019年10月17日，http://hl.spb.gov.cn/xytj/201910/t20191017_1947262.html。

［4］李晶琳：《前三季近1.5亿人次游龙江实现旅游收入2145.3亿元同比增长19.6%》，《黑龙江日报》2019年11月5日。

［5］黑龙江省统计局：《前三季度全省宏观经济运行情况》，2019年10月23日，http://www.hlj.stats.gov.cn/tjsj/tjfx/sjtjfx/201911/t20191111_75358.html。

［6］［7］《黑龙江省金融运行稳中向好》，《黑龙江日报》2019年10月31日。

［8］中华人民共和国中央人民政府：《李克强主持召开国务院常务会议　部署进一

步促进社区养老和家政服务业加快发展的措施等》，2019 年 5 月 29 日，http：//www. gov. cn/guowuyuan/2019 - 05/29/content_ 5395830. html。

[9] [10] 赵勤：《2017 ~ 2018 年黑龙江省服务业形势分析与预测》，载朱宇主编《黑龙江经济发展报告》，社会科学文献出版社，2018。

[11] 国家发展和改革委员会：《国家发展改革委、市场监管总局关于新时代服务业高质量发展的指导意见》，2019 年 10 月 2 日，https：//www. ndrc. gov. cn/xxgk/zcfb/tz/201910/t20191024_ 1181944. html。

[12] 赵勤：《2015 ~ 2016 年黑龙江省服务业形势分析与预测》，载朱宇主编《黑龙江经济发展报告（2016）》，社会科学文献出版社，2016。

B.5

2019~2020年黑龙江省房地产业形势分析与预测

程 遥*

摘　要： 2019年是中华人民共和国成立70周年。70年里，黑龙江省房地产业与全国房地产业一样取得了举世瞩目的成就，黑龙江省人民住房面积、住房质量都得到极大提升，基本接近发达国家水平。本文深入分析了黑龙江省房地产市场发展现状，探寻其运行的基本特征，指出当前阻碍房地产业稳健发展的主要问题，并对2020年及今后一段时期的发展趋势进行了分析预测，在此基础上提出了：加强观察，防止个别城市区域房价过度波动；强化教育，提高物业服务意识和管理水平；加强指导，促进住房租赁市场有效发展；加强规划，提出提升房地产业整体发展水平等前瞻性、针对性、可行性强的促进黑龙江省房地产业平稳、可持续发展的对策建议。

关键词： 黑龙江省　房地产业　保障性住房　住宅小康

一　黑龙江省房地产业发展现状

2019年，黑龙江省坚持“房住不炒”“因城施策”“支持刚性需求”的

* 程遥，黑龙江省社会科学院经济研究所副所长，研究员，研究方向为房地产、农业农村经济。

基本方略，在国际、国内及全省经济增长不确定因素增加的大环境下，房地产市场运行平稳，保持了稳中向好的发展态势，房地产市场运行主要表现出以下特征。

（一）房地产开发投资完成额、到位资金小幅增长

据统计，2019年1～8月，黑龙江省房地产业投资完成额为546.9亿元，同比增长2.4%；其中国有及国有控股企业投资完成额为130.8亿元，同比增长44.5%；民间投资完成额为405.2亿元，同比增长－6.2%；外商及港澳台投资完成额为10.9亿元，同比增长0.5%。另外，2019年1～8月，黑龙江省房地产业到位资金779.5亿元，同比增长0.5%。[①] 从以上数据可以看出，2019年黑龙江省房地产总体发展平稳，国有及国有控股企业投资热情高涨，民间、外商及港澳台企业投资微减。

（二）房屋施工面积涨幅较大、新开工面积小幅上涨

2019年1～8月，黑龙江省房地产业房屋施工面积为10416.5万平方米，同比上涨8.6%；其中新开工面积为1475.2万平方米，同比上涨2.1%。可见，2019年黑龙江省房地产业施工工程中大部分是以前投资开发的产品。

（三）房屋竣工面积小幅增长、住宅竣工面积涨幅较大

2019年1～8月，黑龙江省房地产业房屋竣工面积为421.5万平方米，同比增长3.5%；其中住宅竣工344.2万平方米，同比增长13.8%。可见，2019年黑龙江省房地产业中，住宅占据绝对比重，其他商业、工业用房等产品很少，反映出黑龙江省实体经济发展不旺。

---

① 数据来源：根据《黑龙江省统计月报》（2019年8月）整理得出。

（四）商品房销售面积、销售额皆大幅下降，房地产景气指数微增①

2019年1～8月，黑龙江省房地产业商品房销售面积为910.0万平方米，同比增长－8.9%；其中住宅销售面积为805.4万平方米，同比增长－8.4%。可见，2019年前8个月黑龙江省房地产市场销售冷清，后期只能靠"金九银十"助力。同时，2019年1～8月，黑龙江省房地产业商品房销售额为683.7亿元，同比增长－8.4%；其中住宅销售额为587.2亿元，同比增长－5.8%。住宅销售面积比住宅销售额降幅大2.6个百分点，显示2019年黑龙江省住宅价格是微幅上涨。商品房销售面积和商品房销售额同比都大幅下降，也显示了黑龙江省房地产市场的萧条。

另外，2019年1～8月黑龙江省房地产景气指数为90.4，同比增长0.1%。可见，2019年前8月黑龙江省房地产业市场总体波动不大。

二 黑龙江省房地产业存在的主要问题

2019年，黑龙江省房地产业在宏观经济稳中有进的大形势下，依照"稳健发展"战略方针，持续采取"因城施策"调控措施，保持了房价基本稳定，供需大体平衡，刚需、低收入贫困阶层住房条件持续改善的好形势。但是，根据房地产市场运行的基本数据分析及实地调研结果，对于房地产业的"稳定健康发展"还存在以下主要问题。

（一）个别城市区域房价波动过大

2019年，黑龙江省房地产市场商品房均价保持小幅上涨、价格波动幅度不大，但个别城市、个别城市的个别区域商品房价格却波动过大。如核心城市哈尔滨市的群力新区、哈西地区、松北区商品房价格涨幅过高，分别上

① 数据来源：根据《黑龙江省统计月报》（2019年8月）整理得出。

涨 8000 元/米^2、5000 元/米^2、3000 元/米^2 不等。而鹤岗市、双鸭山市两个地级城市商品房价格却断崖式下滑。如新闻报道：两个城市的个别地区一套 70 平方米的商品房只售价 50000 元尚无人问津。这种商品房价格波动过大现象，对房地产业及社会经济发展都会产生不好影响。前者容易造成房地产品供不应求假象，引起全民炒房，刚需恐慌性购房；后者则给人以房地产泡沫破裂、经济萎靡之惑，同时也使大量资产闲置、资源浪费。城市房地产管理部门、专家学者应加强对这方面的关注和研究，及早发现并采取措施加以预防。

（二）物业管理服务责任意识不强

物业管理是房地产业健康发展的重要组成部分，也是房地产业高质量发展的重要保障。多年来，黑龙江省房地产的物业管理事业虽然取得了一定的发展，但服务意识、管理技能尚需大幅提高。我们在电视节目上经常看到新闻媒体报道："某某小区住户房屋漏雨""某某小区住户违建影响其他住户生活安全""某某小区冬季供热温度不达标……"这些问题只有通过新闻媒体曝光，借助舆论施压才能得到解决。但新闻曝光的仅仅是这类问题的冰山一角，实际上在真实的社会生活中这样的事件比比皆是，例如，近两年来实行"老旧建筑分户供暖工程"的小区，暖气片更新，水管组装连接施工中，安装队随意对用户要价，服务态度恶劣，而且由于安装工程人员技能差、用工单位不负责、缺乏监督管理，多有错装返工现象，造成新安装的反倒不如旧的供热效果好，民怨沸腾，严重地影响了居民生活。

（三）住房租赁市场发展与社会需求多有不适之处

近年来，国家高度重视住房租赁业的发展，出台了很多促进住房租赁业快速发展的支持政策，主要是采取多元化供给，解决人民"住有所居"问题。黑龙江省响应国家号召，也"因地制宜"地出台了许多促进本地住房租赁业快速发展的支持政策，使得全省的住房租赁市场得到一定发展，但仍然存在不少问题。一是租金过高脱离租户的支付能力。二是房源质量、功能差（老旧小区，蜗居式的房源占比大，生活设施不全）。三是房主不遵守市场规范，存在房主看市场行情随意提高租金，房主不返还押金等问题。

（四）房地产业高质量发展不明显

解放思想，促进经济高质量发展是我国党和政府针对现阶段经济社会发展状况提出的重大战略方针。房地产业是国民经济的重要组成部分，同时与民生紧密相连。目前，黑龙江省房地产业在高质量发展方面存在很多问题。主要表现在以下几方面：一是房地产业区域布局不尽合理，多是“千城一面”，建筑物形状、颜色等外观设计几乎一样，同质性强。二是房屋室内结构设计不够科学、功能性差，同样面积房间与发达国家相比功能相差甚远。三是在建筑材料的使用上，环保节能材料、高科技产品少。四是精装修产品少，用户入驻自己装修、随意性大，有的还破坏原房屋结构、毁坏承重墙等，不但产生了过量建筑垃圾，而且损害缩短了建筑物寿命。

三　黑龙江省房地产业发展趋势分析与预测

分析2019年1~8月黑龙江省房地产市场运行基本特点、黑龙江省宏观经济发展状况以及国内外政治经济形势及其他政策等可能产生的影响，预计2020年及今后一段时期黑龙江省房地产业将发生如下变化。

（一）全省商品房均价仍将小幅增长，核心城市和大城市的个别区域将有大幅增长

据有关部门统计分析，目前，黑龙江省房地产市场供给和需求大体平衡。但是随着城市化进程推进，新的需求不断增长，房地产业尚有一定的发展空间。由于房地产具有投资、居住双重属性，在目前我国投资渠道少、实体经济发展困难的情况下，一些具有一定存款、生活富裕的消费者为了使自己的资金增值保值，减少物价上涨产生的损失，他们仍时刻关注房地产业的

发展，按照传统思维把多余资金投资到房地产品中，因而会使核心城市和大城市的个别有发展前景的区域的房地产品价格一时或一段时期内大幅上涨。这将影响其他消费者的居住需求，因此，政府部门应密切关注，提前做好预案。此外，随着经济社会发展，房地产品使用的原材料价格不断上涨，同时人工费用上涨，致使房地产品价格不得不随之上涨，所以全省商品房价格依然会小幅上涨。

（二）旧城改造、保障性住房建设将全力以赴

调研显示，黑龙江省的旧城改造主要连片区已经基本完成，剩下的都是零碎、边远、商业价值低的地块，这些地块耗资大，耗材、耗力多，改造难。但由于距离2020年全面建成小康社会只剩一年多的时间了，为达到小康住宅水准，黑龙江省委、省政府必将调动社会各界力量和资源，全面、全方位努力进行旧城区改造，以保障原旧城区居民实现小康居住水准。同时，也将采取保障性住房建设、货币化安置、国有旧住房资产改造等措施，多措并举，加快旧城区、旧房改造及保障性住房建设。

（三）对房地产市场管理将更加严格、强化、细化

目前，黑龙江省房地产业还存在许多问题，包括市场问题、制度问题、政策环境问题。这些都影响到2020年小康社会的实现。要加快解决这些问题，就要加强对房地产市场的宏观管理。经过多年的管理实践，黑龙江省在房地产市场管理方面积累了大量经验，制定了丰富有效的法律、法规和政策。但是，随着房地产业的发展，不断出现一些新的问题，为了满足人民对美好生活的追求，满足人民日益增长的对居住环境、住宅质量、住宅功能的追求，就要进一步加强对房地产市场进行科学化管理，强化房地产市场对住户的高质量服务的责任意识，对建筑品质低、服务质量差的开发商和物业管理部门进行更严格的要求和惩戒，以增强人民群众在居住方面的获得感。房地产市场管理法律法规政策将更加科学、全面、细化，房地产业经营与管理将更加“严、强、细”。

（四）“房住不炒”“因城施策”将是长期国策

“房住不炒”“因城施策”是党的十八大以来在深刻研究总结我国先前进行房地产业宏观调控政策之下得出的宝贵经验，将是我国未来一段时期房地产业宏观调控的总方针、总基调。这一政策经多年实践，颇为有效，将是今后的长期调控政策。预计2020年后，随着小康社会实现，小康居住水准达成，我国房地产业需求端将发生一定的变化，人们对住宅的需求将更加高级化，客观上要求房地产业进一步高质量发展。只要有房地产业的存在和发展，“房住不炒”“因城施策”方针就会坚持下去，而在此方针下的具体政策将会越来越丰富，个项措施将越来越细化，只有如此，才能解决我国房地产业未来发展中出现的种种问题。

四　对策建议

为促进黑龙江省房地产业持续稳定健康发展，保障人民“住有所居”，使全省人民在2020年实现“住房小康”，应采取以下对策措施。

（一）加强观察，防止个别城市区域房价过度波动

黑龙江省省域辽阔，各地区、各城市自然条件不同，经济社会发展阶段、发展水平不同，因此，各地的房地产市场规模、市场供需状况也不同，并且随着时间的推移，经济社会环境状况也在不断发生变化，影响房地产业平稳发展，从而影响整个城市区域的经济社会发展。一是各地区、各城市的房地产管理部门应密切注视本地域的房地产市场动态，对人口、经济发生巨大变化的个别城市区域应提前加以调查研究，分析房地产供求状况，指导房地产开发企业及时掌握当地住房供需状况。二是当地房地产管理部门每年都应组织专家团队对房地产市场深入研究，召开研讨会议，准备预案，以便在房地产市场发生较大波动时适时出台政策、采取措施，化解矛盾，促进房地产业平稳发展。三是在国家或省市对某个城市或经济区域出台经济开发利好

政策时，应预先做好规划、预案，防止炒房者去那里投资、投机炒房，提前出台“限制炒房”政策，并严格贯彻执行，防止、杜绝由于房地产大开发而影响其区域经济社会的发展。

（二）强化教育，提高物业服务意识和管理水平

房地产物业公司服务意识差、管理水平低是当前黑龙江省房地产业高质量发展中急需解决的一个大问题。我们在电视上经常看到住户向新闻媒体反映房屋漏水、小区道路损坏破旧、有些住户违法乱建凉台、电梯坏了没人修、冬季供暖不达标等问题，求助媒体帮助解决。这些问题本该由房屋物业公司负责解决，但物业公司消极作为逼得住户在无奈之下只好通过媒体曝光来解决。物业公司这种目无道德、法纪，完全不以人为本的行为，严重影响了房地产业正常发展。物业管理是房地产业正常规范发展的一个重要组成部分，更是房地产业健康、可持续、高质量发展的基础保障，因此，这种乱象必须加以解决。一是加强对物业公司管理层及服务人员的职业道德教育。定期对他们进行技能培训，并对他们加强物业管理法律法规的普及、提高他们的认识，使他们真正做到遵纪守法，遵守职业操守，积极主动地为住户服务。二是对物业公司要严格监督检查。对于不作为、态度恶劣者要严格问责、罚款，严重者取消其经营资格，坚决维护保障住户应享受的居住质量权益。三是建立科学合理的奖惩机制。每年定期举办评优活动，对客户反映服务良好的物业管理公司加大奖励、加大宣传，以榜样的力量和奖金、奖励，吸引、引导其他物业管理公司提供优质服务。同时出台惩罚性法规，对将客户反映的问题置之不理的物业管理公司加大惩戒力度，依法依规严惩，坚决杜绝等、拖、推等现象。

（三）加强指导，促进住房租赁市场有效发展

住房租赁市场是房地产业的重要组成部分，是保障人民“住有所居”不可或缺的供给渠道。住房供给市场化以来，我国忽视了住房租赁市场的培育和发展，中国的传统习惯也是只重视买房置业，轻视租房生活。所以，我

国的住房租赁市场一直不发达、不规范，租赁产品“质差价高”等现象在大城市、核心城市普遍存在，特别是在黑龙江省这样一个经济欠发达、工资低、人才人口外流严重的省份，规范住房租赁市场无疑具有重大意义。一是政府房地产管理部门应加强规划，加大租赁住房产品的开发，加强高、中、低档次租赁住房产品空间布局及数量比例的科学规划，指导房地产开发企业依据市场需求整合资源合理开发。二是政府应在土地供应、税费减免、周边配套设施建设上出台更加优惠的政策，支持开发租赁住房的房地产企业，发展住房租赁市场。三是支持有能力的大企业自建职工宿舍、家属宿舍，保障进城务工人员和外来就业人员住有所居，减少他（她）们的住房支出。四是加强对住房租赁市场监管，针对房东不合理随意涨租、任意抬高租金的行为，应出台具体法规政策，加大惩罚力度，以保障住房租赁业有序规范发展。

（四）加强规划，提升房地产业整体发展水平

当前，黑龙江省房地产业和全国一样，完全摆脱了计划经济时代住房短缺、供不应求的状况，住房市场已经进入供需大体平衡时代，由“有其居”需求向“适其居”需求转变。房地产业高质量发展成为当前和今后的重要任务和目标，这就要求对黑龙江省房地产业的整体发展、空间布局、因地制宜做出全面规划，提升房地产、建筑产业的质量水平。一是要加强顶层设计。抽调专家学者组成研究队伍，深入实地调查研究，充分尊重经济社会发展规律及房地产业发展规律，因地制宜制定适合该城市、该区域长远发展的规划。包括该城市、该区域房地产品的空间布局，该城市、该区域各种房地产品的数量比例，及各种产品的外观形状、楼体高低、建筑容积率等内容。二是继续推进房地产产业化发展。黑龙江省地处中国最东北部，气候寒冷，施工期短，建筑周期较其他省区长，成本高。因此，应进一步推进建筑部品工厂化制造，建筑安装机械化，力争缩短建筑工期，在寒冬前完成外部作业。内部建造力争都能在冬季进行，可节省大量时间及人力，大幅缩减建造成本。三是建造材料高科技化。为响应经济高质量发展要求，房地产品使用

材料应进一步加大科技含量，除外体加用保温保暖材料，室内空间设计亦应科学合理，在有限的面积内多功能化；室内装修材料力争使用绿色环保无害产品，使人住得健康、舒适、美观。四是进一步推进商品房精装修上市。室内装修是房地产业高质量发展的重要组成部分，据调研，由于黑龙江省居民购房后过度个性化装修，不但造成大量的建筑垃圾、破坏环境，有的还擅自改变原建筑结构，甚至拆挪承重墙体，这些都极大地减缩了建筑寿命，严重影响房地产业的高质量发展。为此，应加大对商品房精装修上市房企的支持和鼓励；加大对民众购买精装修商品房益处的宣传；同时，出台完善建筑装修法律法规，并加强监督管理，促进我省建筑装修与建筑建造同步高质量发展。

参考文献

中国房地产协会：《中国房地产年鉴 2019》，企业管理出版社，2019。

中国社会科学院城市发展与环境研究所：《中国城市发展报告 No. 12》，社会科学文献出版社，2019。

中国社会科学院财经战略研究院：《中国住房发展报告（2018～2019）》，社会科学文献出版社，2019。

B.6

2019 ~2020年黑龙江省固定资产投资形势分析与预测*

朱大鹏　刘懿锋**

摘　要： 2019年黑龙江省固定资产投资增长速度企稳回升，稳中趋缓。在基础设施建设、部分工业领域以及房地产住宅投资等领域实现快速增长；"百大项目"成为拉动增长的重要力量；组建省级产业投资平台；投资营商环境得到明显改善。但同时，也存在着二次产业投资形势分化、民间资本投资不振、部分行业投资下滑明显等问题。应当推动固定资产投资实现高质量发展；积极释放民间投资潜力；滚动实施"百大项目"建设，以确保黑龙江省固定资产投资的有效增长，更好地促进黑龙江省高质量发展。

关键词： 固定资产投资　房地产投资　工业投资　民间投资

2019年，黑龙江省固定资产投资增长速度实现企稳回升，但受国内经济增速放缓影响，从季度累计增速看，仍存在稳中趋缓的趋势。黑龙江省固定资产投资在基础设施建设、部分工业领域以及房地产住宅投资等领域实现快速增长；"百大项目"成为拉动增长的重要力量；省级产业投资平台的组

---

* 本文是2018年黑龙江省哲学社会科学研究规划项目（项目号：18JYC261）及2019年黑龙江省哲学社会科学研究规划项目（项目号：19JLH053）的阶段性研究成果。

** 朱大鹏，黑龙江省社会科学院经济研究所研究实习员；刘懿锋，黑龙江省社会科学院经济研究所助理研究员。

建，使国有资本发挥引领作用；投资营商环境得到明显改善，“投资必过山海关”的浓厚氛围正在形成。但同时，也存在着三次产业投资形势分化明显、民间资本投资不振、部分行业投资下滑明显等问题。

一 2019年黑龙江省固定资产投资形势（基本态势）分析

（一）增长速度企稳回升，稳中趋缓

2019 年 1 ~9 月，黑龙江省固定资产投资企稳回升，完成额比上年同期增长 1.7%，增幅比上年同期提高 5.4 个百分点，比 1 ~8 月提高 0.9 个百分点。但增长速度低于地区生产总值增长水平（4.3%）。虽然固定资产投资实现企稳回升，但受国内经济增速放缓影响，从季度累计增速看，仍存在稳中趋缓的趋势。2019 年第一季度增长速度为 4.2%，前二季度增长速度为 3.5%，前三季度增长速度为 1.7%。尽管呈现稳中趋缓的形势，但大幅高于 2018 年同期水平。其中，第一季度增幅比上年同期提高 1.7 个百分点，前二季度增幅比上年同期提高 3.2 个百分点，前三季度增幅比上年同期提高 5.4 个百分点（见图 1）。

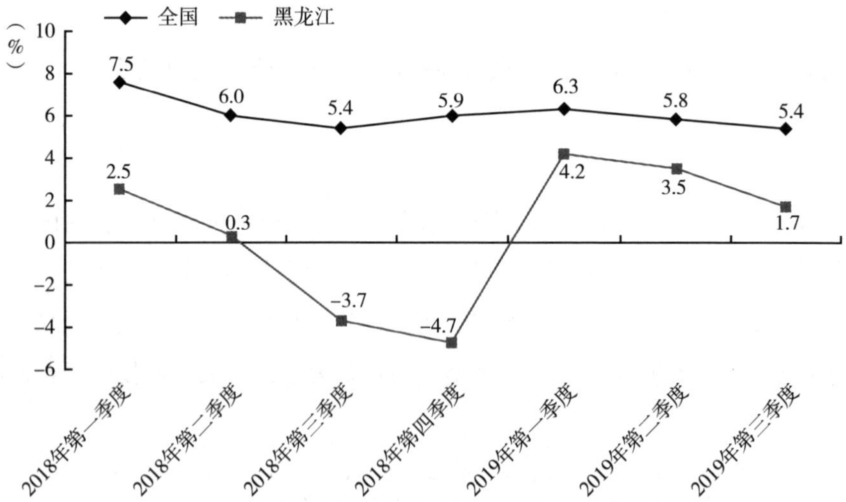

图 1 全国及黑龙江省固定资产投资季度累计增速

资料来源：黑龙江省统计局。

横向对比来看，黑龙江省固定资产投资增速在全国 31 个省（区、市）中列第 23 位，比上年同期提高 1 位。2019 年前三季度，黑龙江省固定资产投资增速比吉林省高出 16.1 个百分点，比辽宁省高出 3.4 个百分点（见图 2），是东北三省中唯一实现正增长的省份。

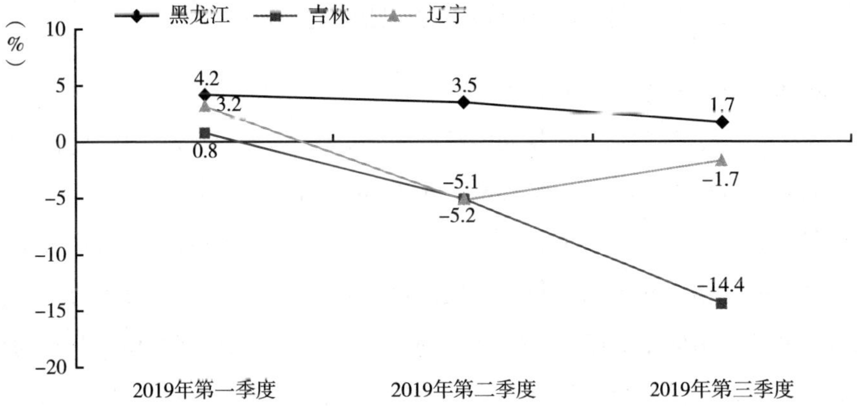

图 2　2019 年东北三省固定资产投资季度累计增速

资料来源：黑龙江省统计局。

（二）基础设施投资快速增长，工业投资积极因素增多

2019 年 1～9 月，黑龙江省基础设施投资快速增长，增幅达到 18.7%。其中道路运输业投资强势增长 53.4%，是保证投资稳定的"定海神针"。国道鹤岗至大连公路省内段竣工通车，牡佳高铁桦林等重点隧道贯通，机场东二跑道征地拆迁工作提前完成，佳鹤铁路如期开工，对行业拉动作用明显。

工业投资出现较多积极因素。2019 年 1～9 月，黑龙江省高技术制造业投资增长 35.2%，比工业投资整体增长速度高出 33.8 个百分点，占工业投资的比重同比提高 1.1 个百分点。其中，1～8 月工业技术改造投资增长 87.9%。高技术制造业和工业技术改造投资的快速增长，将为推动黑龙江省新旧动能转换提供有力支撑。1～8 月，全省投资 500 万元以上工业施工项目数同比增长 22.3%。其中，新开工项目数同比增长 22.1%，完成投资同比增长 11%；投资亿元以上施工项目数同比增长7.7%。石化工业完成投资同比增长77.1%。其中，橡胶和塑料制品业同比增长118.8%；石油、煤炭和其他燃料加工业同比增长109.7%；化学原料和化学制品制造业同比增长35.7%。能源工业完成投资同比增长5.1%。其中煤炭工业同比增长33.9%；石油和天然气开采业同比增长15.9%。

（三）房地产投资增速趋缓，住宅投资快速增长

2019年1~9月，黑龙江省房地产投资累计实现705.75亿元，同比增长2.8%，增长速度较2018年同期降低了18.9个百分点，较2017年同期提高了6.4个百分点。其中，住宅投资522.10亿元，同比增长13.6%，是黑龙江省房地产投资增长的主要力量（见表1）。房地产施工面积10821.61万平方米，同比增长9.5%。其中，商品住宅施工面积7794.25万平方米，同比增长9.7%；办公楼施工面积193.13万平方米，同比下降15.3%；商业营业用房施工面积1652.8万平方米，同比增长8.6%。新开工施工面积1880.32万平方米，同比增长8.0%；竣工面积496.92万平方米，同比增长1.3%。其中，商品住宅新开施工面积1390.91万平方米，同比增长11.0%；商品住宅竣工面积399.30万平方米，同比增长9.4%；办公楼新开工施工面积16.6万平方米，同比下降67.7%，办公楼竣工面积6.31万平方米，同比增长38.9%；商业营业用房新开施工面积276.86万平方米，同比下降5.1%；商业营业用房竣工面积50.85万平方米，同比下降32.4%。

表1　2019年1~9月黑龙江省房地产投资情况

类别	2019年1~9月	增速(%)
房地产投资	705.75亿元	2.8
房地产住宅投资	522.10亿元	13.6
房地产施工面积	10821.61万平方米	9.5
新开工施工面积	1880.32万平方米	8.0
竣工面积	496.92万平方米	1.3

资料来源：国家统计局。

（四）“百大项目”成为增长的主要动力

黑龙江省突出基础设施补短板，以“百大项目”为统领开展“百日会战”，截至10月20日“会战”结束，全省110个“百大项目”已开工109个，另有1个岸岛防护项目于11月末开工建设。产业项目方面，被列入“百大项目”重点推动的40个产业项目全部开工建设，完成投资。目前“百大项目”已完成投资905亿元，占年度计划的82.1%。40个产业项目完成投资226.4亿元，带动施工项目个数增长17.2%，绥化新和成、万里润达、桦南鸿展、神华国能宝清等一大批项目建成投产。“百日会战”预期目标顺利提前实现，从投资额看，“百大项目”是黑龙江省固定资产投资增长的主要动力。

（五）组建省级产业投资集团

2019年，按照习近平总书记关于“引导国有企业发挥带头作用，加快设立东北地区国有投资运营平台，推动国有资本和产业联动调整”的要求，黑龙江省围绕全省产业发展大局，完成了交通投资集团、建设投资集团、旅游投资集团、农业投资集团、新产业投资集团、金融控股集团以及中国龙江森工集团7个产业投资集团的组建工作，涉及资产4000多亿元。省级产业投资集团的组建极具针对性地优化了国有资本的投资布局，将有效提升国有资本的投资效率，在黑龙江省产业投资上发挥带动引领作用。

（六）投资营商环境得到改善

2019年，黑龙江省以优化营商环境为全面深化改革的突破口，加强顶层设计，持续创新推进，正在形成“投资必过山海关”的浓厚氛围。一是加强法治建设。结合省情，立法先行，黑龙江省于2019年3月1日正式实施《黑龙江省优化营商环境条例》，标志着黑龙江省投资营商环境建设步入法治化新轨道，为打造公平、正义、法治的投资环境奠定了坚实基础。二是构建机制建设保障。调整成立省委省政府优化营商环境领导小组，建立起由

56家单位组成的黑龙江省优化营商环境联席会议制度，常态化协调机制的建立，从横向上确保了优化营商环境工作有效沟通，从纵向上加大了优化营商环境工作的贯彻力度，推动各地市进一步对标中国营商环境评价指标体系，把优化营商环境与打造“办事不求人”龙江特色品牌结合起来，促进全省形成公正、透明、可预期的投资营商环境。三是持续深化放管服改革，全面梳理权责清单，推进流程再造，完成省级权责清单规范调整2887项，按照“减材料、减时限、减环节”要求优化行政许可、行政确认、行政给付、行政裁决、行政奖励等6类依申请类行政权力类型的单项政务服务事项流程，行政许可事项在原工作环节基础上缩减了271个环节，每个事项平均缩短7个工作日。在工程建设项目领域，按照国家《关于全面开展工程建设项目审批制度改革的实施意见》要求，启动工程建设项目审批制度改革，实行一个部门牵头、并联审批、限时办结，推行告知承诺、区域评估和联合审图、联合验收等制度。四是落实“最多跑一次”改革。出台《黑龙江省复制推广浙江“最多跑一次”改革经验实施方案》，以投资审批为重点领域开展改革工作，在省直各有关部门、各地市进行“一件事”全链条的流程再造工作，2019年底，省市县实现群众和企业到政府办事“最多跑一次”事项不少于100项，持续释放改革红利。五是夯实政务基础建设，推动政务服务标准化。出台《关于加强全省实体政务大厅建设管理工作的指导意见》，推行“一事项一标准”，实现全省政务服务同标准、无差异。出台《加快推进一体化在线政务服务平台建设实施方案》，完成了升级政务服务平台升级改造，实现与国家政务服务平台阶段性对接。

二　2019年黑龙江省固定资产投资中存在的问题

（一）三次产业投资分化明显

从三次产业看，黑龙江省固定资产投资情况在三次产业见出现明显的分化。1～8月，第一产业投资下降34.7%，第二、第三产业分别增长3.4%

和1.2%。虽然第一产业投资降幅比1～7月收窄5.7个百分点，但投资连续两年下滑与黑龙江省作为农业大省和粮食主产区的身份以及端好中国饭碗、充当国家粮食安全“压舱石”的地位明显不符。另外，消费正成为黑龙江省经济发展的重要拉动力量，第三产业投资的低位运行将极大制约未来黑龙江省经济增长和人民生活的改善。

（二）非公经济投资下降

从经济类型看，2019年1～8月，黑龙江省国有控股投资增长14.8%，民间投资和外商及港澳台投资则分别下降9.1%和16.9%。其中民间投资相较于2018年全年10.5%的增长水平势头明显不振，横向对比也差于辽宁2019年前二季度增长2.4%的表现。民间资本出现“脱实向虚”的倾向，由制造业逐步向房地产业、服务业转移。

（三）部分行业投资下滑明显

分行业看，在2019年1～8月黑龙江省固定资产投资中，基础设施和房地产开发投资分别增长8.9%和2.4%，制造业投资则下降4.7%。食品工业完成投资同比下降34.5%，其中，食品制造业同比下降27.8%；酒、饮料和精茶制造业同比下降31.9%；农副食品加工业同比下降37.3%。装备工业完成投资同比下降30.3%。其中，汽车制造业同比下降1.4%；专用设备制造业同比下降2.1%；通用设备制造业同比下降7.1%；计算机、通信和其他电子设备制造业同比下降44.3%；电气机械和器材制造业同比下降89.4%。此外，轻工业同比下降20%。

三　2020年黑龙江省固定资产投资形势展望

2020年是“十三五”规划收官之年，结合中共中央国务院关于支持东北地区深化改革创新推动高质量发展的政策利好，为确保各项经济社会指标的完成，有望形成一轮投资热潮。同时，随着营商环境的大幅改善，马云、许家印等知名企业家到黑龙江省考察，“投资必过山海关、落户最东北”的发展态势正在形成，2020 年黑龙江省民间投资有望回暖。

根据黑龙江省宏观经济模型预测，2019 年，黑龙江省社会固定资产名义增长将达到2.1%，增速比 2018 年大幅回升6.8 个百分点。2020 年黑龙江社会固定资产增长率将在2.0% ~4.0%的区间内。2019 年和 2020 年黑龙江省房地产固定资产投资名义增长率分别为 -1.6%和 -2.3%，整体而言，房地产固定资产投资增速呈现小幅下滑趋势。

表 2　黑龙江省固定资产投资预测

单位：亿元，%

类别	2018 年统计值	2019 年预测值	2020 年预测值
固定资产投资	10559	10783	10979
名义增长率	-4.7	2.1	1.8
房地产固定资产投资	944	929	908
房地产固定资产投资名义增长率	15.8	-1.6	-2.3

四　促进黑龙江省固定资产投资的对策建议

（一）推动固定资产投资实现高质量发展

按照党中央、国务院支持东北地区深化改革创新推动高质量发展的重大决策部署，黑龙江省在固定资产投资方面同样要实现高质量发展。在理念上，在兼顾投资总量和速度的同时，应更加注重结构和效益，以高质量的投资推动龙江经济高质量发展。首先，应坚持以投资结构驱动产业结构优化。把投资领域供给侧结构性改革与提升投资效率和优化产业结构结合起来，扩大制造业投资，推动投资“由虚向实”，特别是促进投资向高技术产业、战略性新兴产业、现代服务业等实体经济集聚。其次，大力确保固定资产的增量。投资作为衡量经济增长的“三驾马车”之一，在高质量发展的时代背景和稳增长的现实需要下，精心谋划有利于动能转换和高质量发展的产业规划，同时，也要积极引进周期短、拉动力强的项目，为黑龙江省经济增长的平稳态势保驾护航。

（二）释放民间投资潜力

继续优化营商环境，加大招商引资力度，积极释放民间投资潜力。一是建立健全促进民间投资健康发展的工作机制。充分发挥政策效应，放宽民间资本市场准入条件，建立吸引民间资本投资重点领域项目库，进一步激发民间有效投资活力。二是积极向民间资本推介重点领域项目。形成常态发布向民间资本推介项目清单，推动项目推介工作长效化、制度化。重点在交通、能源、生态环保、社会事业等基础设施补短板领域，选择符合国家产业政策和相关规划要求、投资回报机制明确、商业模式创新潜力大的项目进行推介。项目推介完成后，持续做好相关服务工作，保障项目顺利实施。三是优化民间投资环境。深化“放管服”改革，优化营商环境，进一步完善工程建设项目审批制度体系，精简审批环节和事项、减少审批阶段、压减审批时间、加强辅导服务，提高审批效能。

（三）滚动实施“百大项目”建设

项目是落实固定资产投资的重要抓手，应以攻坚会战状态抓好“百大项目”，确保项目开工率、投资完成率、资金到位率三个100%目标。围绕“六个强省”建设推进重点任务，继续抓住国家基础设施补短板、公共服务补强提升、专项债券给支持的机遇，在实体经济投资上打好产业基础高级化、产业链现代化的攻坚战，有效整合资源，主动调整经济结构，以项目投资提升制造业的能力水平。做好“百大项目”储备工作，实现新储备重大项目100个以上，两年间“百大项目”计划投资总额超过1万亿元，并利用冬季做好项目前期，推动重点项目早日纳入国家规划。争取以“百大项目”打造更多“龙江制造”“龙江创造”，在优势领域推动产业集群高质量发展。

B.7

2019~2020年黑龙江省消费形势分析与预测*

宋静波**

摘　要： 2019年，黑龙江省宏观经济总体运行平稳，下行压力持续加大，但积极因素增多，发展信心增强。前三季度，全省实现社会消费品零售总额同比增长6.2%，增速比上半年提高0.2个百分点。由于有效供给不足、传统商业企业面临网络消费分流等问题，未来黑龙江省消费增长依然面临较大压力。应充分释放创新活力，促进消费市场发展；提升城乡居民收入水平，释放民众消费潜能；继续推进在线零售发展，推动零售业创新转型；加快文旅融合步伐，推动消费升级；健全消费市场体制机制，维护消费安全。

关键词： 黑龙江省　消费市场　消费形势

一　黑龙江省消费市场运行的主要特征

2019年前三季度，黑龙江省最终消费支出拉动第三产业对经济增长贡

* 本文为黑龙江省哲学社会科学研究规划项目“基于生态伦理视域的我国传统产业绿色发展路径创新研究”（项目号：17JLD182）及黑龙江省哲学社会科学研究规划项目“新时代龙江高端装备制造业自主创新对策研究”（项目号：18JYE681）的阶段性研究成果。

** 宋静波，黑龙江省社会科学院文化和旅游研究所助理研究员，博士，研究方向为区域经济、产业经济。

献达到72.2%，远高于全国60.5%的水平，消费对黑龙江整体经济的支撑作用不断增强。消费结构优化与升级仍在继续，服务消费支出占比稳步提升，2019年前三季度服务消费支出同比增长6.4%，拉动经济增长贡献率达到73.1%，节日消费、消费群体年轻化、电商消费等消费亮点与热点频频出现，突出表现了广大民众强烈的消费需求。

（一）居民消费稳中趋缓，呈温和增长态势

2019年前三季度，黑龙江省社会消费品零售总额同比增长6.2%，增速与去年同期和今年上半年相比，均回落0.2个百分点。从整体走势看，黑龙江省居民消费保持较为温和的增长态势。社会消费品零售总额与同期全国平均水平8.2%的增速相比较，低了2个百分点，位列全国第20，与全国首位江西省（11.2%）相比，低了5个百分点。在东北三省中，黑龙江省社会消费品零售总额同期增速高于吉林省（见表1）2.6个百分点，高于辽宁省（6.0%）0.2个百分点，增速位于东三省之首。

表1　黑龙江省、吉林省、辽宁省和全国社会消费品零售总额增速

单位：%

时间	2019年1~3季度	2019年1~2季度	2019年1季度	2018年1~4季度	2018年1~3季度
黑龙江省	6.2	6.4	6.4	6.3	6.4
吉林市	3.6	3.9	3.5	4.8	5.2
辽宁省	6.0	6.0	5.6	6.7	7.4
全国	8.2	8.4	8.3	9.0	9.3

资料来源：国家统计局。

2019年前三季度，从行业看，批发零售业零售额增长6.2%，住宿餐饮业零售额增长6.1%。黑龙江省促进消费市场提档升级效益凸显，1~9月共开展各类促进消费活动项目90余项，同时开展各种形式的消费主体营销活动，如“老字号企业中华行”系列活动，集中展示老字号企业及其产品，增强老字号品牌的传播效应，利用其知名度进一步扩大影响力；如推动餐饮

等行业协会开展行业竞赛、绿色发展等等。13 个地市亦相继展开消费促进月、湿地文化节、灯光夜市等各具特色的系列活动。

（二）城乡消费趋向协调，农村表现较突出

2019 年 1 ~9 月，黑龙江省城镇社会消费品零售总额增长 6%，增幅比上年同期回落 0.3 个百分点；乡村社会消费品零售总额增长 6.9%，增幅与上年同期持平。乡村社会零售额增速明显高于城镇，乡村市场活跃度亦高于城镇。2019 年 1 ~3 季度，全省城镇居民可支配收入同比增长 5.8%，低于全国 2.1 个百分点。农村居民人均可支配收入同比增长 7.0%，高于上半年 1 个百分点，低于同期全国 2.2 个百分点，农村居民即期消费能力增速明显高于城镇。

从支出来看，2019 年 1 ~ 3 季度，城镇居民人均消费支出同比增长 7.1%，农村居民人均消费支出同比增长 9.6% （见表 2），城乡居民消费支出增速差进一步拉大，农村消费逐步趋好、城镇消费趋于稳定的态势显现。随着农村消费的迅速增长，全省城乡消费相对差距逐步缩小，城乡消费的不平衡逐渐减弱，城乡区域发展正趋向于协调。

表 2　黑龙江省城乡居民可支配收入与消费支出

单位：元

时间	2019 年 1 ~3 季度	2019 年 1 ~2 季度	2019 年 1 季度	2018 年 1 ~4 季度	2018 年 1 ~3 季度
居民人均可支配收入	17099	11209	6708	22726	16105
城镇居民人均可支配收入	22745	14845	7963	29191	21495
农村居民人均可支配收入	9318	6198	4980	13804	8708
居民人均消费支出	13037	8666	4628	16994	12084
城镇居民人均消费支出	16107	10702	5560	21035	15033
农村居民人均消费支出	8806	5859	3344	11417	8035

资料来源：国家统计局。

（三）新兴消费成长较快，电子商务最抢眼

随着当前信息化、智能化、数字化全面渗透消费各领域，新业态、新动

能不断涌现，黑龙江省在数字商务体系建设推进、壮大电商主体培育、深化与国内知名电商企业合作等方面取得新进展，电子商务激活了黑龙江省电商市场的发展。从消费端看，新兴零售增长较快，2019年前三季度，全省限上网上商品零售额与上年同期相比，增长12.3%，增幅高出社会消费品零售总额6.1个百分点，占限上商品零售额的比重同比提高0.6个百分点。无店铺（7.9%）快于有店铺（-3.0%），其中邮购、网上商店分别增长64.1%和13.6%。

2019年1~9月，黑龙江省电子商务交易额实现2456.8亿元，同比增长20.6%。网络零售额实现331.9亿元，同比增长33.7%，增速高出全国9.8个百分点。截至目前，全省共建成电子商务产业园区（电商孵化器）120个，入驻企业3428家。全省共有31个县（市）被列入“国家电子商务进农村综合示范县（市）”，其中国家级贫困县20个、省级贫困县1个，贫困县占比达到67.7%，实现了示范项目国家级贫困县全覆盖。

截至2019年8月底，黑龙江省前四批26个示范县（市）已建成县级电子商务服务中心27个、乡镇电子商务服务站195个、村级服务站点2571个、县级物流配送中心31个、快递覆盖行政村1297个，行政村快递覆盖率达到93.85%。2019年1~8月，前四批26个示范县（市）共实现网络零售额36.23亿元，开展各类培训6.33万人次，新增网商4989个，带动就业6521人。

（四）旅游消费持续升温，服务消费持续优化

2019年前三季度，黑龙江省全省共接待国内外游客14976万人次，同比增长15.8%；实现旅游收入2145.3亿元，同比增长19.6%。旅游消费对黑龙江省经济的拉动作用已经开始显现。2019年前三季度哈尔滨机场共实现运输飞机起降11.1万架，完成旅客吞吐量1576.2万人次。2019年年初至今，全省通过一系列严肃旅游市场整治行动，共计查处且曝光违法违规旅游从业企业34个，共处罚金75万元。为了能够更好地服务于旅游消费，黑龙江省建立并覆盖全省无死角的关于旅游投诉的先行赔付制度，为游客构筑

简明迅速便捷的维权通道。2019 年 1～10 月，全省共为游客先行赔付消费投诉 25 起，总计赔付金额 2.8 万元。

2019 年以来，黑龙江省服务消费一直保持较快增长，服务性消费比重上升，2019 年前三季度服务消费支出同比增长 6.4%，拉动经济增长贡献率达到 73.1%，以文化、旅游、休闲、体育、养老等为代表的服务消费表现活跃。城乡居民生活消费结构悄然发生变化，生活消费支出逐步由商品性消费转向服务性消费。

二　黑龙江省消费市场运行的主要问题

（一）社会消费品零售总额减速明显

2009 年以来，黑龙江省社会消费品零售总额增速呈现逐年下降的趋势，从 2009 年的 16.2% 下降到当前的 6.2%，十年间降了 10 个百分点，减速明显。同期，全国的社会消费品零售总额增速也从 2009 年的 15.9% 下降到当前的 8.2%，减速幅度亦不低。从这些年来看，黑龙江省社会消费品零售总额增速下降的幅度快于全国。社会消费品零售总额增速下降，除了受一些政策性和季节性因素影响外，还受目前消费降级因素影响。

（二）居民消费热点培育周期需要一定时间

随着居民消费转型升级的加快，全省消费热点呈现出向服务消费领域倾斜的特点，传统消费热点对社会消费品市场的拉动作用在持续减退，而新的实物性消费热点尚需一定的培育周期，前期销售较热的部分商品，目前处于阶段性需求饱和状态。消费转型升级亟待促进，应该积极引入新技术、新业态、新模式，捕捉、引领、创造新的消费热点。

（三）城乡居民收入增速较慢，影响消费市场发展

2018 年黑龙江省城乡居民人均可支配收入列东三省末席，且中低收入

人群占比较大，城乡居民消费信心和消费能力不足，影响消费市场的快速发展。2018年，黑龙江省城镇居民人均可支配收入（29191元）比上年增长6.4%，比全国城镇人均可支配收入（39251元）低10060元，低于全国平均增长率2.3个百分点；农村居民人均可支配收入比上年增长9.0%，略高于全国8.8%的增长水平。2019年前三季度，黑龙江省城乡居民人均可支配收入与全国平均相比差距仍然较大，前三季度，全省城镇常住居民人均可支配收入为22745元，比全国同期（31939元）低9194元；农村居民人均可支配收入为9318元，比全国同期（11622元）低2304元。全省城乡居民可支配收入水平多年来一直处于低位，抑制消费潜力释放，且近10年黑龙江省城乡收入差距仍然存在，2010年城镇居民人均可支配收入与农村居民人均纯收入之比为2.23∶1，到2017年该比值为2.17∶1，城乡收入差距缩小的趋势不明显，城乡发展不平衡现象依然明显，影响消费市场升级。

（四）电子商务仍有许多短板需要加以完善

电子商务作为一种新兴的商务形式，备受世界瞩目，它对黑龙江省社会经济以及消费市场均产生了重大影响。电子商务从根本上推动了全省经济体系的革命，极大地推动了全省经济发展，在为黑龙江经济发展获取较大经济效益的同时，也使得全省社会商务活动发展进程发生质变，使得人们告别传统的交易方式，转换新的消费思维与消费习惯。电子商务发展虽然取得一定的进展，但是仍然存在顶层设计不清、发展氛围不浓、基础配套不足、内生动力不够、借助外力不满、从业主体性不强、各类人才不济等诸多主客观的短板。与此同时，也存在发展水平相对较低、安全得不到质的保障、诚信问题令人担忧、技术跟不上时代步伐、法律制度在网络上不是特别完善、受传统营销模式限制等诸多问题，这些都制约了电子商务在黑龙江省的进一步发展。特别是对拉动市场内需、促进消费升级和农特产品上行方面的作用不明显，利用跨境电商有效推进对外贸易高质量发展效果不大，跨境电商在通关流程、生态聚集、内生动力和发展成效方面还有较大提升空间。

（五）社会消费品零售总额未能全面反映居民消费需求

尽管黑龙江省社会消费品零售总额增速趋缓，但是由于消费结构发生变化，社会消费品零售总额没有准确反映消费支出全貌，而在实物商品销售时一般以产品更新换代为主，更加注重提质升级，不能单纯以规模增幅来衡量。近年来黑龙江省居民消费已进入消费需求持续增长、消费结构加快升级、消费拉动经济作用明显增强的重要阶段。

伴随生活水平的提升，居民的消费结构得以较大的优化。消费的层次和消费品质的提升，使得以实物消费为代表的社会消费品零售额占整体消费比重呈下降趋势。2018 年，黑龙江省服务业增加值比上年增长 6.4%，对 GDP 的贡献率为 73.1%。全省居民人均食品烟酒消费支出为 4464 元，同比增长 6.1%，占消费支出的比重（恩格尔系数）为 26.3%，比上年下降 0.7 个百分点。食品烟酒、衣着等“生存型”消费支出比重下降，而医疗保健、交通通信等“发展型”消费支出及教育、文化、娱乐等“享受型”消费支出快速增长。由于医疗保健、交通通信以及教育、文化、娱乐大部分属于服务消费范畴，不计入社会消费品零售额，对居民实物消费形成挤出效应。

三　2020年黑龙江省消费市场发展趋势预测

纵观 2019 年前三季度，黑龙江省宏观经济总体平稳，民生指标表现良好，就业形势稳定，消费价格涨势总体平稳，居民收入增速快于 GDP 增速。展望 2020 年，我国即将踏上全面建成小康社会、开启社会主义现代化建设的新征程，总体来看，黑龙江省消费市场平稳增长的动能依然存在，消费市场仍有望保持总体平稳、稳中趋好的发展态势。

虽然在复杂的国际背景下，黑龙江消费市场面临汽车消费低位徘徊、房价持续升温、医疗社保子女开支不断攀升等诸多影响商品消费的不利因素，新的消费热点亦尚未形成。但随着黑龙江省经济由高速增长阶段转向高质量增长阶段，经济的驱动力正由出口、投资转向消费。随着消费升级的不断加快，随着新业态新商业模式的不断引入，随着“绿色＋健康＋品质”等消费理念的不断更新，黑龙江省居民消费结构不断升级，新旧动能转换不断加速，在拉动内需的同时日益满足人民群众追求更高品质的生活需求。

根据黑龙江省宏观经济模型测算，预计2020年黑龙江省社会消费品零售总额将突破1万亿元，2019年和2020年黑龙江省社会消费品零售总额名义增长率将分别为6.1%和6.0%，扣除价格因素，实际增长率将为3.4%和3.0%（见表3），总体保持平稳增长，下滑幅度逐渐收窄。

表3　2019～2020年黑龙江省社会消费品零售总额预测结果

单位：亿元，%

指标	2018年统计值	2019年预测值	2020年预测值
社会消费品零售总额	9672	9886	10492
名义增长率	6.3	6.1	6.0
实际增长率	4.3	3.4	3.0

四　促进黑龙江省消费市场发展的对策建议

当前，黑龙江省正处于经济转型发展关键时期，消费保持平稳增长是经济增长的主要驱动力，对经济增长的基础性作用持续增强。进一步完善消费市场政策措施、维护消费市场健康平稳发展对全省经济平稳健康运行具有重要作用。

（一）充分释放创新活力，促进消费市场发展

创新消费活力，注重“扬长”“补短”“增收”“做优”相结合，促进消费市场稳步发展。一是重点在消费上“扬长”，抓住冰雪旅游旺季，大力开发冰雪旅游产品，做好线路营销，全面放大冰雪消费潜力，提高冰雪旅游竞争力。二是在消费上“补短”，加快补齐家政、育幼、养老等社会化服务体系建设短板，培育生成新的消费增长点。三是在消费上“增收”，提升吃

住行游购全链条发展水平，发展夜经济，延伸拓展消费。四是在消费上“做优”，完善旅游基础设施，充分发挥旅游诚信基金作用，为游客提供优质服务。

（二）提升城乡居民收入水平，释放民众消费潜能

党的十九大报告明确提出扩大中等收入群体，“坚持在经济增长的同时实现居民收入同步增长、在劳动生产率提高的同时实现劳动报酬同步提高”。一是稳步提升城镇居民收入水平。优化工业结构，加强产业扶持，完善收入增长机制，充分发挥收入分配制度公平作用。二是着力提高农村居民收入水平。加快城镇化进程，优化农村产业布局，支持发展镇、乡、村各级企业，鼓励农业体验经济和特色乡村游稳步发展，加快推进城镇化，鼓励农业人口向城镇转移。三是继续加大“大众创业、万众创新”政策扶持力度。从中央到地方，“双创”已成为推动创新发展、推动就业收入、推动消费发展的重要力量。黑龙江省应降低创业准入门槛，助推知识产权与研究成果产业化进程，鼓励民众创新创业积极性，持续激发发展与消费新动能。四是健全农村民众社会保障体系，进一步完善农民宅基地、农村合作医疗、农民子女教育等基本保障制度，大力推进农村宅基地市场化，加大农村医疗保障力度，提高给付比例，扩大乡镇教育资源，为新生代农民工子女提供入学机会。解决居民消费的后顾之忧，进一步释放城乡居民消费潜能。

（三）继续推进在线零售发展，推动零售业创新转型

数字化和现代技术的兴起引发的“零售 4.0”革命为在线零售打开新的发展境界。继续推进在线零售发展，一是把握“互联网 + 新型消费”特点，以建立哈尔滨新区、黑龙江自贸试验区等国家战略为契机，稳步推进信息消费的基础设施建设，加快建设第三方交易平台，优化零售业态结构，鼓励发展电子商务，不断深入跨行业融合创新。在推动实体零售商实现网上销售的同时，鼓励在线零售商加快拓展线下业务，布局社区超市、生鲜超市、便利店等等，推进“零售业 + 其他行业”发展，实现零售转型。二是加快引入

新零售巨头如京东、淘宝等线下体验店，各方全力支持京东、淘宝等零售巨擘在黑龙江设立物流仓与配送中心，降低网购商品物流与时间成本，提升配送效率。三是优化零售业态结构，支持传统零售业利用在线零售平台转变经营运作模式，提高其消费市场覆盖面积，扩大影响范围。积极改进消费服务模式，推进网上订房及订餐业务，提高消费服务效率，提升消费服务品质。

（四）加快文旅融合步伐，推动消费升级

加快推进文化旅游消费。从远古时代开始，繁衍生息在黑龙江这块黑土地上的少数民族先民在和自然界以及侵略者的斗争过程中，创造了独具特色的历史文化，可充分利用这一历史文化资源，发展文化旅游；同时，黑龙江曾是东北抗日联军的创建地和主战场，中国共产党领导第一个完整的省级人民民主政权在这里建立，人民政协从这里启航，可充分分别利用这一红色革命文化资源，发展红色旅游；还可充分发挥黑龙江省生态旅游资源富集优势，利用绿水青山、冰天雪地、大森林、大湿地、大湖泊、大界江、大农田等壮美的自然与人文景观，发展绿色生态休闲游，不断提升文化旅游水平。另外，应加强与“中蒙俄经济走廊”沿线国家的旅游合作，加强文化与旅游资源整合，严肃旅游市场秩序，大力发展全域旅游。加强对寒地黑土乡村旅游的政策指导，提升乡村旅游品质。

（五）健全消费市场体制机制，维护消费安全

积极应对新消费业态的快速发展，持续开展放心消费创建活动，推动消费维权社会共治。以落实企业主体责任与企业诚信为着力点，严格提升消费产品品质和服务质量，健全诚信激励机制；以规范市场秩序为着力点，整治旅游市场，提升农贸市场层级，提高市场监管成效；以减少行政审批为着力点，优化营商环境，深入推进“放管服”改革；以加强消费事中事后监管为着力点，激发市场主体活力；以打击假冒伪劣为着力点，维护消费者合法权益；以知识产权创新转化为着力点，获取创新发展成效。

同时针对国内国外环境的新变化，完善有需要人群的最低生活保障制

度，使生活有底可托。完善救助申请家庭经济状况核对机制，切实整合扶危脱贫攻坚工作中的琐碎信息，提升帮扶效率。同时加强就业培训，鼓励大型零售企业适当增设公益性岗位，为遭受国内国外冲击较大的外贸企业在整个去产能过程中分流的职工等重点群体提供就业机会和收入保障。

B.8

2019~2020年黑龙江省居民消费价格指数分析与预测

隋云鹏*

摘　要： 2019 年以来，黑龙江省居民消费价格指数（CPI）呈温和上涨态势，居民消费价格涨幅逐渐扩大，1~9 月，黑龙江省 CPI 上涨 2.3%，低于全国均值 0.2 个百分点，从分类指数来看，9 月黑龙江省 CPI 八大分类指数呈现六升一降一平格局，食品类价格上涨 9.1%，拉动 CPI 上涨 2.2 个百分点，是 CPI 上涨的主要推手；综合考虑翘尾因素和新涨价因素的影响，初步预测 2019 年全年黑龙江省 CPI 上涨 2.7%，2020 年 CPI 上涨 3.0%。为平抑物价过度波动造成的不良影响，提出保障猪肉供应、促进农业发展、稳定农产品价格、增加居民收入、加强对低收入家庭的保障力度等稳定物价的建议。

关键词： 黑龙江省　居民消费　价格指数

2019 年以来受中美贸易摩擦等因素影响，世界经济和国际贸易增长速度都在逐步减慢，国内经济转型升级进入攻坚期，导致我国经济下行压力较大。在此环境中，2019 年黑龙江省保持稳中求进的工作基调，积极优化营商环境，推进供给侧结构性改革。目前全省居民消费价格指数（CPI）温和

* 隋云鹏，黑龙江省社会科学院文化和旅游研究所助理研究员，研究方向为区域经济。

上涨，物价总体平稳运行。黑龙江省1～9月CPI上涨2.3%，涨幅较上年同期高出0.2个百分点，推动CPI上涨的主要力量是食品类价格的上涨，9月食品类价格上涨9.1%，对CPI上涨的贡献率达到70%以上。

一　2019年1～9月黑龙江省居民消费价格指数走势

2019年9月，黑龙江省居民消费价格指数（CPI）环比上涨0.7%，同比上涨3%，1～9月同比涨幅2.3%，在全国31个地区由高至低排序中同比排名第10。前三季度黑龙江省CPI环比呈加速上升趋势，从上涨幅度来看，黑龙江省CPI处于温和上涨水平。

（一）1～9月黑龙江省CPI涨幅略低于全国，各月涨幅逐渐走高

由图1可知，2019年黑龙江省1～9月CPI走势与全国基本相同，涨幅略低于全国均值，虽然总体来看保持温和上涨趋势，但是月度涨幅呈现逐渐走高趋势。前三季度黑龙江省CPI同比上涨2.3%，涨幅低于全国均值0.2个百分点。

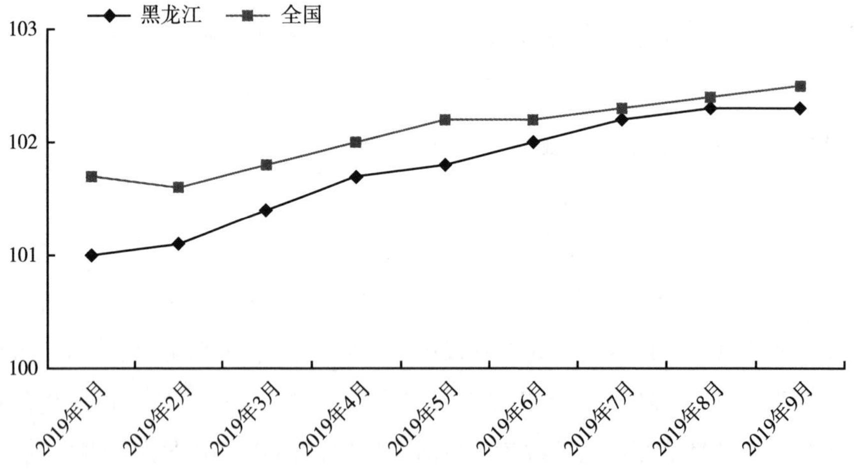

图1　全国、黑龙江2019年1～9月CPI走势情况

资料来源：中国统计局。

从图2各月环比来看，2019年1月、2月受春节影响，CPI环比涨幅较高，最高上涨1.1%；3～5月，受翘尾因素影响，CPI环比开始转为下降，分别下降了0.4%、0.1%、0.3%；6月环比涨幅为0；7月之后受猪肉等食品价格上涨影响，环比加速上涨，分别上涨了0.3%、0.5%、0.7%。从同比看，1月份上涨1%，2月份上涨1.2%，3月份涨幅开始扩大，第二季度平均涨幅2.6%，第三季度平均涨幅3%。可以看出黑龙江省CPI涨幅在逐渐加大。

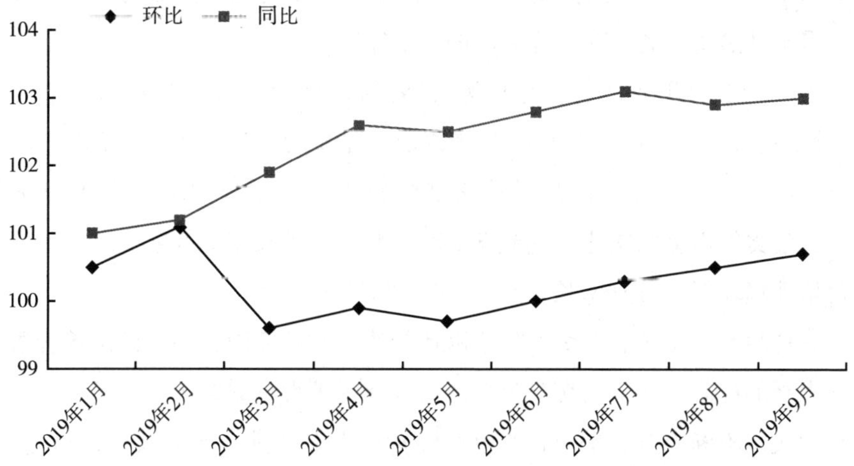

图2　2019年1～9月黑龙江省CPI环比、同比走势

资料来源：中国统计局。

（二）CPI分类指数六升一降一平，物价上涨结构性特征明显

按照惯例，我国从2016年1月开始调整CPI对比基期，目的是使CPI调查涉及的商品和服务更具有代表性，更能准确及时地反映居民消费结构的新变化和物价的实际变动。通过分析CPI分类指数，能够更加及时准确地了解居民消费结构的新变化，清晰地了解影响CPI波动的因素有哪些，使我们能够更直观地找到CPI变动中存在的问题。

2019年1～9月，从黑龙江省CPI分类指数来看，八大分类指数六升一降一平。各分类指数从升降幅度由高到低排序分别是食品烟酒、教育文化和娱乐、其他用品和服务、医疗保健、衣着、生活用品及服务类、交通和通信、居住，变化幅度分别为5.1%、3.9%、2.3%、2%、1.3%、0.4%、0%、-0.2%。从CPI分类指数增长幅度来看，2019年黑龙江省CPI上升主要是由食品烟酒、教育文化和娱乐及其他用品和服务等项目价格上涨引起的结构性上涨。

2019年9月，剔除食品类价格，黑龙江省CPI指数中非食品价格平均上涨1.28%，较上年同期回落0.85个百分点，影响CPI上涨约0.8个百分点，是平抑黑龙江省CPI过度波动的主要原因。

2019年9月黑龙江省食品烟酒价格同比上涨9.1%，拉动CPI上涨约2.2个百分点，占CPI总涨幅的75%左右，是拉动CPI上涨的首要因素。食品类价格中，畜肉类与鲜果类价格涨幅较大，同比分别增长了45.5%与11%；蛋类价格涨幅次之，达到7.3%；水产类增长了2.3%；粮食和鲜菜类价格涨幅较低，分别增长0.5%与0.3%。

非食品类价格中，服务类价格涨速较快。究其原因，一方面，随着居民生活水平的提高，人们对服务消费的需求逐步扩大；同时人工费用上涨导致劳动力成本不断上升；房租、水电等经营成本上涨推动服务项目价格走高。另一方面，随着消费观念的改变，服务市场对人员素质的要求更高，但服务行业从业人员和管理人员的年龄结构呈现逐步老龄化，文化素质较高的年轻人多数不愿意从事服务工作，从而导致供需不平衡，造成服务项目价格上涨。

（三）新涨价因素推动CPI上行

CPI同比指数是由翘尾因素与新涨价因素共同作用的结果。“翘尾因素”是指上年价格上涨（下降）对本年同比价格指数的滞后（延伸）影响；“新涨价因素”是指由于当年（当期）商品和服务项目价格的上涨对CPI的上涨产生的影响。2019年9月，黑龙江省CPI同比上涨3%，其中翘尾因素推动CPI上涨0.07个百分点，新涨价因素推动CPI上涨2.3个百分点，新涨价因素比上个月上升了0.7个百分点，是9月推动CPI上涨的重要原因。

二 黑龙江省居民消费价格指数走势反映出的问题

当前黑龙江省 CPI 走势有稳中上涨的迹象，虽然涨幅仍在温和可控的范围内，但我们也要警惕其反映出来的问题以及可能会对黑龙江省居民生活产生的不利影响。

（一）猪肉价格上涨是推动 CPI 上涨的核心力量

当前物价上涨的结构性因素核心是猪肉价格上涨，一是由于 2018 年防治非洲猪瘟，大肆屠宰生猪，后续补充不足，导致猪肉产量下降，形成猪肉价格上涨趋势。2019 年正处于新一轮的猪肉价格上涨周期，非洲猪瘟疫情加重了此轮猪肉价格上涨周期的波动。供应不足而需求旺盛造成了 2019 年猪肉供需失衡，导致猪肉价格大幅上涨。

从产量上看，非洲猪瘟疫情过后，2018 年黑龙江省猪肉产量 149.9 万吨，下降 5.9%。生猪出栏 1964 万头，比 2017 年下降 6%；能繁母猪存栏 134 万头，比 2017 年的 140 万头下降 4.6%。2019 年上半年生猪出栏 865 万头，同比下降 12.8%；能繁母猪存栏 107 万头，同比下降 14.8%。

从价格上看，2019 年 9 月黑龙江猪肉均价为每公斤 32.93 元，环比涨幅约为 0.19%，同比涨幅达到 100%。猪肉价格在 CPI 中权重在 2% 以上，仅猪肉价格的上涨就影响 CPI 上涨约 2 个百分点，约占 CPI 总涨幅的六成以上，因此可以说当前 CPI 上涨的核心力量是猪肉价格的上涨。

（二）价格加速上涨会对低收入家庭造成不利影响

物价上涨尤其是食品价格的上涨对低收入家庭的影响最大，黑龙江居民消费结构中，食品类支出占家庭总支出的 27.7%，在收入水平不变的情况下，食品类价格的上涨导致了黑龙江省居民在食品消费支出上的比例大增，而用于非食品消费上的支出比例下降，这必然会降低居民的生活质量，加重其生活负担。同时，因为食品是人们生活需要的刚需品，老百姓对食品价格的变化很关心，价格变化的传播率很高，很容易引发群体性的抢购、囤积等行为，放大社会情绪的负面影响。

2019 年，除去食品价格，黑龙江省 CPI 上涨的影响因素中教育、服务、医疗、衣着等基本生活品价格上涨也会进一步抑制居民消费支出的增长，特别是对低收入家庭来说影响较大。

三 2020年黑龙江省居民消费价格指数走势预测

从当前形势来看，未来对黑龙江省物价形势造成影响的因素有很多。

对稳定物价有利的因素主要有：全球经济不支撑中国通胀大幅上行。在未来全球通胀下行的大环境下，中国也难以维持长期的高通胀水平，如油价下跌将降低交通和通信类产品的价格；从国内情况看，国内工业生产领域产能相对过剩，工业产品供大于求的情况将长时间存在；黑龙江省省内经济下行压力偏大，消费终端需求偏弱；黑龙江省粮食产量连年丰收，有效地保障了粮食安全与粮价稳定；针对猪肉供应不足，中央与地方都已拿出相应措施保障猪肉供应，对未来肉类供应将起到稳定作用。

不利于稳定物价的因素主要有：猪肉生产存在固有周期，本次非洲猪瘟造成的猪肉减产还将持续一段时间，预计到 2020 年上半年，猪肉价格上涨将是影响 CPI 波动的重要因素；四季度黑龙江省进入冬季，蔬菜、鲜果等食品价格将会由于供给不足、运输成本上涨等问题面临一定的上涨压力；人员流动导致黑龙江省大量适龄和高素质人才流失，人口结构的变化带来劳动力工资上涨，将导致部分服务业价格上涨，也将给控制物价上涨带来一定压力。

综合考虑以上因素，预测黑龙江省 2019 年全年 CPI 涨幅将在 2.7% 左右；2020 年，如果国际环境不发生重大变化，无重大自然灾害、疫病等突发状况，预测黑龙江省 CPI 涨幅相比 2019 年略有上升，同比涨幅控制在 3.0% 左右。

表1　居民消费价格指数预测

单位：%

指标	黑龙江	
	2019 年	2020 年
CPI	2.7	3.0

四　抑制物价过度波动的建议

维持物价稳定是黑龙江省应对经济下行压力、保持经济社会平稳发展的先决条件，是落实高质量发展要求、提高居民的生活幸福感的重要保障，结合前文，建议相关部门做好以下工作。

（一）多举措并行，保障猪肉供应

2018 年非洲猪瘟的暴发打破了我省猪肉的供求平衡，导致 2019 年猪肉价格暴涨，为了恢复产能，保障生猪供给，建议相关部门做好以下工作。首先，抓好疫病防控工作。做好突发疫情应急处理预案，抓好疫情检测排查工作，避免疫情随生猪运输而扩大，对餐厨废弃物做好消毒回收处理工作。对于发生非洲猪瘟地区，按规定兑现强制扑杀补助资金。对屠宰场等宰杀场所严格执行官方兽医驻场和自检制度，对不符合规定的屠宰场限期整改，坚决关停整改不到位的屠宰场。针对疫情高发区定期展开清洗消毒，降低病原污染面。同时注意做好其他牲畜疫病的防控工作。

其次，为了恢复生猪供给能力，建议做好生猪养殖扶持政策的落实工作。例如，落实养猪场的贷款贴息、生猪养殖场粪污资源化利用、种猪场保种等政策，加快生猪生产恢复。同时加快生猪产业的转型升级，发展标准化、规模化养殖，引导散养户和中小养殖户向规模养殖发展，推进标准化生猪养殖基地的建设。并且要强化养殖过程中的监测预警和技术服务。加强生猪生产定点监测，稳定行业预期，科学引导养殖场（户）补栏增养。

（二）完善农业生产保护机制，稳定食品价格

稳定农产品价格对平抑 CPI 波动有着巨大的作用。首先，食品绝大部分来源于农产品，同时食品类价格占 CPI 权重约 1/3，在各分类指数中位列第1，食品价格的波动会直接影响 CPI 变化。其次，农产品还会通过其他行业通胀预期将价格的波动传导至 CPI，因此稳定农产品价格是价格工作的重中之重。建议黑龙江省政府相关部门加大对农业生产的投入和扶持力度，完善农产品价格保护政策，鼓励农业科研组织与合作社合作，提供农业生产技术支持；搭建展销平台帮助农业生产者和销售商做好对接工作，消除农产品销售的后顾之忧。在改善供求关系、稳定农产品价格方面，政府可以加强对食品生产、流通和销售过程的监管，开辟物流绿色通道，降低流通成本。同时，规范市场秩序，对于那些囤积居奇、哄抬物价、扰乱市场秩序的人员应当采取严厉手段予以打击，保障各种资源能够被充分利用，食品价格的涨幅变化也能够通过市场自动调整。这对于稳定食品价格、改善居民生活至关重要。

（三）增加居民收入，加强对低收入家庭的保障力度

2019 年前三季度，黑龙江省居民人均可支配收入为 17099 元，在全国排名第 23，是全国平均值的 75%，较低的收入放大了黑龙江省居民对物价上涨的感知度，降低了居民生活幸福感，对社会的稳定产生了不利的影响。

黑龙江省政府应加大对宏观经济的调控力度，通过税收优惠政策拉动投资，推进供给侧结构性改革，降低企业税费负担；加大创新改革力度，促进黑龙江省经济发展，多途径、多渠道提高居民收入水平。

完善社会保障体系。将货币补偿与实物补偿方式相结合，加大对生活必需品价格的检测力度，根据价格波动及时调整对低收入群体的转移支付和价格补贴，切实保障低收入群体基本生活质量在物价高启时不下降，并根据黑龙江省各地区实际情况，在做好调研的基础上，尽快出台稳物价、保民生的具体措施。

改革转型篇

Reports on Reform and Transformation

B.9

黑龙江省新型经营主体推动土地流转经营研究

李小丽　曾　博*

摘　要： 在不断完善家庭承包制和土地产权制度的过程中，农村新型经营主体成为土地流转经营主体。从流转数量上看，土地流转入养殖种植合作社数量增多，服务业合作社数量减少；从服务内容上看，生产服务型合作社增长较快，再次超过产加销一体化服务合作社成为主体，家庭农场经营内容开始分化，但仍以种植业为主。随着农村土地制度改革的深化和农村土地承包经营制度的完善，农民将在农业提质增效中享有更多的获得感；加大指导扶持服务工作力度，农民合作社规范化

* 李小丽，黑龙江省社会科学院研究员，研究方向为农村经济学；曾博，黑龙江省社会科学院学习与探索杂志社副研究员，研究方向为农业经济与农村发展。

发展水平将有很大提高；积极争取财政资金扶持，创新金融保险服务方式，提高土地经营管理效率。

关键词： 黑龙江省　新型经营主体　土地流转　土地经营

黑龙江省在保证现有农村土地承包关系稳定的前提下，进一步完善农村基本经营制度，转变农业发展方式，加快建设现代化大农业步伐。通过规范推进农村土地承包经营权确权登记颁证工作，加强土地经营权流转管理和服务信息化、科学化和网络化建设，完善了农村土地承包经营权确权登记制度；通过加强农村土地流转管理和服务、健全农村土地纠纷调处机制、规范土地流转行为和家庭土地流转用途管制，引导了农村土地经营权有序流转和发展适度规模经营；通过规范农民合作社、培育家庭农场、扶持农业产业化龙头企业和支持工商资本开发农业，培育了多元化新型农业经营主体，提高了土地利用效率。

一　农村家庭承包土地流转情况

（一）用于粮食耕种的土地流转占主要比重

如表1所示，截至2018年底，黑龙江省家庭承包耕地流转总面积为6590.39万亩，比2017年减少了59.87万亩；流转面积占耕地面积的42.5%，仅次于北京（95.8%）、江苏（55.0%）、上海（53.9%）、浙江（53.7%）、安徽（46.6%）、重庆（44.2%），位列第7；流转出承包耕地的农户达194.43万户，比2017年增加了63159户；黑龙江省流转用于种植粮食作物的面积为5833.84万亩，占家庭承包耕地流转总面积的88.5%。

表1　黑龙江省家庭承包耕地流转总面积

单位：万亩，%

年份	家庭承包经营的耕地面积	家庭承包耕地流转总面积	流转用于种植粮食作物的面积	流转面积占家庭承包经营耕地面积比重
2015	12931.01	6897.31	6132.14	53.3
2016	12984.58	6550.02	5780.74	50.4
2017	12771.41	6650.26	5728.21	52.1
2018	15511.6	6590.39	5833.84	42.5

说明：2017年以前数据指标为家庭承包耕地流转总面积，2018年数据指标为耕地面积，比重计算也有相应变化。

资料来源：《中国农村经营管理统计年报（2018年）》，中国农业出版社，2019。

（二）耕地流转以出租和股份合作为主要方式

2018年，黑龙江省耕地流转方式以出租（转包）① 和股份合作为主，面积分别为6051.19万亩和289.24万亩，占家庭承包耕地流转总面积的91.8%和4.4%，两者合计占家庭承包耕地流转总面积的96.2%。其中，出租给本乡镇以外人口或单位的面积为83.97万亩，耕地入股合作社的面积为150.13万亩。此外，以转让、互换方式流转的土地面积分别为144.35万亩和23.93万亩，占流转总面积的比重分别为2.19%和0.36%，还有81.68万亩耕地以其他形式流转，占流转总面积的1.24%。

（三）耕地流转以新型农业经营主体为主要对象

2018年，黑龙江省耕地流转入新型农业经营主体的面积达95.4%，其中，流转入专业大户和家庭农场的面积为4985.24万亩，占耕地流转面积的75.6%，比2017年提高了3.7个百分点；流转入专业合作社的面积为1257.10万亩，占耕地流转面积的19.1%，比上年同期下降4个百分点；流

① 2017年农村经营管理统计将原统计中的出租和转包合并统计，统称为出租。本文所指的出租，指农户家庭承包耕地流转面积中，承包农户将所承包的土地全部或部分租赁给他人从事农业生产的耕地面积。

转入企业的面积为47.31万亩，占耕地流转面积的0.7%；流转入城镇居民、村集体、社会团体、科研单位等其他主体的面积为300.84万亩，占耕地流转面积的4.6%。

（四）土地流转规范化程度提高

2018年，黑龙江省耕地流转双方签订流转合同近163万份，涉及流转耕地面积为4874.48万亩，流转合同签订率为74.0%，高于全国（67.8%）6.2个百分点，在全国次于上海（100.0%）、宁夏（93.8%）、江苏（81.1%）、新疆（80.5%）、河北（76.9%）青海（75.8%）、湖北（75.0%）、甘肃（74.7%）、辽宁（74.1%），排名第10位。

（五）规模经营农户数量有所减少

2018年黑龙江省经营规模50亩以上的农户数量有所减少，为100.1万户，比2017年减少了2万户，占总农户数的18.8%，占全国50亩以上农户数的24.2%。其中，经营耕地50～100亩、100～200亩和200亩以上的农户数分别为60.1万户、27.8万户和12.2万户，分别比上年同期减少了2.4万户、0.3万户和0.3万户。2018年全国经营规模50～100亩、100～200亩和200亩以上的农户数分别为272.6万户、97.9万户和43.3万户，黑龙江省分别占22%、28.4%和28.2%。

二　农村土地承包经营主体结构特征

（一）土地主要流转入种养专业合作社

按行业结构划分，黑龙江省种养合作社仍占主体，服务业合作社数量减少。2018年黑龙江省种植业、畜牧业、林业、渔业和服务业合作社数量依次为44968个、7600个、400个、431个和4082个，各行业占合作社总数的比重分别为76.4%、12.9%、0.7%、0.3%和6.9%（见表2）。其中，种植业合作社中粮食产业37320个，占比83.0%；蔬菜产业2002个，占比4.5%。畜牧业合作社中生猪产业2695个，占比35.5%；奶业925个，占比12.2%；肉牛羊产业1691个，占比22.2%；肉鸡产业286个，占比3.8%；蛋鸡产业192个，占比2.5%。服务业合作社中农机服务合作社3656个、植保服务合作社29个、土肥服务合作社14个、金融保险服务合作社6个，与上年同期相比，服务业合作社和渔业合作社分别减少151个和26个，其他合作社有所增加。

表2　黑龙江省农民专业合作社数量及行业划分

单位：个

年份	农民专业合作社数量	种植业	畜牧业	林业	渔业	服务业
2015	49742	36565	7129	345	435	4166
2016	53678	39983	7540	405	499	4038
2017	58181	43868	7521	384	457	4233
2018	58844	44968	7600	400	431	4082

资料来源：《中国农村经营管理统计年报（2018年）》，中国农业出版社，2019。

（二）生产服务型合作社比重下降，但仍为主体

按经营服务内容划分，以生产服务为主的合作社成为主体。截至2018年底，黑龙江省以生产服务为主的合作社为24449个，占合作社总数的41.5%，比上年同期降低了1.5个百分点；实行产销一体化服务的合作社为22993个，占合作社总数的39.1%，比2017年降低了0.6个百分点；以购买、仓储、运销、加工和其他经营服务为主的合作社数分别为1695个、281个、430个、1124个和7872个，分别占比2.9%、0.5%、0.7%、1.9%和13.3%。

（三）家庭农场主要从事粮食种植业

家庭农场经营仍以种植业为主。截至2017年底，黑龙江省纳入调查的家庭农场数量为17742个，比上年同期增加了1417个，其中被县级以上农

业部门认定为示范性家庭农场的数量为1892个，比上年增加了59个，占家庭农场总数的10.7%。家庭农场经营土地面积707.24万亩，其中耕地面积699.87万亩，占经营土地总面积的98.9%；家庭承包经营耕地面积256.71万亩，流转经营耕地面积362.81万亩。从劳动力结构看，黑龙江省家庭农场劳动力为7.1人/个，其中家庭成员为5.4人/个，常年雇工为1.7人/个。从行业划分看，黑龙江省从事种植业的家庭农场有15997个，占家庭农场总数的90.2%，比上年同期增加了1.7个百分点，其中从事粮食生产的有15181个，占种植类家庭农场总数的94.9%。

三 黑龙江省农村土地流转经营存在的问题

（一）经营收入和可分配盈余双下降，经营效率有待提高

截至2018年末，黑龙江省统一组织销售农产品总值为92.28亿元，比2017年同期减少了25.39亿元，成员人均销售农产品8050元，比2017年同期人均减少了1585元；统一组织购买农业生产投入品总值为50.30亿元，成员人均购买生产投入品4388元；农民专业合作社经营收入114.73亿元，比上年同期减少了5.81亿元，平均每个合作社经营收入19.50万元，比上年同期降低了1.22万元；可分配盈余为32.89亿元，平均每个合作社可分配盈余5.59万元，比上年同期分别下降了2.66亿元和0.52万元。

（二）示范合作社比重偏低，规范化管理水平有待提升

黑龙江省农民专业合作社的示范社认定比重偏低。截至2018年底，全国纳入统计调查的农民专业合作社总数为189.2万个，[①] 其中16.0万

① 2018年底，农业部农村经济体制与经营管理司统计的数据略低于全国依法在工商部门登记注册的合作社数值，主要原因是，部分新注册的合作社、已消亡未注销的合作社、由国有农林牧场注册的合作社、已登记但未实际运行的合作社、西藏自治区合作社未纳入统计范围。

个专业合作社被农业部门认定为示范社，比重为 8.5%。黑龙江省有 58844 个农民专业合作社，比 2017 年底增加 663 个，其中被农业部门认定为示范社的有 2803 个，比上年同期增加了 615 个，占合作社总数的 4.76%，比上年同期提高了 0.96 个百分点，但是示范合作社比重明显偏低，低于全国平均水平 3.74 个百分点，从全国范围看仅高于内蒙古（4.61%）、河北（4.52%）、天津（4.25%）、吉林（3.3%），位列第 26。

黑龙江省农民专业合作社成员数为 114.63 万个，以成员类型划分，有 92.54 万个普通农户成员，占比 80.7%；2.44 万个专业大户及家庭农场成员，占比 2.13%；355 个企业成员，占比 0.03%。普通农户成员中，建档立卡贫困农户有 15024 个，占普通农户的 1.62%。专业大户及家庭农场成员数占比、企业成员数占比、建档立卡贫困农户占比均低于同期全国平均水平。

（三）政策支持和资金扶持偏弱，争取力度有待增强

黑龙江省获得各级财政扶持资金和贷款支持的家庭农场不足全国的 1%。2017 年专项统计调查的数据显示，全国有 3.2 万个家庭农场获得财政资金扶持，比上年同时期增加 2198 个，占家庭农场总数的 5.7%，从全国范围看主要集中在湖南、安徽、上海、江苏、重庆、浙江等省市，获得资金总额 17.5 亿元，其中，中央扶持占比 6.9%，省级扶持占比 39.4%，市级扶持占比 13.5%，县级扶持占比 40.2%，平均每个家庭农场获得财政扶持资金 5.5 万元。而黑龙江省获得各级财政扶持的家庭农场数为 61 个，资金总额为 373.4 万元，分别占全国的 0.19% 和 0.21%。与东北其他省市相比，黑龙江省获得各级财政扶持的家庭农场资金总额仅为吉林的 1/5 和辽宁的 1/3。全国有 3.5 万个家庭农场获得贷款支持，比上年同期增加 6100 个，占总数的 6.4%，主要集中在安徽、浙江、江苏、湖南等东部省份。其中，2.3 万个家庭农场获得 20 万元及以下的贷款金额，占比 64.8%。贷款扶持资金总额 70.4 亿元，平均每个家庭农场获得贷款资金 20.0 万元。黑龙江省

获得贷款支持的家庭农场数为723个，获得贷款资金总额6935.9万元，分别仅占全国的2.07%和0.99%。

（四）家庭农场平均毛收益低于全国平均水平，盈利模式有待拓展

2017年，黑龙江省各类家庭农场年销售农产品总值为34.24亿元，其中年销售10万元以下的家庭农场数为4826个，10万~50万元的家庭农场数为10254个，年销售50万~100万元的家庭农场数为2107个，分别占全国家庭农场总数的2.44%、4.21%和2.77%。黑龙江省各类家庭农场购买农业生产投入品总值为15.65亿元，如果忽略投入品中诸如农业机械等固定资产的折旧以及人工成本和土地流转租金，平均每个家庭农场毛收益①约为10.5万元，低于全国18.0万元的平均水平。

四 黑龙江省推进农村土地流转经营的对策建议

（一）促进农业提质增效，提高农民在现代农业发展中的获得感

习近平总书记指出，要突出抓好农民合作社和家庭农场两类农业经营主体发展，赋予双层经营体制新的内涵，不断提高农业经营效率。黑龙江省流转出的承包耕地中，主要用于种植粮食作物，种养合作社也占据主体地位，但是单位合作社经营收入和可分配盈余都有所下降，家庭农场平均毛收益也低于全国平均水平。应对目前发展面临的突出难题，只有在保障农产品质量安全的前提下，引导发展规模化、标准化和专业化生产，通过降低生产成本，提高农产品效益。此外，农民合作社也应依法制订盈余分配方案，合理设定成员与所在农民合作社的交易量（额）返还比例，合理分配盈余。

① 不考虑固定资产折旧、土地流转费、人工工资等成本，每个家庭农场毛收益额≈（销售农产品总值－购买生产投入品总值）/家庭农场数量。

（二）加大指导扶持服务工作力度，提升农民合作社规范化发展水平

农民专业合作社类型日趋多样，合作内容、形式丰富，生产服务能力持续增强，其已日渐成为激活农村资源要素、引领小农户与现代农业有机衔接的重要载体。当前，农民专业合作社的发展正处于由数量增长向质量提升目标转换的关键期，规范化合作社的建立，为统一管理提供了可能。黑龙江省农民专业合作社数量虽持续增长，但示范社数量偏低，规范化还有待进一步强化。合作社发展要坚持发展和规范并重，防止合作社发展泛合作社化。2019 年 2 月，中央农办、农业农村部、市场监管总局等 11 个部门和单位联合印发了《开展农民专业合作社“空壳社”专项清理工作方案》，同年 9 月，中央农办、农业农村部等 11 个部门和单位联合印发了《关于开展农民合作社规范提升行动的若干意见》。可见，促进农民合作社规范提升和做好指导扶持服务工作是今后一段时期的工作重点，黑龙江省应积极响应，在完善章程制度、健全组织机构、规范财务管理、合理分配收益和加强登记管理等方面规范农民合作社发展，以提升农民合作社内生发展动力，增强农民合作社服务带动能力。

（三）积极争取财政资金扶持，创新金融保险服务方式

在各级财政资金扶持中，与中央资金扶持相比地方资金扶持是供给主体。黑龙江省农民专业合作社和家庭农场无论是获得的资金支持范围还是支持力度均较低。黑龙江省应统筹整合资金，加快建立财政项目资金，直接加大对县级及以上农民合作示范社和家庭农场的支持力度，并尽快完善财政补助资金形成的资产转交合作社持有和管护的管理制度；创新农业补贴方式，新增农业补贴重点投向种粮农民合作社和家庭农场（大户），重点对其贷款给予贴息和保险保费补贴。此外，研究发现，黑龙江省金融保险服务合作社数量锐减，可见发展农村合作金融、创新金融服务依然步履维艰。《关于开展农民合作社规范提升行动的若干意见》指出，鼓励全国农业信贷担保体

系创新开发适合农民合作社的担保产品，开展中央财政对地方优势特色农产品保险奖补试点。黑龙江省应积极与中央政策对接，研究符合地方优势特色的金融服务方式。

（四）建立有效的盈利屏障，提高新型农业经营主体绩效水平

提高农民专业合作社和家庭农场经营管理的绩效水平有以下三个途径。一是重视农产品品牌建设。明确生产目标，找准农产品品牌定位，推进专属产品品牌认证，并通过微博、微信、电商客户端等平台宣传，将绿色果蔬农产品和有机果蔬农产品推向市场，形成品牌集聚效应，提升市场知名度，以建立有效的盈利屏障。二是支持家庭农场加入或领办农民合作社。“突出抓好家庭农场和农民合作社两类新型农业经营主体”，这是习近平总书记和中央一号文件的要求。按照此要求提升农民合作社发展质量和服务能力，需要引导支持“以农为业”的家庭农场加入或领办农民合作社，以提高家庭农场经营绩效。三是培育适度规模的家庭农场。为了改善家庭农场绩效，提高农业经营效率和竞争力，需要防止家庭农场“大农场化”，应重点培育适度规模的家庭农场。

B.10

黑龙江省防范化解金融风险问题研究

王海英*

摘　要： 金融活，经济活；金融稳，经济稳。经济兴，金融兴；经济强，金融强。黑龙江省金融业积极贯彻落实稳健中性货币政策，完善金融机构、金融市场、金融治理、金融监管、金融调控的制度体系，金融运行总体平稳，存贷款总量适度增长，银行业、证券业、保险业稳健运行，对民营、涉农、民生、小微等重点领域支持力度不断加大。本文重点分析了黑龙江省金融运行情况，提出了黑龙江省防范化解金融风险面临的挑战，对黑龙江省防范化解金融风险给予对策建议。

关键词： 黑龙江省　防范化解　金融风险

当今世界正面临百年未有之大变局是习近平总书记对国际形势和未来发展做出的重要判断。着力防范化解重大风险，事关保持经济持续健康发展和社会大局稳定。防范化解重大风险，重点是防范金融风险。金融是国家重要的核心竞争力。防范化解金融风险，特别是防止发生系统性金融风险，是金融工作的根本性任务。

一　金融运行稳中向好

黑龙江省坚持底线思维，继续推进结构性去杠杆，妥善处置和预防金

* 王海英，黑龙江省社会科学院文化和旅游研究所研究员，研究方向为区域经济学、马克思主义政治经济学。

融风险，做好地方政府债务风险防控，金融继续平稳运行，重要金融指标表现良好，存贷款与2018年相比均实现同比多增，社会融资规模扩大，信贷结构继续调整优化，贷款利率稳中有降，金融对实体经济的支撑作用增强。

（一）黑龙江省银行业基本情况

截至2018年底，黑龙江省银行业金融机构规模同比数量减少，从业人数比2017年减少4656人，营业网点个数比2017年减少70家。黑龙江省银行业金融机构资产总额同比增长3.0%，黑龙江省银行业金融机构资产负债总额同比增长2.6%，税后利润实现同比增长28.4%。地方法人银行机构中，2018年新增5家村镇银行，共有47家农村商业银行、39家农村信用社，其中有6家农村信用社改制为农村商业银行。

表1　2018年黑龙江省银行业金融机构情况

机构类别	营业网点①			法人机构
	机构个数（个）	从业人数（人）	资产总额（亿元）	
大型商业银行②	1999	48481	11734	0
国家开发银行和政策性银行	90	2599	7707	0
股份制商业银行	207	4866	2379	0
城市商业银行	575	12846	8862	2
城市信用社	0	0	0	0
小型农村金融机构③	1946	29253	4671	86
财务公司	3	81	269	2
信托公司	1	840	239	1
邮政储蓄	1636	16713	2477	0
外资银行	7	110	42	0
新型农村金融机构④	91	1444	195	37

续表

机构类别	营业网点①			法人机构（个）
	机构个数（个）	从业人数（人）	资产总额（亿元）	
其他	2	203	305	2
合计	6557	117436	38880	130

说明：①营业网点不包括国家开发银行和政策性银行、大型商业银行、股份制商业银行等金融机构总部数据。

②大型商业银行包括中国工商银行、中国农业银行、中国银行、中国建设银行和交通银行。

③小型农村金融机构包括农村商业银行、农村合作银行和农村信用社。

④新型农村金融机构包括村镇银行、贷款公司、农村资金互助社；其他包含金融租赁公司、汽车金融公司、货币经纪公司、消费金融公司等。

资料来源：《黑龙江省金融运行报告（2019）》。

（二）金融市场运行平稳

银行业稳定运营，存贷款适度增长。截至2019年9月底，黑龙江省本外币各项存款余额27499.7亿元，与2018年同期相比增长9.7%，增速与2018年同期相比提高了3.8个百分点。2019年1~9月，黑龙江省本外币各项存款当年新增2002.1亿元，与2018年同期相比多增719.4亿元。其中，住户存款与2018年同期相比多增1168.4亿元，非金融企业存款与2018年同期相比多增272.3亿元，机关团体存款与2018年同期相比多增130.4亿元。新增存款长期化特征明显，定期及其他存款当年新增1845.1亿元，同比多增997.7亿元。2019年9月底，全省本外币各项贷款余额21274.1亿元，同比增长5.6%，高于GDP增幅1.3个百分点。2019年1~9月，全省本外币各项贷款当年新增858.0亿元，同比多增186.9亿元。其中，非金融企业及机关团体贷款当年新增375.0亿元，同比多增319.4亿元。中长期贷款当年新增335.0亿元，票据融资当年新增197.4亿元，中长期贷款与2018年同期相比多增8.3亿元，票据融资与2018年同期相比多增29.8亿元。黑龙江省社会融资规模快速增长，表外融资持续提高，直接融资已经由负转正，贷款融资与2018年同期水平相比有所提高，对经济的调节能力增强。2019年1~8月，社会融资规模增量达到1943.9亿元，与2018年同期相比增加了1171.9亿元。境内A股上市公司新增融资与2018年同期相比增长2.9倍，达到18.3亿元。共有9家企业正在接受证监局上市辅导，2家公司上市申请正在接受证监会审核。11家企业发行各类债券融资246.2亿元，与2018年同期相比增长30.3%。区域性股权市场挂牌企业新增融资22.3亿元。新三板挂牌企业新增股权融资2257万元。保险业保障能力继续提高，黑龙江全省累计实现保险保费收入795.2亿元，与2018年同期相比增长5.8%，为经济社会提供风险保障达28.6万亿元。

（三）服务实体经济质量提高

黑龙江省从多方面加强对实体经济的服务。一是贷款利率低于吉林和辽宁两省。2019年8月，黑龙江省全省贷款加权平均利率为5.57%，与2018年同比下降了0.44个百分点，分别低于辽宁和吉林0.89个、0.07个百分点。二是一些重点领域信贷有所增长。截至2019年9月底，黑龙江省企业中长期贷款与2018年同期相比增长7.4%，黑龙江省小微企业贷款余额为289.6亿元，与2018年同期相比增长5.5%，涉农贷款余额8339.1亿元，同比增长0.03%。涉农贷款当年新增31.6亿元，与2018年同期相比多增223.6亿元；黑龙江省战略性新兴产业贷款余额为497.3亿元，与2018年同期相比增长1.6%。三是积极支持“百大项目”建设，110个项目全部完成对接，其中，36个项目已获授信，累计授信额达949.2亿元。2019年1~9月黑龙江省“百大项目”投放金额较年初增长80%，达到310.3亿元。

（四）多措并举防范化解金融风险

黑龙江省金融机构加强建立各项监管制度，金融业自律性日益提高，科学激励考核和内控制度更加健全。通过完善体制机制，规范关键岗位责任制度，营造合规经营氛围。黑龙江省内各金融机构的管理水平和抗风险能力得到了显著提升。从总体上看，金融风险处于可控状态。一是全面排查各类金融风险。重点排查各类“创新”集资平台、不合规集资行为和以弱势群体为主要目标的集资行为。二是加大宣传力度。通过播放公益宣传片，提高全民法制观念和风险防范意识。建设黑龙江省处非工作监测预警平台。三是建立健全县（市、区）处非工作领导机制。确立完整的黑龙江省防范和处置非法集资工作体系和工作机制。四是加快处置陈案积案。对国家重点督办的陈案积案进行调研，加大对陈案处置力度。五是整治互联网金融风险。对P2P网贷机构风险点进行全面排查和整改。六是稳步化解企业信用风险。强化信用意识，建立与企业实际经营和资金运行匹配的授信机制，完善风险处置综合预案，建立信息报告工作制度。积极化解上市公司债务风险。改变过分依赖抵质押担保和只看企业三张表的做法，更加注重对经营理念、企业文化和职业经理人道德操守等指标的甄别。

（五）继续平稳有序去杠杆

黑龙江省规范政府举债融资机制，稳妥处理地方政府债务风险，严控地方政府债务增量，持续推进降杠杆减负债。按照国家核定的限额，2018年黑龙江省地方政府一般债务限额为3333.20亿元，2018年底，黑龙江省地方政府一般性债务余额为3187.61亿元，低于限额145.59亿元。2019年到期的330.8亿元政府债务已全部偿还。

黑龙江省国资委出资企业平均资产负债率稳步下降。截至2019年9月底，黑龙江省地方国企平均资产负债率为51.66%，与2018年同期相比下降0.37个百分点，较年初下降1.71个百分点，低于全国平均水平11.21个百分点，负债水平稳步下降。黑龙江省属企业资产负债率59.96%，与2018年同期相比下降3.12个百分点，较2019年初下降6.67个百分点。

二　黑龙江省防范化解金融风险面临的挑战

（一）金融机构面临的主要风险

一是信用风险。受经济下行压力影响，金融机构资产质量有下降趋势，不良资产处置出现一定困难，隐形风险较大。二是流动性风险。金融机构规模迅速扩张，尤其是一些中小金融机构，借同业业务迅速扩张规模，资金运用打时间差，存在爆发流动性风险的可能性。三是操作风险。因业务人员水平不高，或内控制度不完善，造成审核审批操作出现漏洞，甚至出现欺诈行为，严重危害金融市场安全。四是存量风险。虽然有效控制了重点机构和各类非法金融活动的增量风险，但是仍需化解存量风险，金融市场对外部环境变化高度敏感，要重视外部环境变化引起的市场异常波动风险。

（二）警惕房价波动造成信贷风险

房价与现代银行信贷间长期存在着内在的因果关系。信贷风险走势与房地产业的兴衰密切相关，房价波动与银行贷款之间必然存在相互影响的密切关系。一旦房价较大幅度下跌，房地产金融面临较大冲击，将加大商业银行的金融风险。房价的过快下跌，可能导致商业银行不良贷款数量增加。2019年3月31日，国家发改委发布《2019年新型城镇化建设重点任务》，第一次提到了“收缩型城市”。收缩型城市产业转型困难，导致经济力量薄弱，造成收入降低，人口开始流失。2019年黑龙江收缩型城市鹤岗房价出现波动，一些区域房产以低价出售，虽然属于个别地区个别房产的特殊案例，但是房价下行压力形成一定的信贷风险，需要引起高度重视。

（三）不良贷款余额有所增加

截至2018年底，黑龙江省银行业不良贷款余额为702.3亿元，与2017年同期相比增加13.7亿元。在强监管、严监管的背景下，通过类信贷、表外融资等方式的“隐性”不良贷款不断被暴露出来。黑龙江省银行业逾期90天以上贷款被纳入不良比例为98.7%，与2018年初相比上升了10.7个百分点。2018年黑龙江省银行机构一共处置不良贷款208.6亿元，与2017年同期相比增加了24.9亿元。

（四）地方财政困难制约农业保险发展

农业保险对推进现代农业发展、保障农民收入具有重要作用，黑龙江省作为农业大省，作为中国粮食安全“压舱石”，应扩大农业保障面，不断提高保障水平。但是由于地方政府财力不强，限制了黑龙江农业保险业保障水平。黑龙江省76个市县中，有64个市县享受均衡性转移支付。市县级政府一般依据财力情况，按可承担的财政补贴金额推算出每年可承保面积，超出预算承受能力的土地便不能被纳入承保范围。农业保险覆盖率低。2018年，黑龙江省耕地面积2.39亿亩，粮食作物保险承保面积约1.21亿亩，种植业承保率仅约50.6%，农垦垦区外承保率更是低至42.4%，低于全国平均水平20~30个百分点。奶牛、能繁母猪及森林保险覆盖率仅为20%左右，风险保障缺口大。从统计数据上看，2018年，黑龙江省大约62%的种植面积投保了保障水平最低的15元/亩档位，仅能覆盖直接物化成本的五成到七成。

三　黑龙江省防范化解金融风险对策建议

坚持底线思维，避免发生系统性金融风险。健全现代金融体系，提高适应性、竞争力、普惠性。及时化解重点领域的金融风险。深化金融改革，完善金融风险处置机制，平衡好发展与防风险之间的关系。

（一）创新发展模式，提升金融体系的普惠性

加强普惠金融体系建设，提升金融公平化水平，使每个人特别是弱势群体都能享受金融服务。黑龙江作为农业大省和老工业基地，发展普惠金融，提升普惠金融水平具有重要意义。积极探索创新普惠金融服务模式，稳步扩大基础金融服务覆盖面，提高金融服务可获得性，针对涉农企业、中低收入客户群体、中小微企业设计不同类型的金融服务产品。灵活运用金融工具，创新金融产品和融资模式，引导信贷资金投向农村金融、精准扶贫和小微企业等领域。加大对相关产业和服务对象的金融扶持力度。引导和鼓励金融机构主动填补农村金融服务空白，扩大农村金融服务覆盖面，加快建立普惠金融服务和保障体系，将普惠金融服务站延伸至边远地区，打通城镇金融服务

“最后一公里”。完善征信体系建设，加强农村信用信息平台和中小微企业信用体系建设。加强移动互联网等数字技术在普惠金融领域的应用，降低交易成本，提升风险管控能力。

（二）加强监管，提升风险管理能力

加强监管，使货币、财政、监管政策更加协调。强化金融机构防范风险的主体责任，保障金融安全高效稳健运行。既要完善宏观审慎监管，又要加强微观审慎监管，通过加强监测结果运用，发挥内部职能部门的监管合力，健全风险防控机制。同时，加强对高风险机构进行风险监测分析预警，使风险预警更具有全面性。及时了解借款企业经营情况和信用状态，加大对借款企业大股东、出资方、母公司等影响借款企业还款能力主体监控力度，定期进行信息的搜集与分析，对可能发生的重大风险及时给予预警。提示高风险机构依规补充资本，控制资产扩张，降低表外资产，控制重大交易授信，对风险影子银行、资管行业加强监管，降低杠杆率。促进风险预警与大数据融合发展。加强企业信用信息系统基础建设，提高企业信息披露的时效性。使银行能够及时地通过信用信息系统掌握企业的财务状况和经营状况。利用大数据信息量大、数据类型全、更新速度快等特点快速掌握借款企业风险点，找出应对之策，及时规避风险。针对存量隐性债务，制订分步化解计划，做好分年度偿还安排。

（三）加强预警，避免房价波动带来的信贷风险

对房地产市场价格波动可能引发的房地产企业经营风险和抵押物估值风险，提前采取有效措施，既要防止“黑天鹅”事件，又要防止“灰犀牛”事件。增强风险意识，加强内控管理，提升精细化管理水平，防范信用风险、操作风险。因地制宜，采取区域差异化经营策略，严格限制房地产市场价格下行压力较大的地区房地产业贷款和个人信贷业务准入和规模。密切关注房地产市场动态，加强贷后管理，根据情况实时开展押品重估，确保抵押和担保在可控范围内，切实防范和降低房地产信贷风险。

（四）回归本源，提升金融服务实体经济能力

加快推进金融回归本源，为实体经济发展提供稳定、全面、高质量的金融服务。打好实体经济基础，平衡好稳增长和防风险之间的关系，促成金融与经济良性循环。

以新发展理念引领经济转型升级，将服务实体经济作为防范化解金融风险的根本举措，加大对实体经济的金融支持。结合地区经济发展实际和产业结构特点，找准定位，聚焦问题，着力培植财源，增强偿债能力。以市场需求为导向，提供个性化、差异化服务，避免“一哄而上”“大水漫灌”等带来的新风险，建立良性互动、互利共赢的新型银企关系。为项目建设和产业转型升级提供强有力的金融支持。把更多金融资源配置到重点领域和薄弱环节，定向引导金融活水“精准滴灌”。重点围绕涉农、民营小微企业等领域开展民生信贷业务。切实解决中小微企业融资难融资贵问题，使企业增强信心、激发创新活力。持续推进金融扶贫，不断巩固农村金融主力军地位。给予自贸区建设政策和业务倾斜，做好信贷资金的配套供给，优化涉外金融服务，为建设好自贸区提供全方位、多元化的金融支撑。优化金融资源配置，调整金融投向，积极支持新兴领域融资需求。加大金融对旅游产业发展支持力度，加快发展绿色金融。提供金融支持，更好满足企业和群众需求，确保粮食安全、生态安全、能源安全、产业安全。促进金融和实体经济共生共荣。

参考文献

《中共中央关于坚持和完善中国特色社会主义制度　推进国家治理体系和治理能力现代化若干重大问题的决定》。

《黑龙江省金融运行报告（2019）》。

《黑龙江省金融运行报告（2018）》。

《2019 年前三季度黑龙江省经济运行总体平稳》，《黑龙江日报》2019 年 10 月 24 日。

B.11
黑龙江省科技成果转化和产业化发展研究

孙浩天*

摘　要：　黑龙江省以建设科教强省为目标，采取了出台政策法规、实施三年行动计划、完善科技成果转化体系等一系列措施，有效地推进了科技成果转化工作。但同时，还存在着科技成果转化资金投入还有较大欠缺、科技成果转化权限没有下放到位、科技成果转化的程序较为烦琐、科技成果转化政策法规落实不到位、科技成果转移转化平台没有形成合力等问题。要进一步推进科技成果转化和产业化，应强化科技成果转化资金力度、下放推进科技成果转化体系权限、简化推进科技成果转化体系烦琐的程序、促进推进科技成果转化体系政策法规落到位、建立国际化科技成果转移转化平台。

关键词：　黑龙江省　科技成果转化　产业化

科学技术是第一生产力，科技成果转化是科学技术转变为现实生产力的重要途径，是促进科技与经济紧密结合的重要环节。黑龙江省是科教资源大省，校所资源富集，科技实力雄厚，虽然科技成果产出较多，但转化不足，如何充分发挥和释放黑龙江省科技优势和对外合作潜能，探索出一条符合黑

---

* 孙浩天，黑龙江省社会科学院工业经济研究所助理研究员，研究方向为产业经济理论与实践及相关政策。

龙江省实际的科技成果转化和产业化发展的有效路径，对黑龙江省实施“创新驱动发展战略”，建设“科教强省”，打造“向北开放”、辐射全国和东北亚地区的国际化科技成果转移转化窗口，推动全面振兴、全方位振兴有着重要的现实意义。

一　黑龙江省科技成果转化和产业化发展取得的主要成效

近年来，黑龙江省各地深入贯彻习近平总书记在深入推进东北振兴座谈会上的重要讲话和对黑龙江省重要讲话重要指示精神，认真落实国家和黑龙江省关于科技成果转化的决策部署，以建设科教强省为目标，依托老工业基地和科技资源大省优势，采取了出台政策法规、实施三年行动计划、完善科技成果转化体系等一系列措施，有效地推进了科技成果转化工作，为黑龙江省经济发展提供了有力支撑。2015～2017 年，全省共有 1518 项科技成果在省内落地转化，高新技术产业增加值由 2015 年的 1974.4 亿元提高至 2017 年的 2204 亿元，增幅为 11.6%。

（一）优化科技成果转化环境

一是出台配套政策。黑龙江省委省政府出台了《关于进一步发挥高层次人才作用促进科技成果产业化的若干意见》《关于深化科技体制改革加快科技强省建设的决定》《关于大力促进高新技术成果产业化的意见》等一系列促进科技成果转化的政策文件，新修订的《黑龙江省科技进步条例》等多项政策法规，使黑龙江省科技成果转化工作实现有法可依；重新制定并出台的《黑龙江省促进科技成果转化条例》，将黑龙江省有利于科技成果转化的政策措施以法律形式加以固化，相关政策体系从法律层面得到了强化。

二是提供智力支撑。过去的一年，黑龙江省加速释放科技人才创新活力，省委省政府实施“龙江科技英才”特殊支持计划、印发《“头雁”行动方案》，新入选科技部创新人才推进计划27人，累计有86名科技领军人才入选国家“万人计划”。10月25日，省委省政府分别与清华大学、北京大学签订了战略合作框架协议，共建省校合作人才智库、实习实训、创业就业、人才交流、科技成果转化等基地，吸引更多人才到龙江创新创业，为高质量发展提供智力支撑。

三是建立激励机制。省委省政府出台了《贯彻落实〈关于深化人才发展体制机制改革的意见〉的实施意见》和《黑龙江省科技成果使用处置收益管理改革的实施细则》，深化人才发展体制机制改革，对非参公管理的高校、科研院所兼职领导人员提出分类管理的指导意见，较好地激发了广大科技人员创新创业活力。东北石油大学等6家驻大庆高校院所分别制定出台了本校（所）的《科技成果转化管理办法》，设立专门机构负责管理、组织和协调科技成果转化，依法依规对奖励和收益合理分配，有效地调动了广大科技人员转化科技成果的积极性。

（二）促进科技成果产业化

一是科技成果转化对接活动取得新突破。黑龙江省通过采取“科技大篷车”“科技成果招商进市地”等多种方式，开展科技成果发布与对接活动，2015～2017年累计组织高新技术成果发布对接活动479场次，签约转化高新技术成果1518项，签约额52.21亿元。

二是科技型中小企业培育发展取得新成效。2015～2017年，全省累计培育发展科技中小微企业总数达到11943家，其中主营业务收入500万元以上的科技型企业有2037家，82家科技型企业上市或挂牌。两个多月前，哈尔滨新光光电科技股份有限公司成为全省首家、东北三省唯一一家科创板上市企业，为黑龙江省科技创新企业与资本市场对接、科研院校“产学研”有效结合找到新的路径。全省累计49034人参与科技创新创业，哈尔滨市通过实施“科技型中小企业创新基金计划”，2015～2017年累计新增653户销售收入超过500万元的企业，年均增长18.88%。

三是科技成果产业化势头良好。以哈尔滨工业大学马晶教授团队完成并获国防发明特等奖和国家发明一等奖的“星地激光链路系统技术”为代表的多项科技成果实现了转化，对黑龙江省产业发展起到了示范和引领作用。先后有哈尔滨工业大学谭久彬院士团队完成的“超大型精密仪器装备气磁阵列隔微振技术与装置”项目实现了产业化，直接和间接新增经济效益3.92亿元，新增利润1.98亿元。“三元复合驱大幅度提高原油采收率技术及工业化应用”项目，直接经济效益为248.65亿元，技术水平与应用规模处于国际领先地位。

（三）打通科技成果转化通道

一是加强技术转移机构和平台建设。目前，全省共有11家国家级技术转移示范机构，22家省级技术转移示范机构，4家国家级创新驿站区域站点和基层站点，20家技术合同认定登记机构，技术合同成交金额由2015年的127.26亿元提升至2017年的150.75亿元。佳木斯市建立了科技资源共享平台，23家科研院所和企业加盟共享平台，利用总价值1.76亿元的320台（套）大型仪器设备向社会提供检验检测165批（次）。

二是强化创新链和服务链对接。黑龙江省建立了黑龙江高新技术成果产业化展示交易大厅，为高校、科研院所、企业和金融机构开展科技成果转化及资金合作对接提供一站式服务。哈尔滨市科技创新城集聚了200多家国内外创新机构，1000多家企业和近万名人才创新创业。齐齐哈尔市发挥高新区龙头作用，形成“一区多园”格局，打造科技成果转化和产业化集聚地，实现了“种子—苗圃—孵化器—加速器—产业园”全链条服务。

三是推动科技和金融相结合。近三年，拨付省科技创业投资政府引导基金8.4亿元，在建基金26只，总规模49亿元。通过股权投资和债权融资方式累计扶持高新技术企业220家，实际投放资金规模20.9亿元，带动社会资本跟进投资18.44亿元。促成哈工大卫星激光通信股份有限公司等7家企业与投资机构签订总额1.37亿元的融资合约。哈尔滨市联合社会资本共同设立了1亿元资金规模的省工研院创投基金，完善并增强了省工研院的孵化功能。

二 黑龙江省科技成果转化和产业化存在的主要问题

据黑龙江省科技成果统计2018年年度报告显示，黑龙江省登记的科技成果1582项，其中应用类成果1172项，占登记成果总数的74.08%，可以看出，2018年度登记的成果仍以应用类为主，但从近几年的统计数据看，基础理论研究成果年均增长率呈上升趋势（3.50%），应用技术类成果年均增长率增速放缓（0.72%），可见应用技术类成果转移转化供给偏弱。从应用技术成果行业分布来看，制造业、采矿业、农林牧渔业等黑龙江省具有比较优势的主导产业占到应用技术成果的46.34%，说明主导产业是黑龙江省科技成果转移转化的重要载体，但在应用的科技成果中，企业仅占29.52%，说明黑龙江省的企业没有在主导产业中发挥出创新活力。从项目经费投入看，部门投入、资金投入仅占经费总投入的3.62%、11.54%，基金投入只占1.18%，说明黑龙江省科技研发投入不足，产业基金没有发挥拉动资本的作用。从成果应用情况看，产业化应用项目只有320项，仅占应用项目的27.30%，由此可见，黑龙江省大约七成以上的科技成果难以发挥市场价值，科技和经济“两层皮”现象突出。虽然黑龙江省在科技成果转化和产业化方面取得了一些成绩，但从上述分析看，促进科技与市场相结合的功能没有得到充分发挥、服务企业的能力不足、助推产学研一体化的支撑力不强，使科技成果转化和产业化受到较大制约。从科技成果数量看，除了现有登记科技成果，黑龙江省还有大量科技资源没有被平台充分挖掘，平台创造价值能力还有较大提升空间。

（一）科技成果转化资金投入还有较大欠缺

一是财政科技支出水平偏低。财政科技支出占财政支出的比重较低。2016年黑龙江省财政科技支出44.9亿元，占全省财政支出的比重为1.1%，低于全国平均水平1.36个百分点。科技专项资金呈逐年递减趋势。2014～2017年科技专项资金分别为：70.16亿元、60.06亿元、48.86亿元和46.35

亿元。知识产权投入严重不足。近两年知识产权工作经费一直缩减，2017年知识产权工作专项经费指数由2016年的全国第24位下滑至倒数第1位。

二是研发经费投入和支出呈下降趋势。研发经费投入呈下降趋势。2016年黑龙江省研发经费投入152.5亿元，较2015年减少了5.2亿元，全国排名由第19名跌至第22名。研发经费支出呈下降趋势。全省7个市（地）2016年的研发经费支出较2015年有所下降，2个市（地）持平，仅3个市（地）存在小幅度上涨。研发经费投入和支出呈下降趋势，导致研发后劲不足，影响了黑龙江省科技成果的总量供给。

三是对科技成果转化的中间试验环节支持不够。目前，政府财政科技经费对科技成果转化的中间熟化环节缺乏有效支持，金融资本支持科技创新的作用不明显，初创期的科技型企业难以筹集资金，部分科技成果完成实验室阶段后，因缺乏中试（区域试验）与试生产（小范围推广）环节，不能满足市场需求，导致黑龙江省部分科技成果外流。

（二）科技成果转化权限没有下放到位

一是科研经费管理过于机械。预算要求过细。为做好预算，科研人员要把科研团队的教授、博士、硕士等组织起来，用一两个月时间去做加减乘除，不仅违背了科研规律，也浪费了科研人员的时间。经费到账不及时。科研人员做新品种培育，在研究的关键期，需要用钱的地方很多，科研经费不能及时到账，影响了科研活动的开展。报账规定过死。报账时财务部门要求与项目预算严格“对表”，否则很难报销；一些财务人员为规避风险，让科研人员找领导打报告、签字，费时耗力。

二是创投基金管理机制不完备。创投基金审批手续冗长。申报一只基金常常需要两三个月的时间，审批手续冗长。风险补偿机制不完备。对创业投资机构投资种子期、初创期科技型企业发生的实际投资损失，没有明确给予一定比例的风险补偿。奖励和容错机制不完备。对符合条件的天使投资机构，没有规定从获利年度起，要给予一定比例的奖励，没有出台相关实施科技成果转化“投资失败”免责政策。

（三）科技成果转化政策法规落实不到位

一是配套措施跟进不及时。由于部分高校、院所及科研机构的主要领导对科技成果转化不够重视，科技成果转化的组织机构不够健全，导致配套措施跟进不及时。由于缺乏对利用本省财政性资金设立的高等院校、科研机构国有资产对外投资保值增值考核范围、免责办理亏损资产核销手续的具体细则，对高校和科研院所的无形资产转让后，如何进行资产核销的问题一直没有得到解决。没有建立创新政策联席制度，在政策设计之初，没有把科技、财政、国资、教育、审计、监察等有可能涉及的部门全部纳入，存在基层单位不敢用、用不足政策的现象。

二是缺少专业化服务机构和服务人才。黑龙江省技术服务人才队伍匮乏、科技社团服务科技工作者创新创业能力不足，现有专业化科技成果转化服务机构和服务人才不能满足科技成果转化的需求。一些高校院所成果转化机构专业性不强，多由科研管理人员兼任，主要工作是协助完成材料申报等程序性工作；一些市场化的中介服务机构则停留在从事专利、补贴申请等初级的业务上，对技术价值的判断和挖掘较少，对产业了解不够深，影响了科技成果转化。

三是科技成果转化人才评价体系不完善。部分高校、科研院所对自身在科技成果转化中的地位认识不足，政策导向存在偏差，没有建立有利于促进科技成果转化的人才评价体系。有些科研人员仅抱着获奖、晋升职称的目的做科研项目，缺乏“科技成果只有实现最终转化才能形成生产力”的意识，有的科技成果因脱离市场需求没有转化价值，不能及时实现转化。

（四）科技成果转移转化平台没有形成合力

一是现有平台比较分散，没有形成协同效应。黑龙江省各类科技成果转移转化平台大多仅用于展示本学科、本领域或本地域的科技成果，其规模和层次都不能对成果需求方形成足够吸引力，无法激活潜在优势；众多平台各自为战，无法通过形成合力参与更高水平的竞争，既不利于科技成果主体的广泛、深层次合作，也不利于形成梯次搭配、分工合理、协调发展的格局。加之部分平台仅仅具备展示功能，成果交易、科技统计、知识产权、融资贷款、法律服务等服务功能存在缺位现象，致使科技成果无法顺利完成转移转化。

二是现有平台运营模式单一，没有形成市场化。黑龙江省各类平台归口不统一，运行质量参差不齐。部分平台通过政府补贴、高校内部经费来维持运营，缺乏市场化运营模式，现行的科技成果转化收益分配体系没有将平台考虑在内，在一定程度上影响了平台的运行效果。

三是现有平台的开放程度不高，没有达到国际化。目前，黑龙江省现有平台仅用以转移转化省内科技成果和部分省外成果，缺乏对接国外科技成果的转移转化机制，致使一些企业想尽办法去国外、省外寻求技术支持，现有平台存在格局不高、资源整合不充分、科技的供给和需求不对称等问题，影响了黑龙江省科技及成果产业化进程。

三　推进黑龙江省科技成果转化和产业化的对策建议

为进一步做好科技成果转化工作，加快黑龙江省科技成果产业化进程，现提出以下对策建议。

（一）加大科技成果转化资金力度

一要加大财政科技投入力度。树立在科技创新初始阶段加大科技无偿投入的理念，将财政科技投入纳入地方政府考核指标，督促各级政府加大投入比重，每年科技投入增长幅度要高于财政收入的增长幅度且达到国家平均水平，对减少财政科技投入的地方政府要加大问责力度。加强科技与金融结合，建立“财政投入为引导、企业投入为主体、金融资本和民间资本竞相跟进”的多元化科技融资机制，依法拓展多层次资本市场支持创新的功能，拓宽科技成果转化的投融资渠道。

二要建立研发投入稳定增长机制。按照财政资金来源渠道、总量和管理使用主体不变的原则，对现有部门和单位资金中用于研发投入的部分，由科学技术行政部门牵头，会同有关部门进行整合，由财政部门按科技经费口径下达给入统的研发执行主体，不断提高用于科学研究和试验发展的经费。

三要加大对科技成果转化中间试验环节的支持力度。应充分遵循科技成果转化的一般性规律，设立省科技成果转化专项资金，保障科技专项资金重点支持成果转化过程中的中试实验、工业化试生产、产业化开发阶段等薄弱环节，提高企业承载科技成果转化的能力。加大对重大科技成果转化项目的支持力度，鼓励企业和社会资本建立一批从事技术集成、熟化和工程化的中试基地，完善科技成果熟化机制。

（二）下放推进科技成果转化体系权限

一要赋予科研经费管理使用自主权。对于接受企业或其他社会组织委托取得的项目经费，纳入单位财务统一管理，由项目承担单位按照委托方要求或合同约定管理使用。高校和科研院所要简化科研仪器设备采购流程，对科研急需的设备和耗材，采用特事特办、随到随办的采购机制，缩短采购周期；对于独家代理或生产的仪器设备，按程序确定采取单一来源采购等方式。

二要完善创投基金管理机制。建立风险补偿机制，设立科技成果转化风险补偿基金，通过补贴、风险补偿等形式，对银行业金融机构、创业投资机构、保险机构、担保机构等支持科技成果转化产生的损失给予一定比例的补偿。对于投资早期科技创业企业的投资机构，应当按照单个项目的投资额给予投资机构一定比例的风险补贴。开展科创企业投贷联动金融改革试点工作，重点为转化科技成果的科技型企业提供融资支持。

（三）促进推进科技成果转化体系政策法规落实到位

一要细化配套措施。着力抓好关键性政策和科技体制改革举措的落实，及时总结技术入股等科技成果转化改革试点经验。细化研发费用加计扣除、高新技术企业认定、股权激励、技术成果投资入股和税收优惠等配套措施。

进一步明确科技成果转化净收入计算方法，明确适合黑龙江省科技成果转化特点和规律的交易定价方式，制定国有无形资产评估细则和考核管理办法。建立创新政策联席制度，在政策设计之初，把科技、财政、国资、教育、审计、监察等有可能涉及的部门全部纳入，联合制定政策，保障基层单位敢用、用足政策，切实解决科技成果转化环境问题。

二要设立专业化服务机构培育专业化服务人才。设立专业化的科技成果转化服务机构，培育引进熟悉科技专业及商业的复合型人才。对市场化的科技服务机构，要给予在税收、人才评定等方面的扶持，充分发挥科技社团的作用，鼓励更多社会力量参与科技成果转化。有科技成果转化业务的高校院所设立专门的转化服务部门，建立合理的成果转化收益分配和奖励机制，给予运行经费保障，鼓励工作人员的积极性。

三要完善科技成果转化人才评价体系。创新人才评价机制，建立健全以创新能力、质量、贡献为导向的科技人才评价体系，形成并实施有利于科技人才潜心研究和创新的评价制度。要注重个人评价和团队评价相结合，尊重和认可团队所有参与者的实际贡献。通过改革，改变以静态评价结果给人才贴上“永久牌”标签的做法，改变将论文、专利、资金数量作为人才评价标准的片面做法，激发科技人才活力，进一步发挥黑龙江省科技人才优势。

（四）建立国际化科技成果转移转化平台

一要整合现有平台，完善交易功能。整合省内资源。将黑龙江省技术转移机构、技术认定机构、技术大市场、省科技大厦和省农科院农业科技创新中心等政府平台，以及高校、院所、科技型企业等自建平台，依托“科淘网”“龙转网”等线上平台，建成集“展示、交易、服务、共享、交流”于一体、线上线下相融合发展的综合性平台。依托“互联网 + 高新技术成果展示交易”模式完善平台功能。一方面，吸引国内外科技成果在平台上进行对接，把能够转化的科技成果坚决转化，加大就地转化力度；另一方面，把未能转化的科技成果通过平台进行交易，将国内外科技成果吸引进来，以搭建“中转站”的方式交易给有需求的国家和地区，通过收取“平台中介费”，扩大平台创造利益的空间。

二要强化对外科技交流合作。以黑龙江省与清华大学、北京大学签署战略框架协议为契机，依托黑龙江省大学、大所在对俄科技合作中的资源优势，深化与俄罗斯、白俄罗斯、乌克兰等国家和知名大学、大所的科技合作，共建创新载体，加强技术交流和国际高端成果的引进消化吸收再创新，吸引一批国际高端技术成果转化项目在黑龙江省落地；充分整合省、市对外科技合作资源，以“省市共建共享”的协作方式，合力推动“哈科会”转型升级，打造国际化、层次高的“哈尔滨国际科技成果交易会”；深入实施“中俄博览会”“哈洽会”等展会“走出去”战略，打造将国际高新技术成果“请进来”、让黑龙江省高新技术产品“走出去”的“国际班列”。

三要加强对口合作。一是抓住与广东省对口合作的机遇，围绕黑龙江省有产业基础和竞争优势的企业、战略性新兴产业和高新技术产业集中发力，充分利用黑龙江省“中俄博览会”“哈科会”等展会的对外影响力与深圳“高交会”相互承办，突出黑龙江省在农产品深加工、石墨烯技术应用、机器人、航空航天等具有比较优势的领域进行成果对接，打造“南有深高交会+北有哈科交会”的南北联动会展模式，释放黑龙江省与广东省合作的巨大潜能，为科技成果转化和高新技术产业化提供平台支撑。积极引进国内重点科研机构、高校成果来黑龙江省落地转化，鼓励黑龙江省高校、科研院所、科技型企业在广州、深圳等地建立研发机构，积极参与并融入“粤港澳大湾区”建设，促进科技成果转化和产业化向外拓展。

B.12 黑龙江省文旅经济高质量发展研究

赵 蕾*

摘 要： 文旅经济是伴随着文旅融合而形成的一种新的经济形态，正在成为黑龙江省经济发展的新引擎。当前，黑龙江省文旅经济发展不平衡、不充分，内生动力不足。面对经济下行压力加大和激烈的市场竞争，黑龙江省文旅经济需以高质量发展为根本要求，以新发展理念为指导，用全局思维定位，坚持“效率、公平、可持续”，从质效提升、结构优化、创新驱动、绿色增值四个转变入手，在品牌竞争中闯出黑龙江省文旅经济高质量发展的特色转型之路。

关键词： 黑龙江省 文旅经济 高质量发展 全域旅游

伴随着人民日益增长的美好生活需要，文旅经济应运而生。文旅经济作为一种新的经济形态，是文化产业与旅游产业在融合发展中价值的创造、转化与实现。黑龙江省文化资源和旅游资源的优势明显、产业基础良好、发展空间广阔、经济潜力巨大。文旅经济作为黑龙江省经济发展的新引擎，被赋予“文化强省”“旅游强省”的时代使命。但是，文旅经济现有的规模、效益与文旅经济大省的差距还很大，面对经济下行压力加大和激烈的市场竞争，强省战略任重道远。高质量发展是今后一个时期我国经济发展的根本要求，是破解当前文旅经济发展中主要矛盾的有效途径。文旅经济高质量发展

* 赵蕾，黑龙江省社会科学院经济研究所副研究员，硕士，研究方向为产业经济。

就是要全面贯彻落实创新、协调、绿色、开放、共享的发展理念，在质效提升、结构优化、创新驱动、绿色增值中深化供给侧结构性改革，不断满足人民日益增长的美好生活需要。

一　黑龙江省文旅经济高质量发展的战略意义

高质量发展，是当前和今后一个时期我国发展思路、经济政策、宏观调控的根本要求。近年来，黑龙江省文旅经济已取得了量的突破，要想实现质的提升，必须坚持高质量发展这根主线，其对黑龙江省文旅经济乃至全省经济社会的发展都具有重要的战略意义。

（一）高质量发展文旅经济是实现强省战略的落脚点

文化强省、旅游强省是黑龙江省“六个强省”战略的重要组成部分，是全面贯彻落实党中央、国务院关于文化发展、旅游发展具体部署的龙江定位。强省目标需要产业的支撑、经济的助力。从经济学的角度分析，黑龙江省文化强省、旅游强省战略的实现需要文旅经济的支撑。高质量发展文旅经济既回答了文化产业和旅游产业在融合发展中的关联问题，又指明了黑龙江省经济高质量发展的主攻方向，更诠释出龙江强省战略的落脚点。将资源大省转变为资源强省，以高质量发展为主线提升文旅经济，是黑龙江省奋斗进取的新课题，是新时代龙江人强省战略的新选择。唯有改革不停、创新不止，才能在文化与旅游的融合发展中不断创造、转化、生成新的经济形态，走出黑龙江省转型发展的特色之路。

（二）高质量发展文旅经济是经济社会高质量发展的突破口

近年来，伴随着我国居民收入水平的持续提高，国人的消费档次不断升级，人们追求幸福的路径越来越多样。旅游、文化、体育、健康、养老“五大幸福产业”蓬勃发展，不仅创造出“文化＋旅游＋体育”“文化＋旅游+康养”“文体+旅游+科技”等各种新的经济形态，而且促进了经济的转型升级。文旅经济日渐成为我国经济发展的热点，并正在成为增强社会高质量发展的亮点。高质量发展文旅经济，是文旅融合发展的新路径，不仅可以促进产业转型升级、刺激消费、提高龙江经济质效，而且可以助力脱贫攻坚、乡村振兴、城镇建设，对建设生态龙江、实现人民福祉、叫响龙江品牌都具有重要的现实意义。因此，文旅经济是黑龙江省经济社会高质量发展的突破口。

（三）高质量发展文旅经济是全面振兴全方位振兴的重大举措

据国务院发展研究中心预测，未来我国 GDP 增长速度将维持在 4%～6%。面对国际政治环境复杂、国内经济增速放缓、民间投资热度趋减的现状，投资、消费、进出口这“三驾马车”对经济的拉动作用正在发生着改变，消费将成为我国经济发展的重要推动力。黑龙江省若要在经济下行压力加大的现实背景下，实现龙江的全面振兴全方位振兴，难度空前，任务艰巨，必须依托新的动能开启全新的振兴模式。黑龙江省文化资源和旅游资源丰富、特色鲜明，产业发展具备一定的基础，文旅经济的带动效应正在显现。将文旅经济作为新动能，从高质量发展的视角培育推进，是黑龙江省全面振兴全方位振兴的正确选择，机不可失、时不可待。推进文旅经济高质量发展，是黑龙江省全面振兴全方位振兴的重大举措，应主动作为、乘势而上。

二　黑龙江省文旅经济发展现状

2019 年，黑龙江省坚持以习近平新时代中国特色社会主义思想为指导，坚持“宜融则融、能融尽融，以文促旅、以旅彰文”的发展思路，优化营商环境，实施项目牵动，推进新兴业态培育和消费潜力释放，文旅经济呈现出持续、平稳、健康的发展态势。2019 年前三季度，黑龙江省实现旅游总收入 2145.3 亿元，共接待国内外游客 14976 万人次，同比分别增长 19.6%和 15%。

（一）政府引领作用增强

为促进文旅融合，黑龙江省文旅厅出台《关于加快冰雪旅游产业发展的实施意见》《关于促进旅游产品转型升级的意见》《关于发展全域旅游建设旅游强省的意见》，编制《黑龙江省全域旅游发展规划》《黑龙江省冰雪旅游产业发展规划》《交通旅游融合发展规划》等指导性规划，起草《进一步加快冬季旅游发展的意见》等细则，整合举报电话、设立旅游诚信基金、建立先行赔付机制，优化旅游发展的营商环境。推进国有经营性文化单位转企改制，截至2018年底，省属转制工作基本完成，重点国有文化企业资产总额达到169.92亿元，实现营业收入总额55.8亿元。积极参加国内大型文化展会，2019年在深圳文博会现场签约91.93亿元。伊春市大胆尝试全域旅游发展，借承办2019年旅游发展大会之机，实现“举办一届旅发大会，提升一个承办地”的目标。

（二）融合创新初见成效

文化的融入为旅游增添了“培根铸魂”的力量。2019年初，哈尔滨冰雪大世界与《王者荣耀》合作，运用3D Mapping投影秀，打造沉浸体验式的冰雪王者峡谷及系列活动，在15000平方米的主题景区内建有“王者聚英雄雪雕群”、多处互动体验打卡地、线上线下互动区等。据统计，2018年12月23日至2019年2月15日，55天内冰雪大世界入园游客达到101.54万人次，实现经济收入近千万元，深受社会各界好评。文创精品《冰秀》已成为备受国内外好评的龙江特色品牌，杂技、冰雪、舞蹈、音乐等多元素完美结合，创新不断、亮点纷呈，令游客常看常新。随着抖音短视频的快速传播，黑龙江省众多文旅资源被游客传颂，“文旅+科技”不仅活化着龙江特色文化，而且助力着景区的提档升级。

（三）项目牵动深入推进

通过扶持重点项目，发挥牵动引领作用。建立黑龙江文化金融服务中心，成立北方文化产权交易。截至2018年底，黑龙江省文化产业发展专项资金共计投入4.04亿元，以贴息、补贴、奖励等多种方式，累计扶持477个项目，带动社会资本约300亿元。2019年，黑龙江省策划梳理30个全国优先文化和旅游投融资项目、6个“一带一路”文化产业和旅游产业国际合作重点项目、2个区域特色产业公共服务扶持项目、125个文化和旅游招商项目，组织各类演出、展览50000多场次，200多支文化志愿团队深入农村基层，开设“黑龙江省文化和旅游厅”公众号、“趣龙江”官方微博，正在推进“龙江文旅云平台”“一部手机游龙江”“零换乘”综合客运枢纽等重点项目。哈亚雪线景区和伊春市重点通信设施年底实现通信设施全覆盖。

（四）新兴业态不断涌现

哈尔滨大剧院自开幕以来，立即成为哈尔滨的地标建筑，2019年举办各类演出近200场，成为哈尔滨“文化+旅游+展演+摄影”的网红打卡地。黑龙江省博物馆主动走出展馆，走近市民，在枫叶小镇购物中心开设分馆，利用声光电等科技手段活化古生物，与知名外籍动物保护专家合作，展示生物标本，再建黑龙江省文化旅游休闲商业综合体。创新合作的新模式。依托良好的生态优势，林区发展中“文旅+林下经济”、边境旅游中“文旅+康养”、乡村旅游中“文旅+绿色食品”、大庆旅游中“文旅+温泉”等新业态正在各地不断涌现。2019年国庆节期间，哈尔滨跨江大桥灯光秀、伊春旅发大会的光影秀都在展示着“北国好风光，尽在黑龙江”的龙江品牌新形象，品牌为龙江旅游带来了广阔的经济效应。

（五）消费潜力持续释放

自2003年东北老工业基地振兴以来，文化和旅游逐渐成为龙江经济的增长点，并正在成为人们消费的新热点。伴随着居民收入水平的提升和对美好生活的新需要，人民的精神文化需求愈加丰富多样，旅游逐渐成为国人的刚性需求。旅游、文化、体育、健康、养老成为国人的“五大幸福产业”，文旅经济从黑龙江省的经济亮点逐渐成为经济的新引擎。2019年，黑龙江省引导各地举办各种形式的扩大消费主题营销活动，13 个地市相继开展“消费促进月”、湿地文化节、灯光夜市等各具特色的系列活动，挖掘消费潜力，促进消费升级。2019 年前三季度，黑龙江省住宿和餐饮业实现增加值 454.5 亿元，同比增长 5.8%。

三 黑龙江省文旅经济发展中存在的问题

为什么黑龙江省文化产业和旅游产业始终保持两位数增长，而在全国的排位却仍处于中下游？为什么在国家利好政策叠加、强劲市场需求支撑、众多优质大项目的拉动下，黑龙江省文旅经济的效益却不明显？回顾多年来黑龙江省文旅经济的发展后不难发现，这里既有“量不足、质效弱”的问题，又有发展不平衡不充分的问题。

（一）基础保障能力不足

黑龙江省市县两级还有 70 个文化馆和 15 个图书馆没有达到国家标准，有 68% 的行政村文化设备缺失或需要更新，有 60% 的行政村没有综合性的文化设施，有 60% 的乡镇综合文化站文化设备缺失或需要更新。交通、通信等基础设施有待完善，网络没有实现全贯通和全覆盖，多数文化场馆和旅游景区不能网上预订、没有二维码导览等功能，部分旅游景区可进入的便捷性较差，知名旅游目的地旺季存在一票难求的现象，现有基础设施不能满足文旅经济快速发展的实际需要。融资渠道单一、人才流失严重、基层执法力量不足、日常监管薄弱、部门之间信息数据不公开不透明等现实问题都在制约着文旅经济的发展。

（二）体制机制不够顺畅

黑龙江省现有 A 级景区 402 家，其中国有企业 298 家，国企占比高达 74%；仅有的 5 家 5A 级景区全部为国有；条块分割、多重管理现象严重。现有旅游景区中，无论是国有企业还是民营企业，只要涉及森林、湿地、自然保护区等国有资产，无一例外地存在产权不健全、体制不清晰的发展难题，进而导致经营困惑、融资困难、活力不足。先期盲目上项目，后期边走边干砍块经营是民营旅游企业的普遍现象。伴随黑龙江省文艺院团转企的推进，改制后人员流失现象值得关注。政策扶持机制、产业发展机制、融资机制的不健全是制约黑龙江省文旅经济的主要问题。

（三）发展方式比较粗放

基层文物保护管理执法力量薄弱，一些市县级的文物保护单位和不可移动的文物，缺乏必要的保护措施和管理手段，文化遗产价值深度挖掘不够，文化遗址和馆藏文物利用率较低。虽然近几年，文化产业、旅游产业亮点纷呈、成绩喜人，但必须清醒地认识到，文旅融合中文化内涵不深，融合度不高，质效有待提高。现有产品中，观光产品较多，度假休闲产品较少；一般性产品多，中高端产品少；单一产品多，复合体验的产品少；自然生态性的产品多，文化内涵厚度的产品少。绝大部分景区还停留在门票经济上，产业链条和价值链较短。科技运用不足，文创项目较少；工作中亮点和成绩可圈可点，但过程和成效常被忽视；仍然停留在依靠资本和劳动投入的传统要素投入上，科技、数据、人才、制度创新等新要素投入不足。

（四）结构失衡亟待解决

从区域分析，哈尔滨文化产业增加值占全省比重接近 70%，新闻出版、发行广播、电影、电视等传统行业占整个行业的份额超过 80%，边境旅游占文旅经济的份额较小，省内经济相对发达地区的文旅经济效益好于经济不发达地区。从旅游七要素分析，食、住、行、游占整体文旅消费的比重较大，且相对稳定；购物对文旅经济的拉动较小，网购消费明显增长；娱乐占比较小，主要缘于参与性的文化活动较少、夜间消费的选择较少，旅游要素存在结构失衡的现象。从季节分析，夏季和冬季仍然是黑龙江省文旅消费旺季，一票难求现象仍然存在，四季旅游的均衡发展、全省文旅经济的整体推进是亟待破解的难题。

（五）企业竞争实力较弱

艺术创作数量虽然较多，但体现时代精神和创新精神的精品剧节目不多，艺术创作生产整体起点不高，质量平庸。高精尖艺术人才缺乏，特别是编剧、导演、舞美等专业人才紧缺。转企文艺院团发展能力较弱。部分国有文艺院团改制后，受机制和体制因素的影响，演职人员流失严重，院团创作生产能力下降，缺少自主经营的内生动力，缺少创收的能力，经济效益无法满足院团发展。龙头领军企业少，黑龙江省旅游投资集团总资产6亿元，净资产1.2亿元，规模不足，力量偏弱。全省仅有哈尔滨、大庆、伊春三家文旅集团。民营企业内生动力不足、融资难、专业水平不高限制其发展。旅行社规模不大、利润微薄。星级饭店整体实力不强，信息化水平偏低。

四　黑龙江省文旅经济高质量发展的对策建议

“绿水青山是金山银山，冰天雪地也是金山银山。”黑龙江省若要将两座“金山银山”变成“真金白银”，则必须深入贯彻习近平总书记关于文化强国、全域旅游、东北振兴的重要指示精神，坚持高质量发展这个主线，以新发展理念为指导，清晰战略定位，从四个转变入手，在品牌竞争中闯出黑龙江省的特色转型之路。

（一）以新发展理念指导文旅经济高质量发展

发展理念是发展行动的先导。黑龙江省必须深入剖析自身特点，冷静、理性、科学、全面地谋划全省经济发展定位，以习总书记的新发展理念衡量文旅经济“有没有”“够不够”“好不好”“优不优”的实际，引领文旅经济高质量发展。

1. 在创新中求融合

针对黑龙江省国有景区体制机制难题，建议探索旅游景区所有权、经营权、管理权“三权分离”的新机制。针对黑龙江省文旅融合不深、竞争实力不强的现状，建议探索黑龙江省文化旅游集团化发展的新模式。要实现文化与旅游真融合、深融合，需在龙江特色文化上下功夫，把讲好龙江历史与做大龙江旅游有机结合起来，在创新中凝聚文化和旅游发展的新合力。

2. 在协调中破瓶颈

针对各地自弹自唱“独角戏”导致同质恶性竞争问题，建议以全域旅游协调统一区域的整体发展，将全省划为北线、中线、西线等多条线路，将不同质的旅游资源串联起来，在同质的项目中挖掘特色，延伸产业链，拓展发展时空，协调上下游的经济利益关系。特别探索国有文化企业市场化经营的新机制，引导转制的文化企业加入文旅经济创造中，打响“北国好风光，尽在黑龙江”的品牌。

3. 在绿色中保生态

黑龙江省既有“绿水青山”，又有“冰天雪地”，生态优势突出，特色鲜明。但作为国家的生态保护屏障，黑龙江省的文旅发展一定要坚持“在发展中保护，在保护中发展”的科学理念。可在绿色生态资源中加入红色教育的主题，如在珍宝岛森林公园中还原历史，开展爱国教育，开发集生态、科研、历史、文化、艺术欣赏于一体的文旅新业态。可倡导绿色生产生活，将林下经济、龙江绿色食品、健康养生与质朴的生态优势有机结合起来，变成龙江文旅经济的核心竞争力。

4. 在开放中谋合作

可依托现有的旅游集团和文化集团组建黑龙江省文旅集团，可吸引阿里、携程、融创、长隆等强企参与龙江文旅发展，通过战略合作实现资本运作和企业市场化经营，抢占发展高地。在中国（黑龙江）自由贸易试验区上下功夫，从资金、人才、技术、营销等方面探索合作共赢的发展新模式，加强对俄合作，开展“中医保健 + 健康养生 + 老年大学”等新项目的探索与合作，在中俄文化交流中放大文旅经济的桥梁作用，开创“一带一路”发展新模式。

5. 在共享中蕴共生

应坚持黑龙江省委、省政府提出的“宜融则融、能融尽融、以文促旅、以旅彰文”发展思路，坚持“以人民为中心”，如在招商引资中，充分考虑投资者、政府、当地居民等各方诉求，从项目建设初期就做好利益共享的规划；如在与俄方合作中，既要考虑龙江的经济效益，又要让俄方享受合作的成果，从而建立起长效合作机制；如在产品设计和营销中，可利用抖音、微博、公众号等方式，在游客参与和互动中提高龙江知名度，延长消费关注的时间和热度，不断扩大黑龙江省文旅的软实力和影响力。

（二）用全局思维定位文旅经济的高质量发展

2017 年，党的十九次全国代表大会首次提出高质量发展，表明中国经济由高速增长阶段转向高质量发展阶段。高质量发展是新时代中国经济发展的本质特征，是提升经济质效的必然要求。用全局思维清晰定位文旅经济高质量发展战略，十分必要。

1. 明晰发展机遇与挑战

当今世界正处于百年未有之大变局。新技术革命与新产业变革正在影响着区域、产业、经济的变革。我国经济正在由高速增长转向中高速增长，投资、消费都在发生变化。黑龙江省应抓住我国经济新旧动能转换的关键节点，将文化与旅游作为一个整体统筹发力，用高质量发展考虑文旅经济发展全局，用龙江特色文化打通文化与旅游融合的通道，用全域思维构建文旅经济的全面发展，在项目带动中实现产业链条的延伸。

2. 关注中等收入群体

我国中等收入群体已接近 5 亿，他们是文旅消费升级的核心。一方面，黑龙江省应提高省内居民人均收入水平，进而避免人才外流、增加民生福祉、促进居民消费。用优质生态生活圈、高收入高保障福利体系筑巢引凤。另一方面，应瞄准经济发达地区中等收入群体消费的结构变化，挖掘自驾游、冰雪游的消费潜力，扩大黑龙江省对俄旅游的市场份额，提高龙江文旅的吸引力、竞争力、满意度和重游率。以精准抓机遇谋大业务实效，以成效增信心赢民心引投资，以中等收入群体这个点吸眼球做营销创质效。

3. 制定高质量发展战略

高质量发展将成为我国未来一个时期经济社会发展的主线。黑龙江省要解放思想、凝心聚力，以高质量发展的全新视角谋划全省文旅经济发展的大局，尽快出台《黑龙江省文旅经济高质量发展的意见》等指导性文件；以哈尔滨、大庆、伊春为试点，创建全国文旅经济高质量标杆；举办文旅经济高质量发展大讲堂，提升执政者、从业者、科研人员的理论高度和专业水平，调动全社会力度推进文化强省、旅游强省战略的实现。

（三）从四个转变推进文旅经济的高质量发展

“高效、公平、可持续”是对高质量发展的简单概括。文旅经济的高质量发展不能单纯考察文旅经济增长这一个指标，还要全局考虑包括结构、社会、生态等因素的发展。黑龙江省可从以下四个方面推进文旅经济的高质量发展。

1. 从数量扩张向质效提升转变

考核文旅经济高质量发展不仅要看“有没有”，还要分析“好不好”。作为文化资源大省、旅游资源大省，黑龙江省一方面应提高核心竞争力，将量做大；另一方面要挖掘发展潜力，在转型升级中提质增效。如发展夜经济，借助核心区域商家的电子屏幕和广场为群众开辟活动中心；在中央大街等知名景区增加声影历史再现区域；可通过展演、快闪等形势释放文化活力；可尝试馆藏文物 IP 授权，让文创项目助力转型升级。

2. 从规模扩张转向结构升级转变

结构升级的内涵不是指单纯调整文化产业、旅游产业占 GDP 的比重及反映其经济价值的具体数字，而是优化不同价值链区段间的比例关系。黑龙江省在文旅经济发展中，要注重提高文旅项目研发、文旅产品设计、标准高度、供应链管理、品牌建设等内容，力求产业价值链的稳定畅通、可延展及不可复制性。

3. 从要素驱动向创新驱动转变

文旅经济的发展需要依托产业的发展，应培育文化产业和旅游产业体系、服务体系、市场体系，加快把文旅产业培育成龙江“新字号”的战略性支柱产业。可加快基础设施建设，确保外部大环境的通畅，如尽早实现“一部手机游龙江”“全省旅游一张网”；如围绕自驾旅游和冰雪路况，出台《全省交通旅游发展规划》，匹配路边救援和营地建设。应出台保障机制，从吸引人才、留住资金、改进技术等方面驱动高质量发展进程，如以“头雁工程”为引领出台人才保障机制；如编制“龙江招商图谱”明确项目和线路；如在哈尔滨自由贸易试验区探索金融扶持机制。

4. 从灰色发展向绿色增值转变

虽然从纵向看，黑龙江省的文化和旅游产业的发展势头良好，但从横向比较来看，黑龙江省与文旅经济发达的广东、浙江、四川、云南等省份还有不小的差距。特别是省内资源型城市正处于转型发展阶段，黑龙江省应坚持绿色增值的发展方向，从粗放型发展向集约型方向转变，善用科技手段提升文化内涵和智慧含量，力求经济效益、社会效益、生态效益的完美统一。

B.13
黑龙江省文化产业发展研究

王力力*

摘　要： 近年来，黑龙江省始终把文化产业作为提升“新字号”产业比重、培育壮大新动能的重要“潜力股”，提出了建设文化强省的战略目标。但总体来看，黑龙江省文化产业总量仍然较小，存在整体实力较弱、结构矛盾突出、创新能力不强、融资渠道不畅、文化人才短缺等问题，必须通过提高文化产业内容质量、优化文化产业结构、推进产业深度融合、壮大文化市场主体、培育文化消费市场、推动文化产业开放合作、完善产业经济政策等措施，大力推动黑龙江省文化产业高质量发展。

关键词： 黑龙江省　文化产业　文化资源　文化消费

一　黑龙江省文化产业发展现状

在国家扶持政策引导、强劲市场需求支撑、社会资本进入和各级党委政府的高度重视下，黑龙江省文化产业经历了探索起步、加速发展到转型升级的新时期，文化体制改革不断深入，现代产业体系逐步健全，市场经济活力明显增强，为加快推进文化强省建设奠定了坚实基础。

---

* 王力力，黑龙江省社会科学院马克思主义研究所副研究员，研究方向为文化经济。

（一）总量规模不断壮大

截至2018年末，黑龙江省各类文化产业市场主体发展到8.8万家，其中规模以上文化及相关产业企业达到264家。国有文化企业实力增强，2018年省属重点国有文化企业资产总额169.92亿元，实现营业收入总额55.8亿元。黑龙江新洋科技有限公司、黑龙江同源文化发展有限公司、黑龙江山水文化传播有限公司等一批民营文化企业不断发展壮大。目前，全省培育形成国家级文化产业试验园区1个、国家示范基地9个、国家动漫企业11家、文化出口重点企业21家、国家特色文化产业重点项目企业7家。文化领域"大众创业、万众创新"的态势正在形成，产业发展基础不断夯实。

（二）消费水平逐年提高

随着居民收入的增加以及消费结构的不断升级，我国文化消费也呈现逐年上升的趋势，文化消费占消费支出比重也越来越大。而且伴随着互联网时代的到来，新的文化消费形态不断出现，网络文化消费规模不断扩大，文化消费结构也逐渐向多元化方向发展。近年来，黑龙江省文化基础设施的不断完善以及文艺精品力作的不断涌现，极大地丰富了全省人民的文化娱乐生活。例如，庆祝新中国成立70周年献礼演出——大型音乐舞蹈史诗《黑龙江四大精神颂》生动诠释了龙江人艰苦奋斗、敢于创新的伟大精神，在哈尔滨大剧院首演以来，在全省范围内获得了口碑与票房的"双高"佳绩。哈尔滨和牡丹江等国家文化消费试点城市不断探索文化消费的有效模式，文化消费潜力被不断释放。黑龙江省城镇居民人均教育文化娱乐消费占消费总支出的比重由2014年的10%提高到12%以上，农村居民教育文化娱乐消费支出占消费总支出比重由2014年12.5%提高到13%以上，均高于全国平均水平。

（三）文旅融合日益深入

目前，黑龙江省共有文化专业艺术表演团体53个，其中龙江剧、京剧、评剧等艺术院团 20 个；博物馆 225 个，文物机构 182 个，不可移动文物 10759 处，其中国家级文物保护重点单位 48 处，省级文物保护重点单位 361 处；有世界非物质文化遗产 2 个，国家级非物质文化遗产 34 个，省级非物质文化遗产 286 个，丰富的文化资源为文旅融合奠定了基础。全省各级文艺院团每年开展近万场驻场演出。20 家博物馆被评为“黑龙江 100 个最值得去的地方”，19 家博物馆（纪念馆）被纳入全国红色旅游经典景区名录，一大批遗址发展为国家 AAA 级以上旅游景区，文博系统资源成为重点旅游目的地。2019 年，哈尔滨冰雪大世界与《王者荣耀》再度合作，1∶1 还原王者峡谷，并且同时举办《王者荣耀》城市挑战赛，吸引了大批游客参与，开创了黑龙江省文化产业与旅游产业融合发展的新模式。

（四）重点项目持续推进

2014 年以来，黑龙江省累计投资 3000 万元以上文化产业项目 300 个，完成投资 450 多亿元。制定了《省级重点文化产业项目认定管理办法》《推进省级重点文化产业项目建设实施方案》，建立了黑龙江省重点文化产业项目库，并于 2017 年建立了文化产业资金扶持项目公开竞争性评审立项机制，加快重点产业项目建设。截至 2018 年末，黑龙江省文化产业发展专项资金共计投入 4.04 亿元，通过贴息、补贴、奖励等方式，累计扶持项目 477 个，带动社会资本约 300 亿元。

（五）平台效应逐渐显现

一是积极搭建文化金融平台。黑龙江省委宣传部与国家开发银行共同制定系统性融资规划，黑龙江省文旅厅与哈尔滨人民银行建立文化金融合作部门会商机制，每年组织召开银企对接会。二是充分利用展会平台。成功举办和参展中俄博览会、深圳文博会、北京文博会、东北文博会、龙江文博会等。2019 年黑龙江代表团在深圳文博会上展出了渤海靺鞨绣、赫哲族鱼皮制品、剪纸、黑陶等传统非遗精品以及北红玛瑙、北沉香、五大连池火山岩盆景、俄罗斯油画、石油文化纪念品等特色工艺品，现场签约达 91.93 亿元。哈尔滨东亚文化之都、“哈夏”音乐会、中俄文化大集、中韩文化产业合作、黑龙江·台湾文化交流等大型对外文化交流和贸易活动广泛开展。

二　当前存在的主要问题

黑龙江省在文化产业的探索与发展上取得了一定的成绩，但是总体来讲，距离文化强省的要求还有较大差距，仍然存在一些问题。

（一）整体实力较弱

2017 年全省规模以上文化企业户数、营业收入分别仅占全国的 0.48% 和 0.16%。2019 年全国第十一届文化企业 30 强名单中，黑龙江无一家上榜。黑龙江省骨干文化企业行业过于单一，产业内部联系不够紧密，上下游产业链接不够协调，核心竞争力比较薄弱。民营文化企业普遍规模弱小，缺少自主知识产权和高端价值链产品。文化产业园区经营模式单一、产业空心化现象突出，规模效益不佳。

（二）结构矛盾突出

从行业看，新闻出版发行、广播电影电视、工艺美术品生产等传统行业占整体文化产业的份额超过 80%，创意设计、数字内容等新兴业态规模弱小。从区域看，哈尔滨文化产业增加值占全省的比重接近 70%，规上文化企业户数、营业收入分别占全省的 60% 和 80%，省内其他地区文化产业发展潜力挖掘不足，影响了全省整体性发展、均衡性推进。

（三）创新能力不足

一方面，内容生产能力还不强，真正可以满足人们高层次和大众文化精神需求的文化产品供给不足，普遍存在创意水平和科技含量低、品种不够丰富、制作不够精良的问题。部分文化企业单纯追求经济效益，忽视社会效益，导致市场上产品雷同、重复生产、粗制滥造的现象较为普遍。另一方面，文化资源开发利用与创新转化能力比较薄弱，特别是对历史文化资源和具有地方民族特色文化资源挖掘利用不足，缺乏故事讲述和故事深化的能力。

（四）融资渠道不畅

黑龙江省在文化产业融资来源较为单一，仍然以财政投入为绝对主导。金融贷款大多投入实物抵押充足、现金流量稳定、信用等级较高的大型国有文化企业，量大面广、处于成长期的小微文化企业由于信用水平低、财务状况差、管理不规范、缺少有效抵押资产而难以争取到贷款支持。文化无形资产质押贷款模式虽已推出，但尚未建立统一权威的评估标准体系和健全相关中介服务体系，限制了文化资源与金融资本的有效对接。有的项目因贷款迟迟不能落实而无法开工建设或延误了工期。受多种因素影响，招商引资吸引力不强，股权融资、PPP 模式应用较少，发展基金、融资租赁尚未破题。

（五）文化产业人才短缺

鼓励和引导文化人才干事创业的激励措施尚不健全，本土人才流失严重、引进人才不够、储备人才不足。黑龙江省缺少文化创意策划大师、文化产业发展领军人物和青年骨干人才，特别是在当前文化与旅游、康养、建筑、体育等产业深度融合的大背景下，对于文化领域的人才也提出更新、更高的要求。那些熟悉产业发展规律、精通科技创新研发应用、善于市场推介与资本运营的复合型专业人才更为短缺，成为制约黑龙江省文化产业发展的突出瓶颈。

三　黑龙江省文化产业发展的对策建议

2020 年是“十三五”的收官之年，面对新形势新要求，增强发展的质量优势成为当前黑龙江省文化产业发展的关键。要积极深入贯彻落实习近平总书记在深入推进东北振兴座谈会上的讲话精神和黑龙江省委十二届六次全会会议精神，继续深化文化供给侧结构性改革，培育壮大文化产业新动能。着力提升黑龙江省文化产业高质量发展水平，持续打造成为国民经济支柱性产业，加快推进文化强省建设步伐。

（一）提高文化产业内容质量

文化产业发展的核心和源头在于文化产业生产的内容。提高内容生产质量是文化产业提升其影响力、传播力、软实力的关键领域。要始终以社会主义核心价值观为导向，实现社会效益和经济效益相统一，坚持社会效益放在首位。将主流价值转化为商业机遇，创作更多思想精深、艺术精湛、制作精良的精品力作，更多地展示文化产品背后所蕴含的文化精髓，加强对文化产业发展的“灵魂”塑造，保证广大人民群众能够消费和享用更多弘扬社会主义先进文化的健康优质文化产品和服务。要系统梳理黑龙江省丰厚的历史文化资源，如渤海文化、金源文化、移民文化、民族文化等，为文化产业提供深厚的价值基础。将优秀传统文化基因的精神内核进行凝练，运用现代方式方法进行创造性转化和创新性发展。创作以弘扬东北抗联精神、北大荒精神、大庆精神、铁人精神为主题的文艺作品，形成体现龙江精神、龙江风貌、龙江特色的文化品牌和文化形态，从而推动文化产业转型升级。深入挖掘民间文学、民俗文化、民间音乐舞蹈、民间工艺美术等丰富的非物质文化遗产资源，开展生产性保护，打造富有区域特色和民族特色的文化产业。

（二）优化文化产业结构

第一，优化行业结构。要坚持科技创新驱动，在内容、形式、方式、方法、载体、平台等方面全面推进创新发展。用现代科技培育传统文化产业新动能。推动新闻出版、广电、演艺、会展、印刷、文化旅游、工艺美术等传统文化产业在内容创作、传播方式和表现手段等方面创新发展和转型升级，使之获得新动能和新的增长点。培育基于大数据、云计算、物联网、人工智能等新技术的新型文化业态，发展网络视听、数字内容、动漫游戏、创意设计、知识服务等新兴文化产业。第二，优化空间布局。虽然其他地区文化产业增加值在全省所占比重不高，但地域特色文化资源十分丰厚，资源优势转化为经济优势的潜力巨大。要加大文化产业薄弱地区的文化投入，增强区域中心城市的辐射作用，优化全省的“一核、三点、五区、一带”文化产业空间布局，打造若干特色产业带和增长极。第三，优化城乡结构。大力支持发展农村文化产业，把文化产业发展与脱贫攻坚、乡村振兴战略、农业现代化结合起来，进一步满足农民文化生活需要。依托自然、历史、文化、民族等优势，加快发展一批文化特色魅力乡村。加快文化产业项目和交通、通信等基础设施在乡村落地。

（三）推进产业深度融合

大力推进文化产业跨界融合发展，积极寻找文化产业与相关行业深度融合的契合点，依托黑龙江省产业基础与资源禀赋，要重点推动文化与农业、工业、旅游等产业的融合。推动文化产业与农业融合发展，发展以观光休闲、创意农业、农耕体验、农事节庆、乡风民俗、健康养生为主的休闲农业和乡村旅游产品。推进文化创意和设计服务与装备制造业和消费品工业融合发展，通过加大与创意设计、品牌策划、文化营销的融合，提升制造业产品的外观、结构、功能，进而提升产品的文化附加值。推进文化产业与旅游产业的融合发展。依托国有文艺院团，联合优秀社会演艺力量，在哈尔滨及重点旅游景区持续开展贯穿旅游季的有市场生命力的驻场演出，高水平打造龙江地域特色的沉浸式实景演出，不断提高旅游的文化内涵，促进文化传播与消费。深入挖掘冰雪、生态、边境、民俗等文化内涵，推出一批在国内外有影响力的文化旅游区域、旅游线路，鼓励开发具有地域特色和民族风情的旅游商品，把地方文化、地方生产、地方品牌、老字号等地方特色全部纳入旅游商品范畴。编制《黑龙江省旅游购物指南》。鼓励文化与建筑、地产、商业等行业结合，建设有文化内涵的特色城镇、城市公共空间、文化街区、艺术园区和商业综合体。推动文化产业与体育、健康、养老等具有国内总需求增长空间的产业融合。

（四）壮大文化产业市场主体

进一步完善文化市场准入和退出机制，发挥产业政策引导、扶持措施激励、市场机制调节和行业组织自律作用，采取培训辅导、项目对接、典型引带、经验推广等有效措施，继续深化黑龙江省国有文化企业改革，推动建立健全现代企业制度，完善法人治理结构，支持国有文化企业做大做强，充分发挥国有文化企业在黑龙江省全面振兴全方位振兴当中的带动作用。培育壮大文化领域民营企业，扶持文化领域创新创业，支持“专、精、特、新”中小微文化企业发展。推动形成多种所有制文化企业协调发展、大中小微文化企业活力竞相迸发的产业格局。加快建设文化企业孵化器、众创空间、公共服务等平台，为文化企业发展做好信息咨询服务、投融资服务和知识产权服务。加强各级各类文化产业园区（基地）的规划建设和动态监管。通过优化运作模式、引进龙头企业、构建产业链条，使文化产业园区基地真正成为区域性特色文化创意产品的研发、制造和销售中心，进一步提升文化产业园区的示范、带动和辐射作用。

（五）培育文化消费市场

黑龙江省要积极发掘新的文化题材，注入创意元素，开发富有参与性和个性的文化项目，促进个性化文化消费。丰富数字文化产品和服务的内容，鼓励发展各类文化产品网店和网络文化消费平台，吸引群众广泛参与网络文化消费；结合城镇化、美丽乡村建设，兴建一批文化休闲娱乐场所、文化旅游景点和休闲农园，培育黑龙江省农村文化消费市场，吸引城市居民到农村进行文化消费。加快实施国家文化消费试点推进工作，通过政府购买、税费补贴、积分奖励等多种手段，激发群众文化消费意愿，培育文化消费习惯，促进形成若干行之有效、可持续和可复制推广的扩大文化消费模式。

（六）推动文化产业开放合作

以中国（黑龙江）自由贸易试验区获批为契机，积极推动黑龙江省深度融入“一带一路”建设，加快文化贸易发展。同时加强与国内东部地区间文化产业的深度合作。推动资源优势互补，促进生产要素流动，加强信息、需求、服务的有效对接，努力构建文化创意、文化金融、文化科技、文化旅游、文化会展等多元化的文化合作发展格局。认真厘清黑龙江省与东部发达省份相比在文化产业领域存在的主要差距和短板，复制学习东部省份先进的工作经验和做法，加快黑龙江省文化产业发展步伐。

（七）完善产业经济政策

借鉴广东等发达省份支持文化产业发展的政策措施和成熟做法，结合黑龙江省文化产业发展的实际需要，提高政策创新和执行水平，加强政策执行的评估和监督。充分发挥政策支持和引导作用。创新金融投资方式，引入市场导向运作模式，加大对市场前景好、战略性强、创新性强的文化产业创新创业项目的支持力度。完善文化产业发展金融支持措施，建立银企对接常规机制，促进文化资源和金融资本有效对接。落实鼓励和引导社会资本进入文化领域的政策措施，积极推进政府与社会资本在文化领域的合作模式。鼓励文化产业类投资基金、专项债券发展，创新运用阶段参股、众筹、PPP、风险补助和投资担保等融资方式。做好文化产业规划与国土、城乡、旅游等规划的衔接统一，做到“多规合一”。完善和落实人才引进政策，建立产学研用一体化，促进企业、高校、研究院所开展合作人才培训教育基地，积极对接市场需求，加强创意设计、非遗技艺、经营管理、数字内容、文化金融等复合人才培养，完善按要素分配的体制机制和配套保障机制，为文化产业发展提供强有力的人才支撑。

B.14

以粮食加工推进黑龙江省粮食产业转型升级研究

孙国徽*

摘　要： 2019年，在面对低温、多雨、结构调整的压力情况下，粮食生产呈现较好形势，粮食加工能力、效益和加工项目稳步提升和增加，粮食产业销售渠道多方式拓展，从而使黑龙江省粮食产业得到顺畅发展。但也存在粮食加工企业布局小而散、推动产业发展能力弱、深加工产品结构不合理、小规模粮食加工企业品牌优势弱、粮食加工的副产物综合利用率低、粮食加工企业人力资源匮乏等问题，需要制定整体发展规划，走精深加工强省之路，促进粮食加工产品高端化发展，提升粮食加工科技创新能力，引导产业聚集，建立大数据平台，实施人才战略，推进粮食加工产业发展，从而实现粮食产业转型升级。

关键词： 黑龙江省　粮食加工　转型升级

习近平总书记视察黑龙江时提出“中国粮食，中国饭碗”，党的十九大报告中也提出“确保国家粮食安全，把中国人的饭碗牢牢端在自己手中”的论断，2019年10月公布《中国粮食安全白皮书》。可见，粮食安全始终

* 孙国徽，黑龙江省社会科学院农业和农村发展研究所助理研究员，研究方向为农业经济学。

是关系我国国民经济发展、社会稳定和国家安全的具有全局性的重大战略问题。近些年，黑龙江省围绕“两头两尾”的发展战略，不断推动粮食产业高质量发展，以粮食加工业发展为引擎，通过粮食产业链延伸、价值链提升、不断完善供应链来实现粮食产业的转型升级。

一 黑龙江省粮食产业发展现状

粮食产业涉及粮食生产、粮食加工、仓储流通以及销售等内容，近些年，黑龙江省粮食产业发展迅速，在全国粮食安全的重要地位和作用凸显。

（一）粮食生产形势持续向好

2018 年黑龙江省实现粮食产量 7507 万吨，实现“十五连丰”，其中水稻产量 2685.5 万吨、玉米产量 3982 万吨、大豆产量 658 万吨、杂粮产量 61.9 万吨、马铃薯产量 102.1 万吨。2018 年黑龙江省粮食外运量达 2803.6 万吨（见表 1），保持持续增长态势，同比增长 16.4%。2019 年，虽然低温、降雨和粮食结构调整对粮食产量有所影响，但从省农业农村厅了解到，黑龙江省粮食保持丰收态势，实现“十六连丰”，耕地面积超过 2.5 亿亩，粮食产量达到历史新高。粮食种植结构不断优化，大豆种植面积增加。2019 年前三季度，省种植业增加值增速达 4.6%，高于上年同期 0.2 个百分点。

（二）粮食加工助力粮食产业发展

一是加工能力大幅度提升。2018 年，粮食加工企业数量不断增长，达到 1643 户，加工能力提升到 1713 亿斤，实际加工原粮 723 亿斤，增幅达 31%，水稻的开工企业产能利用率提升了 11 个百分点，达到 49%。从实际加工量看，水稻、玉米、大豆的实际加工量增幅分别为 36%、40%、48%（见表2），2019 年上半年，全省粮食加工企业实际加工原粮 340 亿斤，同比增长 7%。

表1　黑龙江省粮食生产、外运情况

单位：万吨，%

年份	粮食外运量	粮食产量	加工率
2014	1707.6	6242.2	—
2015	586.9	6324.0	35
2016	1016.8	6058.5	36
2017	2409.4	6018.8	46
2018	2803.6	7507.0	59

资料来源：黑龙江省粮食局。

二是粮食加工效益显著。2018 年，粮食加工产品销售收入 1036 亿元，增幅27%，首次突破千亿元；企业实现利润 24 亿元，纳税 9.3 亿元。从效益看，水稻和大豆加工企业效益增长明显，利税和利润均呈现增长态势（见表2），由于2019 年新建的玉米加工企业处于起步阶段，加工效益还未完全发挥，还在利税优惠期，在利税和利润方面还未表现出增长势头。2019 年上半年，粮食加工产业效益呈现增长趋势，实现工业总产值 478 亿元，同比增加 17 亿元，增幅达 3.6%；主营业务收入 481 亿元，同比增加 30 亿元，增幅 6.5%。

表2　2018 年主要粮食加工企业情况

品种	企业数（家）	加工能力（亿斤）	产能利用率（%）	实际加工量（亿斤）	增幅（%）	利税（亿元）	增幅（%）	销售收入（亿元）	增幅（%）	利润（亿元）	增幅（%）
水稻	1299	894	49	392	36	2.8	30.0	599	30	10.8	12.0
玉米	60	420	70	241	40	3.5	-12.5	240	49	8.0	-27.3
大豆	97	176	—	36	48	1.3	48.0	82	17	2.2	19.0
饲料	124	—	—	40	-11	1.0	-50.0	95	—	3.2	-6.0

资料来源：黑龙江省粮食局。

三是项目建设继续推进。2019 年上半年，全省亿元以上农产品加工项目达 138 个，且在全省全力推进的“百大项目”中涉及粮食产业项目的就有13个，建成后将提升粮食加工能力和实际加工数量，预计2020年，随着黑龙江省粮食加工项目的持续发展，粮食加工能力将进一步提升，实际加工量将有较大增长，能更好地推动粮食产业发展。

（三）粮食产业销售渠道多方式拓展

以培训的形式提升粮食行政管理部门及粮食企业的市场理念和营销水平。黑龙江省为了提升好粮油的品牌效应，拓宽省内优质粮油产品销售市场，举办了以培养市场营销知识、提高产品销售能力为主的培训班。2018年，对全省粮食行政管理部门和89家企业200多人进行培训。通过对培训效果跟踪调查统计，截至2018年末，销售渠道得到有效拓展，其中，2018年新建57个直营店，同比增加40%；新进驻113个商超，同比增加41%；新签约经销商592家，同比增加35%。粮食加工产品的销售量和销售价格都有较大提升，大米累计销售42亿斤，与2017年相比增加8亿斤，增长23.8%；利润增长8.3%。

同时，借助第二届中国粮食交易大会、金秋粮食交易会等，黑龙江省与多省市地区签订粮食产业合作意向，黑龙江省粮食备受各省市的欢迎。粮食局资料数据显示，2019年，黑龙江省粮食签约总量达到247亿斤，全省地方国有粮食购销企业全年累计实现利润总额15.5亿元，全省295户购销企业中283户实现盈利。黑龙江省农投集团与京粮集团、豫粮集团、川粮集团等优质企业进行产销对接、合作洽谈，并签订相关的粮食购销协议，为黑龙江省粮食产业市场销售拓展了空间。

二 粮食加工产业存在的主要问题

（一）粮食加工企业布局小而散，推动粮食产业发展能力弱

黑龙江省粮食加工企业生产集中度较低，小微企业多，推动粮食产业转型升级主体能力弱。黑龙江省各区县市甚至乡镇在全力推进各类园区的发

展，粮食加工企业均布局在园区内，致使粮食加工企业布局分散，集中度低，难以发挥集聚效应，且以小微企业为主体难以形成推动粮食加工精深化发展的能力。从2018年黑龙江省主要食品与农副产品加工业产值在全国比重看，4894.26亿元的食品与农副产品的产值仅仅占全国农产品加工总产值的2.4%，黑龙江省作为东北农业大省的原料产地优势没有得到有效转化，粮食加工产业尚未转变成经济发展的主导产业。与粮食产量较大的省份山东、河南两省比较，黑龙江省与这两省加工转化的差距较大。河南省以小麦、玉米资源为主的上市龙头企业就有16家，山东省以玉米、花生等资源为主，其上市龙头企业也有9家。黑龙江省水稻、玉米、大豆产量均居全国首位，但以这些原料加工为主业的上市龙头企业仅有4家。

（二）粮食深加工产品结构不合理，限制粮食产业发展

黑龙江省独特的资源优势没有形成产品优势，水稻、玉米、大豆、杂粮、马铃薯等加工企业，实际加工量只占加工能力的50%左右，比如水稻、玉米、大豆分别占43.8%、57.4%和20.5%，有些企业的开工率甚至不足20%，产能未能充分发挥出来，且粮食加工产品以初加工产品为主，中间产品缺乏竞争力，深加工产品和高技术含量的终端产品少，产品结构布局与市场需求存在失衡。2018年黑龙江省稻谷加工主要以小包装的商品大米为主，而即食稻米食品、预调理制品、发酵稻米食品、米糠制品的加工量很小；玉米加工度57.4%中饲料用量占28%、深加工占25%，其他以原粮出省，加工产品以淀粉、食用酒精、化工醇产品等产品为主，同质化严重；大豆加工能力受进口大豆量锐减的冲击，企业开工率刚过20%。30%的黑龙江省产大豆在省内加工，2018年加工大豆只有180万吨，初加工占90%，食品加工占10%，产品以大豆油脂为主，豆乳粉等长保质期大豆食品占比很低，大批大豆加工企业亏损。

（三）小规模粮食加工企业品牌优势弱，不利于粮食产业发展

整体看，黑龙江省粮食加工企业规模小，难以形成有影响力的品牌，有

些地域品牌如黑森、寒地黑土等成为地域内小企业共用品牌，产品品牌优势不强，限制粮食产业发展。黑龙江省粮食多以“原粮”运出省外，外运量总体呈增长趋势（见表1），粮食加工产品缺乏影响力。而五常大米、北大荒食品等黑龙江优势产品品牌面临着市场混乱、产品质量把关不严格等问题，贴牌、质量不高、以次充好的现象比较严重，并没有形成品牌的地域绝对影响力。而很多非省内的大型粮食加工企业、上市企业在黑龙江省建立原料和加工基地，利用黑龙江省的资源优势创造着自己的品牌影响力。

（四）粮食加工的副产物综合利用率低，产业加工链条短

水稻、玉米，大豆、马铃薯等加工产业均具有产业链条长、产品种类繁多的特点，而从实际粮食加工产业的发展上看，加工出来的产品品种单一，比如水稻加工，多以稻米原粮为主，同质化严重，附加值低。稻米、玉米、大豆、马铃薯加工副产物米糠、稻壳、秸秆、玉米芯、玉米皮、玉米浆、油脚、豆渣、豆皮、薯渣、杂粮等多作为饲料或废弃，粮食加工产业附加值未能得到有效发展。

（五）粮食加工企业人力资源匮乏成为粮食产业发展的瓶颈

黑龙江省粮食加工企业因加工深度不高，劳动密集型企业占比较大，深化加工能力和延伸产业链都需要技术人才支撑，从全省看，各类人才外流严重。大多数粮食加工企业均在原料产地，多为县域范畴，属于各类人力资源流出严重区域，对粮食加工企业发展来说成为限制因素。一是农业现代化解放的劳动生产力留在本地务工的人数逐年减少，对本地粮食加工产业发展的劳动力支撑不足问题凸显，尤其面对粮食生产规律导致的季节性用工问题，用工时间、数量和报酬等的不确定性更增加了劳动力供给压力。二是高质量管理人员队伍不能满足产业发展的需求。受地域环境、发展空间、工资待遇等因素影响，高质量的管理人员均选择向大城市或相对发达的区域流动，本地化就业的管理人员数量和质量难以保证。三是高技术人才不足。粮食加工企业越是延伸产业链、增加价值链，越是需求高端技术人才，这类人才

有学历、有技术能力，是粮食加工企业发展的核心力量。但事实上，这样的人才很难留在县域工作，基本都是选择在大城市或者发达地区工作。目前，黑龙江省的粮食产业正面临各方面人才的短缺和匮乏问题。

三　以粮食加工产业为引擎推动粮食产业转型升级的对策

（一）制定整体发展规划战略，走精深加工强省之路

黑龙江应坚定地坚持粮食深加工产业部署，走精深加工推动粮食产业发展的强省之路，从产业布局、企业集聚、产品结构上下手，打造全国最大的粮食产业发展样板、全国最大的粮食生产加工基地和粮食产品集散地。针对当前黑龙江省粮食加工及粮食产业发展存在的诸多方面的问题和不足，针对粮食产业发展的重大科技需求，瞄准粮食加工产业和粮食产品领域的科技前沿，围绕以粮食加工和粮食产业强省战略目标和战略导向，加强对粮食产业的科技创新项目的布局和产业的顶层设计，全面推进以粮食加工为引擎的粮食产业科技创新能力，将粮食产业的发展纳入全省中长期发展规划纲要中。并集中力量突破粮食加工领域面临的重大关键问题、技术难题，推进粮食产业的持续健康发展。

通过制定粮食产业发展的专项规划，对粮食加工等相关粮食产业涉及领域进行全面系统的规划，构建粮食产业链条，确定重点发展的领域，科学合理地指导粮食加工产业区域布局，产业发展目标、方向和内容。引进和培育龙头企业，加快建立企业集群，延长产业链，提升价值链，深化产业发展的深度，配套好各种软件设施条件，创造良好的粮食加工产业发展环境，推动产业粮食深加工，实现强省之路。

（二）调整产业结构，粮食加工产品高精端化发展

引导粮食加工企业精深加工，开发特色产品，沿着产品多样化、健康化

方向发展，在产品开发结构上，倾向于精细化的加工产品开发导向，在产品功能上突出体现粮食产品健康、保健、营养的特色，既增加产品附加值，又能推动产业发展档次，从而推动粮食产业的转型升级发展。

（三）提升粮食加工科技创新能力

科技是产业发展的有效支撑，黑龙江省农业科技贡献率高出全国平均水平 9 个百分点，但对食品科技投入明显不足。政府应支持科研单位以本省优势资源的应用为目标，夯实食品工业发展基础。利用科技创新平台、人才培养、食品科技项目等，加大对高校、科研院所食品领域科技创新工作的投入。省级各相关部门通过设立科技创新基金、设立专项人才工作经费等支持高校、科研院所进行食品领域科技创新工作。优化人才成长环境，促进优秀科研人才脱颖而出。充分发挥黑龙江省产业基础和科技优势，要恢复黑龙江作为中国乳业的“思想库”“人才库”地位，形成与国际科技界对接的高地；通过建立食品科技专项，提升黑龙江粮食加工业的整体优势。

（四）引导产业聚集，建立大数据平台

引导加工企业自身发展、产品结构和品牌方向的定位，向原料产区聚集发展，打造特色小镇、专项食品园区，提高政府服务能力，引导企业聚集。实现原料就地加工，发展产业集群园区，并设立文化传承展示平台，集成全省科技力量在全区建立工程技术研发中心，为园区企业提供零距离技术服务和转移，提升产品品质，延伸产业链条，集团化发展，统一品牌，提高产业影响力，同时，要建立大数据平台，利用大数据对生产、加工及管理进行系统化跟踪。通过建立资源体系，突出黑龙江特色天然资源优势，做大产业，做强品牌。

（五）实施人才战略，助力粮食加工产业转型升级

鉴于粮食加工产业人才供给不足状况，着力营造和培育吸引人才环境，改善就业环境和秩序，为粮食加工产业的发展提供人才支撑。一是实施本地

人才的教育培训工程，提升本地人才质量。对农村剩余劳动力进行培训、教育，并通过职业学校、职业培训、技能考核鉴定等方式为企业培养基础人才，满足企业对一般人才的需求。二是引进高端人才。对引进人才在生活、工作方面给予一定优惠政策，争取既能引进人才，又能留住人才。三是注重培育优秀企业家，发挥企业家及企业家精神的作用，推动粮食加工产业转型升级发展。企业家具备企业经营管理能力和企业运行的决策能力，能够担负起粮食加工产业转型发展的重大责任；同时，具备企业家精神的企业家有很强的社会责任感，是粮食加工产业转型升级发展的核心与灵魂人物。因此，培育优秀企业家，是粮食加工产业转型升级发展的关键。

B.15

黑龙江省国有企业深化改革对策研究*

王大业**

摘　要： 本研究对现阶段黑龙江省国有企业改革取得重要阶段性成效进行梳理，分析出一些现阶段改革面临的主要问题，探讨如何克服经济下行压力增大的不利局面，持续推进国有经济提质增效发展，实现收入利润双赢。在推进混合所有制改革、加强国资监管、调整国有经济结构、驻省央企与地方经济融合发展等重要环节提出有针对性、可操作性的应用对策，让国有企业为黑龙江经济社会高质量发展提供支撑和保障。

关键词： 黑龙江省　国有企业　混合所有制

2019年，在黑龙江省委省政府的领导下，全省各级国有企业在改革发展的同时提高自身政治站位和思想觉悟，牢记时代赋予的神圣使命，把习近平总书记对黑龙江国有企业改革重要讲话作为企业的行动指南，企业改革发展的重要事项、重要决议始终按照中央、省委的精神来部署。

一　黑龙江省国有企业改革取得重要阶段性成效

黑龙江省国有企业改革发展已经进入关键期，由“保生存”向“谋发

---

* 本文是黑龙江省社会科学院2019年度院青年课题“提升黑龙江省国有企业发展质量和效益对策研究”（2019—Q11）阶段性成果。

** 王大业，黑龙江省社会科学院应用经济研究所助理研究员，研究方向为工业经济学。

展”阶段跨越，一些新的思路和举措得到运用和推广，改革红利和国有经济活力得到释放，国有经济进一步做大做强。2019 年黑龙江国有经济总体运行平稳，配套文件陆续出台，国企国资改革顶层设计得到进一步完善。

（一）突出混合所有制改革为本轮国企改革主线

黑龙江驻省央企、省属企业、市地企业按照“三因三宜三不”原则推进混合所有制改革，2019 年，在省属、市地国企方面已有 20 户地方国有企业完成混合所有制改革，其中哈尔滨市已完成哈药集团等企业混合所有制改革 17 户，省属国企在前 3 年完成 39 户二、三级企业混合所有制改革基础上，2019 年又完成中信龙桥材料有限公司等 5 户出资企业混合所有制改革。在产权交易市场改革方面，2018 年黑龙江省产权交易市场经过省政府批准，在黑龙江联合产权交易所基础上合并组建，这是黑龙江唯一综合性产权交易机构，对黑龙江省国有企业改革具有里程碑式的意义。通过省产权交易市场可以实现全省国有经济结构调整和产业结构升级，对国有资产进行最优化配置，从源头上杜绝和治理腐败。产权交易总量显著增加，2018 年完成 744 宗交易，同比增幅 26.75%；完成交易额 32.44 亿元，同比增幅 219.83%。2019 年黑龙江完成了对农投、旅投、交投、建投、产投、森工、金控 7 个省级产业投资集团的组建工作，涉及 4000 多亿元资产，新增金融机构授信超过 1 万亿元。在央地合作方面省产权交易集团与哈电集团、中国一重等驻省央企开展深度合作，黑龙江产权交易集团和中国一重于 2019 年 8 月签署战略合作协议，这是驻省央企和地方经济有机融合的重要举措，在国有资产交易、保险和大宗物质（服务）采购、投融资服务等重点领域展开合作。2016 年至今，中国一重在省产权交易集团交易平台挂牌出售闲置资产近 1 亿元，其中废钢 6000 万元，氧化渣、氧化铁皮 2750 万元，煤焦油 252 万元。

（二）完善国企改革政策体系

2018 年出台《关于全面深化和加快推进国有企业改革的意见》、2019 年出台《关于推进省直党政机关和事业单位所办企业脱钩及集中统一监管工作总体方案》《黑龙江省国有企业退休人员社会化管理工作方案》，相关政策文件的出台进一步完善了黑龙江省国企国资改革“1+N”政策体系框架，政府利用市场化、法治化方式从驻省央企、省属企业、市地企业三个层面分类指导推进改革。在设立改革台账方面，2019年黑龙江重点从省属企业、市地企业两个层面建立改革台账，省属企业改革台账确定15个方面478项改革任务，市地企业改革台账确定15个方面678项改革任务，改革台账的设立保障了全省国企国资改革的有序推进，对改革重要任务进行细化分类。在国资监管方面，2019年3月印发《黑龙江省国有企业违规经营投资责任追究暂行办法（修订）》，这是对黑龙江国有资产监督管理体制的进一步完善，国有资产保值增值有法可依，黑龙江国有企业改革在法律视角下继续深化。在加大授权放权力度方面，在前期简政放权16项基础上，2019年制定《省国资委授权放权清单（2019版）》和《黑龙江省人民政府关于国有资本投资、运营公司改革试点的实施方案》，有利于释放黑龙江国有经济发展活力，发挥好两类公司作为改革授权经营体制重要载体作用，有计划有步骤地赋予国有企业更多改革主动权。

（三）国企市场化选聘迈出重要进程

2019年，黑龙江扩大国有企业市场化选聘职业经理人试点范围，通过外省国资系统、本省国资系统、企业内部竞聘三种渠道选聘高级经营管理人员21名。加快总会计师试行委派制建设，首批5户产业投资集团企业总会计师已委派到职。进一步加强董事会建设，建立首批75人的省国资委兼职外部董事库，分三批选聘30名外部董事，其中专职董事7人、兼职董事23人，外部董事整体规模和占董事会比例都位居全国前列。力争到2020年，省属企业构建形成管理人员能上能下、员工能进能出、收入能增能减的市场化经营机制，基本建立较为完善的现代人力资源管理体系。

（四）国企改革红利逐步释放

黑龙江省各级国有企业克服经济下行的外部压力，坚持提质增效的改革基调，改革的各项举措得到深化落实，实现国有经济收入利润双增长。截至2019年3月末，全省国有企业3808户，资产总额29390亿元，所有者权益11518亿元，资产负债率60.81%。黑龙江国有企业营业收入增长速度加快，截至2018年底，全省国有企业实现营业收入9064亿元，实现利润260亿元，实现税费784亿元。在营业收入方面，2019年前三季度，全省地方国企累计实现营业收入832.27亿元，同比增长6.63%，比前两个季度提高0.75%，连续10个月实现稳定增长，省属企业实现营业收入503.6亿元，同比增长4.66%；在经济效益方面，2019年前三季度，全省地方国企累计实现利润总额12.84亿元，同比扭亏增盈20.31亿元，省属企业利润总额23.03亿元，同比增长13.58%；在实缴税费方面，税收支出减负效果显著，全省地方国企已交税费65.40亿元，同比下降5.92%，国家减税降费政策效果明显；在亏损国有企业治理方面，2019年前三季度不断加大治亏力度，全省亏损企业数量呈下降态势，全省地方国企各级亏损企业1073户，较上半年下降103户，减亏额增加7.63亿元；在重点国企改革方面，龙煤集团在改革脱困、债务重组、市场化债转股工作同步进行，2019年制定《龙煤集团改革脱困实施方案》，确定了2019~2020年改革工作的六项主要目标和15项重点工作任务，2019年前三季度，龙煤集团实现利润14.6亿元，同比增长0.17%。森工集团2151项行政职能全部移交，23个林业局已完成有限公司登记注册工作，115家事业单位已完成或基本完成改革任务，剥离办社会职能也正在稳步推进，2019年前三季度，森工集团实现利润1.68亿元，同比增长97.24%。

二　黑龙江省国有企业改革发展存在的问题

2019年黑龙江国企改革在关键环节和重要领域取得质的突破，改革的红利逐步得到释放，但对自然资源依赖程度较高、企业创新活力不足、“僵尸企业”处置缓慢仍然是当前黑龙江国企改革亟待解决的主要问题。

（一）自然资源依赖程度高，国有经济发展失衡

黑龙江国有企业对自然资源依赖程度较高，龙煤集团以煤炭工业为支柱，大庆油田以石油及石油化工产业为支柱，森工集团以林业经济为支柱等。从产业结构上看，黑龙江国有经济与数字化、网络化、智能化等新兴技术缺乏有机融合，大部分产品处于产业链、价值链的中下游，很难向产业链上游延伸，主业产品附加值相对较低。汽车工业、电子装配业、医药业、现代服务业等新兴行业有较快增长，由于黑龙江传统产业占据大部分的社会资源空间、人力资源和财政资源，导致新兴产业的发展空间和发展速度受到很大程度的限制。

（二）国企创新动力不足，创新体系不完善

部分垄断行业国企不进行创新就可以获取高利润、现代企业制度改革不完善、企业内部自主创新动力机制尚未完全形成是黑龙江国有企业创新能力不足的主要原因，一些企业在关键领域缺乏核心竞争力，企业创新投入强度和产出质量相对落后。很多国有企业或缺乏原始创新动力，或产品处于产业价值链的中低端，或核心技术受制于人，导致企业整体创新动力不够，科研人员的创新活力没能得到有效激发，工作积极性不高，创新动力不足。

（三）“僵尸企业”处置缓慢，改革运行效率低下

省属和市地“僵尸企业”是黑龙江国企改革的主要包袱，“僵尸企业”问题不能从根源上得到解决，国企改革的重点领域和关键环节就难以取得质的突破，有些历史欠账企业本身和地方政府无力承担。“僵尸企业”对政府和银行的帮扶具有长期依赖性，侵蚀有限的市场空间和资源禀赋，阻碍黑龙江国有经济高质高效发展，政府和银行被迫将宝贵的精力和资金投入到解决“僵尸企业”的债务和职工安置问题上。“僵尸企业”无法进行自主技术更新和产品创新，大幅度降低社会资源配置效率，可以说“僵尸企业”是黑龙江国企改革路上的“拦路虎”。

三　黑龙江省国有企业改革发展对策

（一）推进混合所有制改革，放大国有资本功能

继续坚持“三因三宜”原则，尊重市场经济规律，以市场化的工作思路来推进黑龙江的混改工作，不仅在混改企业数量上增加，还要注重改革实质性成果，在“混”的前提下进行更深层次的“改”。下一步的混改工作要围绕增强微观主体发展活力来开展，推进黑龙江国企企业经营机制的转换，在重要环节取得实质性的突破。一是重点指导推进6个产业投资集团二三级子公司混改，加大力度推动哈尔滨等13个地市的混改力度，在前期混改试点企业取得经验的基础上，推出一批范围更大、产业领域覆盖面更广的混改企业花名册，混改层次由二、三级公司向一级公司延伸，加强国企混合所有制改革的深度和力度。二是黑龙江国资监管部门要加大授权放权力度，充分认识到微观经济体主体活力对黑龙江国企改革发展的重要性，形成一套完整的国资监管部门履行监督职责、一级国企集团履行管资本职责、下属国企履行管资产职责的工作机制，企业在市场经营活动中握有更大的自由度和选择权。三是省属国企和地方国企要杜绝大锅饭，做细岗位职责分类，有针对性地进行绩效考核和薪资管理，激励机制要由过去的刚性管理转变为柔性管理。探索完善国有企业长期激励机制，股权激励和业绩考核紧密挂钩，扩大员工持股的推广面。激励问题得到充分有效的解决，混合所有制改革才能落实到位，黑龙江国有资本功能才能得到足够放大。四是作为黑龙江唯一的综合性交易机构，黑龙江产权交易市场要进一步发挥市场化服务功能，着力于企业并购和国企混合所有制改革，激发国企改革发展内生动力，赋予黑龙江国企改革新动能。通过兼并重组等方式整合省内同类产权交易机构资源，做大市场规模，提升产权交易市场竞争力和影响力。要加大对省产权交易市场的支持力度，协调相关部门以现金和实物资产等方式将省产权交易集团注册资本金实缴到位。在国有资产交易、企业采购、人才培养与交流等重要领域

要与广州交易所集团、北京产权交易所、上海联合产权交易所开展业务合作，向同行业学习先进经验。黑龙江省是旅游大省也是农业大省，省产权交易集团应该结合旅游强省、农业强省的发展战略为旅游和农业资源要素流转提供市场化服务。

（二）加快处置“僵尸企业”，盘活存量国有资本

对现阶段黑龙江“僵尸企业”处置中存在的问题进行分析归纳，制定省属和市地“僵尸企业”处置计划并纳入改革任务台账，加快对全省“僵尸企业”的重整组合和市场出清，按照“有可处置资产以盘活资产为主，没有可处置资产以市场出清为主”的工作思路，到2020年基本完成“僵尸企业”的处置工作。一是全省各级国资监管部门要指导所属“僵尸企业”开展处置工作，制定具体时间表、任务书、路线图、处置方案，“僵尸企业”退出过程中获得的各类财政补贴和资产处置收益要优先支付职工安置和破产清算费用。协调“僵尸企业”处置涉及的金融、发改委、财政、税务等省直部门，建立省地联动机制。二是每个“僵尸企业”形成的历史问题不同，要采取“分类处置、一企一策”的方式分类处置，对资不抵债、长期亏损扭亏无望，通过其他方式难以摆脱困境的国有企业，采取“破产清算、依法退出”的方式，依法进行破产清算，妥善安置企业职工；对于“三无”（无人员、无资产、无场地）但有债务的国有企业采取“解散清算、注销推出”的方式进行债务清算，对能提供财务账簿的企业办理销号清出。

（三）央地国企融合发展，激发改革发展新动能

地方国企要加强与驻省央企的多方位合作和项目对接，找准双方利益共同点，实现驻省国企发展与地方国企改革双赢的局面，树立双方共同繁荣、相互促进的发展理念。一是对于中国一重、哈电集团等驻省央企在改革中反映的问题，在梳理后要协调省直相关部门和各地市落实，在人力资源、基础设施建设等方面大力支持驻省央企改革。二是发挥驻省央企的主导作用，黑龙江地方国企通过战略重组、整合并购、交叉持股等专业化整合方式进行

"央企化"，"央企化"可以吸收驻省央企的技术、资本运作、资源配置、品牌、政策、资金等方面优势，借助驻省央企的力量升级"老字号"、开发"原字号"、培育"新字号"，为黑龙江地方国企发展注入新动能。三是改变以往地方国企在与驻省央企合作中放地自身价值的盲目做法，不过度依赖驻省央企，与央企合作不是"输血保命"，要根据自身主营业务领域来制定合作框架，逐步调整地方国企与驻省央企的对接点，积极寻找双方深度融合的最佳切入点，通过大项目来融合双方、整合双方的资源优势。

（四）完善科技创新体系，全面实施"科技强企"战略

黑龙江省国有企业应该本着"科技强企"的工作理念，把企业发展引擎由"投资"转变为"创新"，实施科技创新发展战略是每户国有企业实现改革发展目标的根本路径，依靠创新驱动企业做实做强做大，形成主业突出、多点支撑的发展态势。一是设立黑龙江地方国企创新创业投资基金，完善企业创新体系，提高科技成果转化率，加大对科技创新资金投入力度，改善科研投入结构。二是积极对接国家创新战略布局，参与人工智能、航空发动机与燃气轮机、煤炭清洁高效利用、天地一体化信息网络等新兴领域研究，主动跟踪国家关键核心技术动态清单和任务布局，争取国家科技创新重大专项和重点研发项目，参与国家重点核心技术攻关。三是加强区域协同创新发展，地方国企主动构建与驻省央企、高校、科研院所的科技成果转化平台，攻克行业关键领域核心技术。以中国一重为标杆，通过技术难题破解、科研成果转化应用、人才队伍建设强大，使企业的科技创新能力得到"质"的飞跃。在人才培养方面应该根据企业自身需求制定人才发展战略，开展人才培养储备工程，定期选派优秀人才"走出去"。合理设置管理岗位和科研岗位，同时要完善企业奖励激励机制，"固巢引凤""筑巢引凤"，让优秀人才真正扎根黑龙江。

（五）加强国资监管，推动国企高质高效发展

不断提高国资监管部门监管能效，继续以管资本为主加强国有资产监管，优化现有监管方式，强化责任监督。一是提高国资监管部门的服务意识

和工作效率，为黑龙江省国有企业改革发展营造良好的“软环境”，黑龙江各级国资监管部门要完善违规经营投资责任追究制度，对存在的问题决不手软，保持高压打击态势，处置增量，消化存量，防止国有资产流失。二是对于国有企业生产经营重要举措要进行事前、事中、事后动态监督，强化出资人监督、纪检监督、审计监督、巡查巡视监督的立体式监督机制，提高国资监管部门的综合监督效能。三是针对驻省央企、省属企业、市地企业监管和考核的重点也有所侧重，确定标准化、差异化、合理化的监管考核体系，完善省、市、县三级国资监管体制框架，加强国资监管部门与地方政府的沟通。四是国资监管部门在改革过程中要及时发现、应对、解决出现的新问题，针对可能出现问题的环节进行重点防范，建立健全防范化解重大风险防控机制，对于改革衍生的生产安全事故、环境污染、生产经营不善、违规违纪等风险进行预判和防范，将黑龙江国有企业改革风险化解到最低。

参考文献

国务院发展研究中心推进经济体制重点领域改革研究课题组：《改革攻坚——推进经济体制重点领域改革研究》，中国发展出版社，2013。

厉以宁、吴敬琏、周其仁：《新常态下的变革与决策》，中信出版社，2015。

陈清泰：《国企改革转入国资改革》，《财经》2012 年第 13 期。

陈清泰：《混合所有制改革突围的关节点》，《经济研究参考》2015 年第 24 期。

李伟、刘鹤、刘世锦：《新一轮深化改革研究》，《内部研究报告》，2013。

经济合作与发展组织：《OECD 国有企业公司治理指引》，李兆熙译，中国财政经济出版社，2005。

陈小洪主编《企业改革和发展研究：国务院发展研究中心研究所研究报告》，中国财政经济出版社，2007。

张宇、张晨：《“国有企业垄断论”的谬误》，《政治经济学评论》2010 年第 1 期。

专题研究篇

Reports on Special Subjects

B.16
黑龙江省装备制造业发展对策研究*

孙浩进　钱　成**

摘　要： 习近平总书记在黑龙江省考察装备制造业时指出，“装备制造业是国之重器，是实体经济的重要组成部分，要把握优势，乘势而为，做强做优做大”。黑龙江省是国家重要的装备工业基地，历史悠久，基础深厚，具备较为完善的工业体系。近年来，黑龙江省装备制造业总体保持良好的发展态势。黑龙江省装备制造业具备较好的产业优势、研发优势、品牌优势、人才优势。但黑龙江省装备制造业也存在亟待解决的问题，

* 本文为黑龙江省新型智库研究项目“黑龙江省加快资源型城市转型发展研究”（项目号：18ZK061）、黑龙江省哲学社会科学研究规划项目“黑龙江省资源型城市承接产业转移加快转型发展研究”（项目号：19JLB016）、黑龙江省哲学社会科学研究规划项目“新时代龙江高端装备制造业自主创新对策研究”（项目号：18JYE681）的阶段性研究成果。

** 孙浩进，黑龙江省社会科学院马克思主义研究所研究员，研究方向为发展经济学、区域发展战略与政策；钱成，硕士研究生，研究方向为政治经济学。

主要有：从市场需求方面看，重大装备发展受限；从行业规模方面看，传统行业突破难，新兴行业刚起步；从企业规模方面看，大小发展不均衡；从发展环境方面看，企业和人才外流较严重。促进黑龙江省装备制造业发展的对策在于：把握市场需要，抓精准有效；围绕新兴装备，抓成果转化；围绕优势装备，抓对外合作；围绕重点装备，抓服务保障；加强人才培养和引进，抓创新源泉；深化国有企业改革，助推民营企业壮大。

关键词： 黑龙江省　装备制造业　新兴产业

一　黑龙江省装备制造业发展现状

黑龙江省是国家重要的装备工业基地，历史悠久，基础深厚，具备较为完善的工业体系。20 世纪 50 年代苏联援建我国的 156 个项目中，有 12 个装备制造企业布局在黑龙江省；抗美援朝“南厂北迁”时期，有 16 个装备制造企业迁至黑龙江省，构成了黑龙江省装备制造业的基本框架。经过多年发展，黑龙江省形成了以电力装备、航空装备、轨道交通装备、重型数控机床、石油装备、海工装备、机器人及智能制造等产品为主的高端装备制造产业。近年来，黑龙江省装备制造业固定资产投资总体上呈上升的趋势（见图 1）。2018 年，全省装备制造业规上企业行业增加值增速 9.8%。医药制造业、金属制品业、专用设备制造业和汽车制造业增加值分别增长 10.4%、11.2%、13.8% 和 23.8%（见图 2），由此可以看到汽车制造业增速较快。同时高技术制造业也快速增长，高技术投资持续上升。2018 年，全省高技术制造业工业增加值比上年增长 11.2%，高于全省平均水平 8.2 个百分点。其中，医药制造业增加值增长 10.4%，电子及通信设备制造业增长 39.2%，计算机及办公设备制造业增长 28.6%。从产品产量看，分析仪器及装置

（增长17.3倍）、新能源汽车（增长13.7倍）、数控金属成形机床（增长75.0%）、夹层玻璃（增长70.4%）、工业机器人（增长44.0%）和石墨及碳素制品（增长16.3%）等产品产量继续保持较高增长势头。2018年，全省高技术制造业投资比上年增长27.8%，增幅同比提高19.8个百分点，其中电子及通信设备制造业增长1.2倍。

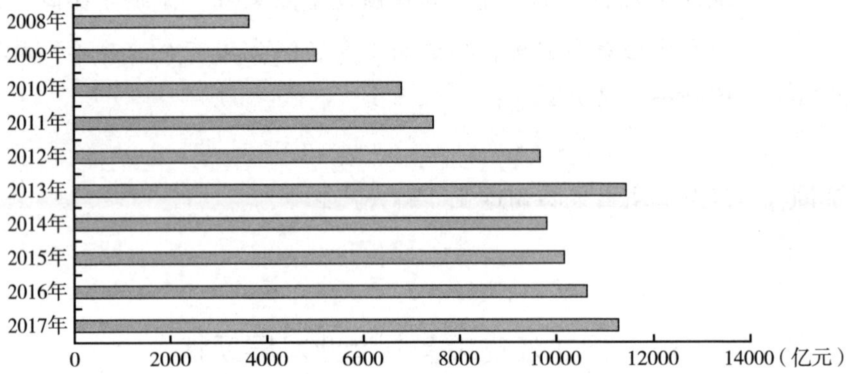

图1　2008～2017年黑龙江省装备制造业全社会固定资产投资情况

资料来源：黑龙江省统计局。

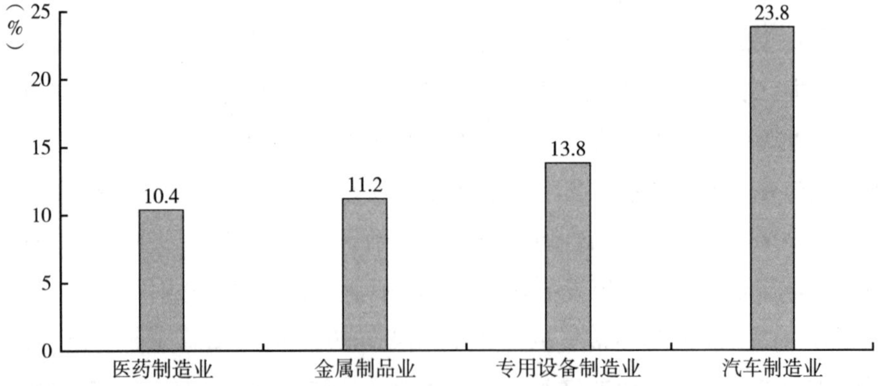

图2　2018年黑龙江省装备制造业主要行业增加值增速

资料来源：黑龙江省统计局。

2019年1~8月，黑龙江省装备制造业规上企业行业增加值增速为8.2%。从行业看，装备工业增长11.0%，可以看出装备制造业是黑龙江省工业的主要支撑。高技术制造业增加值比上年同期增长12.3%，高于全省规上工业增加值增速9.6个百分点，占规上工业的比重同比提高0.5个百分点。石墨产业发展较快，石墨及碳素制品制造业产值比上年同期增长19.6%，增幅同比提高1.5个百分点。石墨及碳素制品产量28.5万吨，比上年同期增长29.3%。新产品中，新能源汽车增长1.2倍，集成电路（芯片）增长6.3%。

（一）重点行业龙头企业及主要产品

1. 电力装备

以哈电集团为龙头，主要产品有水电、火电、核电、气电、电站成套设备、航船动力装置和电气驱动装置等。大型铸锻件以中国一重为龙头，主要产品有核电反应堆压力容器、大型热壁加氢反应器、煤液化反应器等重型容器。

2. 航空装备

整机以哈飞集团为龙头，主要产品有直升机、运12系列通用飞机。配套以中国航发东安为龙头，主要产品有航空发动机、直升机传动系统。

3. 轨道交通装备

黑龙江省拥有哈尔滨、齐齐哈尔两大轨道交通装备制造基地，以中车齐车为龙头，主要产品有铁路货车、机车车辆配件、起重工程机械、站场装备、特种集装箱等。掌握了轨道结构、牵引传动与制动、空气动力学分析、运行控制、关键材料及部件等核心技术。

4. 重型数控机床

以齐重数控、齐二机床为龙头，主要产品有立卧式重型机床、重型金属切削机床、重型数控落地铣镗床、高速精密自动锻压机等。在高端量仪、量具、轴承、高性能功能部件行业，哈尔滨第一工具制造有限公司、哈尔滨量具刃具集团有限责任公司、哈尔滨轴承集团公司等企业具有显著优势。

5. 石油装备

以大庆力神泵业、惠博普、牡丹江天合石油等企业为龙头，主要产品有钻井完井固井装备、采油采气装备、油气集输装备、石油化工装备等。

6. 海洋工程装备

以哈船动力、哈船导航、哈船特装等公司为龙头，主要产品有无人智能潜器、动力定位系统、船舶导航、海浪监测、水声信息装备等。

7. 机器人

以哈工大机器人集团、哈博实公司为龙头，主要产品有工业机器人、服务机器人、特种机器人、无人机、关键零部件等。其中磁控微纳机器人研究也取得重大进展，其研究成果“磁场驱动自由泳式纳米马达”和“自主导航微纳机器人”可以模拟人类自由泳的方式在流体中游动，还能识别癌细胞和正常红细胞等，未来在医药行业具有广阔应用前景。

8. 农机装备

黑龙江省是农业大省，在现代化农业方面一直走在前列，农机装备制造业现已形成较为完善的技术研发体系，黑龙江省农业机械工程科学研究院规模大、研发能力强，打造了一批优秀的农机装备企业，如北大荒农机、哈尔滨东金、佳木斯佳联、佳木斯约翰·迪尔等。在收割机、整地机、精密播种机、插秧成套设备、种子加工处理设备、收获成套设备等方面，具有一定的优势和特色。

9. 汽车制造

整车以长安福特哈尔滨分公司、大庆沃尔沃为龙头，主要产品有全新福克斯、沃尔沃 S90 系列。配套以东安动力、东安三菱为龙头，主要产品有汽车发动机、变速箱。黑龙江省掌握了多种车型如高级轿车、客车、货车、多功能特种车等高端研发技术，齐齐哈尔龙华新能源汽车在新能源汽车研发方面也有一定的进展。

（二）重点行业市场规模

1. 电力装备领域市场规模

黑龙江省水电国内市场占有率达 50% 左右，火电市场占有率达 30% 左右，核电市场占有率达 23% 左右，其中核电反应堆压力容器达 70%，核电大锻件超过 65%，锻造泵壳超过 90%，能够提供核岛全部铸件，核电大型铸锻件覆盖全国所有在建核电站。

2. 航空装备领域市场规模

直 9 系列直升机是我国目前发展最好、交付最多、用户最广，且唯一实现整机出口的直升机。哈飞又在直 9 的基础上研发出了直 19 武装直升机，是目前我国列装的专用武装直升机主力型号之一，哈飞空客是国内最大的航空复合材料产品生产基地。

3. 轨道交通装备领域市场规模

黑龙江省是国家重要的铁路货车生产基地，重载铁路货车产品产量保持世界前三名、亚洲第一名，铁路货车国内市场占有率在 20% 以上。

4. 重型数控机床领域市场规模

黑龙江省铣镗金属切削类机床和多工位压力机金属成型类机床，国内综合市场占有率达到 50%，重型立、卧式车床为中国第一品牌。

二　黑龙江省装备制造业的发展优势

（一）具备较好的产业优势

黑龙江省装备制造业拥有一批行业领军企业，如哈电集团、哈飞集团、中国一重集团有限公司、九三粮油工业集团有限公司、中国石油天然气股份有限公司哈尔滨石化分公司、中国石油天然气股份有限公司大庆石化分公司、中国石油天然气股份有限公司大庆炼化分公司、大庆沃尔沃汽车制造有限公司、中车齐车集团有限公司、黑龙江建龙钢铁有限公司等，在业内具有较高知名度，这些企业都进入了2019年黑龙江制造业企业100强名单里。黑龙江省装备制造业拥有比较完善的产业协同创新体系，涵盖研发、制造、服务等各个环节，具备较强的系统集成解决能力。黑龙江省装备制造业某些领域打破了国外技术垄断，填补了国内空白。

（二）具备较好的研发优势

黑龙江省拥有机器人技术与系统、高效清洁燃煤试验平台等一批国家重点实验室和院士工作站、博士后工作站，有水力发电设备、防爆电机、重载快捷铁路货车等多个国家级工程技术研究中心。近年来，黑龙江省装备制造业有多个项目在国家评比中名列前茅，其中“高性能碳纤维复合材料构件高质高效加工技术与装备”获国家技术发明一等奖，“煤制油品/烯烃大型现代煤化工成套技术开发与应用”获国家科学进步一等奖。2014年黑龙江省机器人产业创新战略联盟正式成立，这一联盟是由政府主导，行业龙头企业以及大中型骨干企业作为核心，高等学校、科研院所、中介组织积极参与其中，以共性技术和重要标准等为纽带，建立在具有法律效力的契约基础上，通过资源共享和各种技术创新要素的优化组合，共同攻克关系黑龙江省产业长远发展的战略的关键共性技术，形成利益共同体。这一联盟的成立大大促进了本省机器人产业的发展，对于黑龙江省装备制造业向高端化、数字化、智能化方向转型升级也具有重大意义。

（三）具备较好的品牌优势

黑龙江省多个装备制造企业和产品在国内外享有较高声誉，是黑龙江省具有代表性的亮丽名片。中国一重被新中国第一任总理周恩来誉为“国宝”和“共和国长子”；哈尔滨量具刃具集团有限责任公司被称为“共和国工具制造业的骄子”；哈尔滨空调股份有限公司被誉为“中国空气冷却器制造业摇篮”；“齐一”牌数控机床被誉为“共和国的当家装备”；中车齐车被誉为中国铁路工业的“掌上明珠”。这些品牌的知名度、美誉度以及品牌内涵与对共和国建设做出的突出贡献相结合，是很有分量的黑龙江省装备制造业“金字招牌”，受到了市场的广泛认可，可以很好地打开国际国内两个市场。

（四）具备较好的人才优势

黑龙江省拥有41位两院院士、81所高校，仅哈尔滨工业大学、哈尔滨工程大学与装备直接相关的国家重点一级学科就达8个，每年为国家输送毕业生近万人。哈尔滨工业大学是工信部直属、中央直管副部级建制，“985”、“211”、“双一流”建设高校之一，是中国顶尖工科大学；哈尔滨工程大学的前身是著名的哈军工（即中国人民解放军军事工程学院），曾是“国防七子”成员之一，在船舶建造和核科学上有着巨大优势，不仅以国内第一艘水翼艇、第一艘实验潜艇、第一台舰载计算机等数十项填补国内空白的重大科研成果著称，而且还攻克了许多装备制造业的技术难关。中船重工第七零三研究所（以下简称“703所”）、中国电子科技集团公司第四十九研究所（以下简称“第49所”）、哈尔滨焊接研究所（以下简称“哈焊所”）等科研院所也聚集了一批科技研发人才。703所是从事舰船蒸汽、燃气动力装置的专业研究所，所研发和生产的余热锅炉和大型高温烟气三通挡板门采用军工技术，拥有自主知识产权，与市场同类产品相比在技术上有独到之处，多年来在市场竞争中有明显技术优势，是703所的核心竞争力；第49所从1995年开始进行载人航天工程配套传感器产品的论证和研制工作，配套产品先后参加了神舟系列及天宫系列的飞行任务，均取得了圆满成功，可以说为飞船装上了“神经系统”；自改革开放以来，哈焊所承担了大量国家重大科技攻关项目和促进焊接技术进步的行业服务任务，同时也承担了焊接高新技术产业化工程建设的任务，在相关领域取得了突出成就。从这些科研院所取得的科研成果来看，可以看出是实力强劲、人才济济，这些都为黑龙江省装备制造业的进一步发展奠定了坚实的基础。黑龙江省是国家重要的老工业基地，熟练产业工人数量充足，专业技术强，技术人员实力雄厚，经验丰富，哈电集团、哈飞集团、中国一重、中车齐车等大国企多年来培养了大批产业技术工人，为黑龙江省装备制造业提供了充足的人力资源。

三　黑龙江省装备制造业发展存在的问题

（一）从市场需求方面看，重大装备发展受限

黑龙江省装备制造业中，重点装备企业大多属国家的老产业布局，目前仍承担着服务国家重点工程、保障国家产业安全的使命和责任。生产的装备产品主要以重型设备为主，多为国家战略性装备，主要用于国家重点项目，市场容量固定，属于“没有不行、多了没处用”的产品，市场遭遇天花板，很难形成大的产业规模。

（二）从行业规模方面看，传统行业突破难，新兴行业刚起步

黑龙江省装备制造业中，电力装备、航空装备、轨道交通装备、重型数控机床等传统行业受市场整体需求影响，年均增长难以有大的突破，省内给整机配套的中小企业也难以有大的发展。黑龙江省装备制造业中的海工装备、智能制造及机器人等新兴行业发展刚起步，扶持支持不足，短期内难以形成大的规模。

（三）从企业规模方面看，大小发展不均衡

黑龙江省装备制造业的大中型企业中多为国有企业，民营以及中小企业较少，组织结构不尽合理，国企较多，民企较少，不利于整个装备制造业行业活力的迸发和竞争发展。大企业“大”且“单一”，“大企业代表整个行业”的现象比较突出。黑龙江省装备制造业中，哈电集团、哈飞集团、中国一重、中车齐车、大庆沃尔沃5户企业年产值之和，在全省装备行业占比在50%～60%，仅大庆沃尔沃一户就占25%左右。这5户企业的生产经营直接影响整个行业，造成了黑龙江省装备制造业行业发展对个别企业过度依赖的不利局面。

（四）从发展环境方面看，企业和人才外流较严重

黑龙江省地处最沿边地区，运输成本和供暖成本两大项负担较重，导致产品综合成本费用偏高，企业缺乏竞争力，加之受发达地区政策吸引，部分优良企业向省外转移，企业也感到留住人才难，吸引人才更难。目前黑龙江省装备制造业人才流失有“三高”，即“高新技术岗位、高学历、高职称”人员居多。黑龙江省装备制造业中很多具有高级专业技术职称和专业技术职务的人才都在省外就业，其中还有很多机关行政管理和高级经济管理方面的领导干部。有相当一部分人是拥有较多科研成果和掌握高新技术的领军人物，并且在原单位承担重要课题、攻关高难技术，他们的流失大大影响了原单位的科研工作进程，导致黑龙江省装备制造业人才结构也出现了断层。

四　黑龙江省装备制造业发展对策及建议

2018 年 9 月 26 日，习近平总书记到中车齐车集团有限公司考察，走进铁路货车试验研究中心，观看了正在进行的铁路货车疲劳与振动试验。习近平总书记指出，“装备制造业是国之重器，是实体经济的重要组成部分，要把握优势，乘势而为，做强做优做大”。因此，针对发展存在的问题，黑龙江省装备制造业应必须深入贯彻新发展理念，实现创新驱动发展，促进新旧动能转换，推动经济高质量发展。

（一）把握市场需要，抓精准有效

黑龙江省应以航空装备、电力装备、轨道交通装备、重型数控机床等传统产业为依托，瞄准市场需求，适应客户需要，加强技术改造，以转型升级带动传统装备发展。同时运用好“互联网 +”的模式，在产品生产、销售、服务等环节，借助大数据进行整合信息、分析信息，最后达到科学有效决策，使传统产业巩固优势，并加快转型。

（二）围绕新兴装备，抓成果转化

黑龙江省装备制造业发展应整合现有资源，调整布局，统筹规划，以海工装备、焊接、智能制造及机器人等新兴产业为依托，发挥哈尔滨工业大学、哈尔滨工程大学等高校以及科研院所的科研优势，增加科研经费投入，推进科技成果省内转化，同时进行技术引进，深化科技创新要素集聚，谋划成立新公司，打造新的经济增长点。

（三）围绕优势装备，抓对外合作

黑龙江省是传统装备制造业强省，要充分发挥老工业基地的原有优势，并且以直升机、通用飞机、核电装备、燃气轮机、铁路货车等优势装备产品为依托，打造自己的核心竞争力。同时，作为边疆省份，也要利用地缘优势，加强同俄罗斯远东地区的合作，以“一带一路”、对俄工业与技术合作、龙广合作为契机，推动黑龙江省优势装备产品“走出去”。另外要大力开拓潜在市场，不仅要“走出去”，还要“走得远”，将目标聚焦在东盟各国、金砖国家、土耳其、伊朗、阿联酋、沙特阿拉伯、墨西哥以及拉丁美洲诸国等市场，开发符合发展中国家市场需求的产品，寻找更适合这些国家国情的经济贸易合作方式，为下一步进军欧美发达国家市场做好准备。

（四）围绕重点装备，抓服务保障

黑龙江省应以关联程度高、科研实力强、产品订单好的重点装备企业为依托，建立重点企业联系制度，省市联动，引导帮助企业争取各类政策支持，做好协调、服务和重点保障工作。进一步转变政府工作职能，深化“放管服”改革，要刀刃向内，自我革命，利用好产业界的基础条件和高校的技术优势、科研院所的转化能力，进一步完善技术引进、改造、创新以及设备等方面政策。大力发挥行业学会、产业联盟、促进中心的作用，优先支持产学研合作项目实施，推动产学研深度融合。只有政府为装备制造业企业服务好，才能使装备制造业发展甩掉包袱。

（五）加强人才培养和引进，抓创新源泉

目前黑龙江省乃至整个东北地区都存在人才大量流失的问题，虽然黑龙江省有众多的高校以及科研院所，培养了大批优秀人才，有一定的人才优势，可是还要解决的是把人才留住的问题，“聚天下英才而用之”。黑龙江省要加强综合性高素质科研人才队伍建设，注重培养实践能力和创新能力，依托高校和科研院所这一人才培养平台，加强企业和高校、科研院所以及学生之间的双向互动，加深相互的了解，学生通过实践活动拓宽了眼界，提高了实践能力，同时也为以后的学习指明了方向，企业在这一过程中也可以找到适合自己的人才，为人才的培育和引进提供了渠道和机遇。此外可以通过股权、期权等激励措施吸引海内外顶尖人才，提高创新水平和整体科研实力，为装备制造业发展提供源源不断的人才保障。与此同时，要切实提高一线工人待遇，激发一线工人研发热情，定期组织考察培训，提高技术水平，培养工匠精神，贴近发展实际，推动创新成果转化。除此之外，黑龙江省也应与辽宁省和吉林省加强联动，相互合作，互通有无，建立装备制造业的区域化产学研联盟，提高东北地区装备制造业的整体科研创新能力和合作层次。

（六）深化国有企业改革，助推民营企业壮大

黑龙江省作为进入计划经济体制较早、退出计划经济体制较晚的省份，市场化程度不高，也是由于老工业基地的路径锁定，涉及国民经济命脉，关系国计民生的行业较多，这些行业必须由国家垄断控制，因此就造成了黑龙江省国有及国有控股企业比重较大，装备制造业更是如此。这样就难以形成有效的市场竞争秩序，不利于装备制造业发展活力的释放。在这种情况下，一方面要切实深化国有企业改革，破除体制机制障碍；另一方面要大力支持民营装备制造业企业的发展。遵循市场经济原则，增强市场活力，推动民营装备制造业企业突破瓶颈，快速发展。具体而言，装备制造业领域的国有企业改革应从国有企业资产改革、完善企业管理制度、加强国有资产监管力度

等方面多管齐下，激发国企活力，发挥国企优势。另外要建立健全市场机制，打破行业垄断、地方保护，促进企业依靠自主创新与科学化经营管理获得市场竞争优势，同时为民营装备制造业企业提供财政、税收优惠政策，支持其实现良好成长、发展壮大。

B.17 黑龙江省城镇化基础设施建设投融资问题研究

郑文鹏*

摘　要：　城镇化是现代化的必由之路，也是乡村振兴和区域协调发展的有力支撑。城镇化基础设施建设资金需求量大、期限长、社会效应强于商业效应。近年来，黑龙江省高度重视城镇化基础设施建设投融资领域改革，但也存在着市场化程度不足、融资渠道狭窄、运营效率低下等问题。需要进一步创新投融资机制，充分发挥财政资金的引导作用，促进财政资金、银行信贷、社会资金的有效融合，多渠道保障城镇化资金需求。

关键词：　黑龙江省　城镇化　基础设施建设　投融资

2015年2月，习近平在中央财经领导小组第九次会议上强调，城乡公共基础设施投资潜力巨大，要加快改革和创新投融资体制机制。2016年2月，习近平对深入推进新型城镇化建设作出重要指示，强调城镇化是现代化的必由之路，要坚持以五大发展理念为引领，鼓励各地因地制宜、突出特色、大胆创新，积极引导社会资本参与，促进中国特色新型城镇化持续健康发展。

---

* 郑文鹏，黑龙江省社会科学院边疆发展研究所副所长，高级经济师，研究方向为宏观经济、金融。

一 黑龙江省城镇化基础设施建设投融资现状

近年来，黑龙江省各级党委、政府高度重视包括城镇水利、交通、能源、环保、文化卫生等在内的城镇化基础设施建设工作，投入力度不断加大，条件明显改善，大中城市辐射带动作用增强，小城镇建设步伐加快，城镇化水平稳步提升。

同时，黑龙江不断深化城镇化基础设施建设投融资领域改革，优化投融资主体、手段及方式。根据《中国城乡建设统计年鉴》数据，黑龙江近年来包括城市市政公用设施建设投资、县城市政公用设施建设投资和建制镇建设投资在内的城镇化建设年投资总额，2006 年为 148.5 亿元，2012 年达到峰值 476.8 亿元，从 2015 年后一直维持在 200 亿元以上，支持城镇化的推进。一是深化投融资领域改革。2019 年 1 月 20 日，黑龙江省级七大产业投资集团公司揭牌成立，包括交通投资集团、建设投资集团、旅游投资集团、新产业投资集团、金控集团、农投集团、龙江森工集团，旨在通过资产证券化和资源资本化，更好地抓住国家加大基础设施投资补短板的政策窗口期，实施精准投资、有效投资。二是不断拓展投资来源。黑龙江成立了省级 PPP 联席会议制度并设联席会议办公室，建立了全省统一 PPP 项目库，哈尔滨成为全国 PPP 试点城市。根据《全国 PPP 综合信息平台项目管理库 2018 年报》显示，截至 2018 年末，黑龙江在全国政府和社会资本合作（PPP）综合信息平台管理库项目共 92 个，投资额 1216 亿元；累计落地项目 51 个，投资额 988 亿元。黑龙江省近年来高度重视地方政府债券发行工作，成为城镇化基础设施建设的重要投资来源，2018 年发行 1238 亿元，2019 年发行 905 亿元。

二 黑龙江省城镇化基础设施建设投融资领域存在的问题

尽管黑龙江省各级党委、政府为推进城镇化建设做了大量卓有成效的工作，但黑龙江城镇化基础设施建设的资金瓶颈问题并未从根本上得到解决。

（一）多元化的投融资渠道尚未形成

随着黑龙江省城镇化的发展，对基础设施建设投资也提出了更高的要求。黑龙江省近年来城镇化建设投资中，预算内资金和自筹资金占比高达80%以上，缺乏多样化的融资渠道。

1. 财政投入举步维艰

作为老工业基地和国家重要的商品粮基地，黑龙江承担着共和国国防安全、粮食安全、生态安全、能源安全、产业安全的重要使命。从全省财政收支结构看，2019年黑龙江省一般公共预算收入安排为1314.6亿元，一般公共预算支出预算安排4097.1亿元，国家转移支付占比很高，财力匮乏；大部分市级及县、镇地方政府的融资能力有限，土地出让金收入不断减少，以土地换公共基础设施难度很大。财政对城镇化基础设施建设的支持不足，已经成为黑龙江省城镇化发展的重要障碍之一。

2. 投资主体单一

由于黑龙江省经济发展相对落后，投资环境尚在发育，发达地区已普遍采用的现代化融资方式还处于萌芽阶段，投融资渠道单一、狭窄，尚未形成多元化的投融资局面，难以提升社会资金对城镇建设的支持力度，致使黑龙江省城镇基础设施建设资金的投入远远不能满足巨大的资金需求。

3. 银行贷款增长缓慢

近年来，国内贷款占黑龙江投资资金来源的比例一直徘徊在10%以下，对城镇化建设支持力度不足。由于城镇化建设项目周期长、额度大，且多为公益性，很多项目不产生收益，难以保障还款来源，各类银行类金融机构很难对城镇化建设项目信贷投入产生积极性。此外，由于银行的信贷规模受控，加之黑龙江经济增速放缓，银行信贷资金对城镇化建设的投放更加紧张。

（二）受政策变化影响大

黑龙江城镇化建设项目投融资是以地方政府融资平台和企业为投资和负债主体，以财政收入和项目收益等作为偿债来源的运营模式，但是随着政策环境不断规范和收紧，传统模式面临挑战。

1. 地方政府融资平台遇规范整顿

黑龙江省地方政府融资平台数量增长较快，在 2014 年全省地方政府融资平台数量曾超过 150 家，此后规模不断缩小。2015 年 6 月，因国务院强调地方政府必须在年底前对平台债务进行清查和规范相关公司经营管理，使得黑龙江省地方政府融资平台资金额度不断下降。地方政府融资平台作为融资主体，为地方筹集资金加强基础设施建设发挥了重要作用。但是，近年来规范和清理整顿的政策法规纷纷出台，随着对融资平台整顿的不断深入，持续通过融资平台进行城镇化建设融资的路径不断变窄。

2. PPP 入库项目被集中清理

投资 48.8 亿元、于 2015 年 8 月成功落地的黑龙江省抚远市黑瞎子岛配套功能区东极小镇 PPP 项目，由抚远市与江苏高达创业投资有限公司等社会资本采取 PPP 模式合作建设，为拓宽黑龙江城镇化建设投融资渠道开创了先河，但在 PPP 清理整顿的背景下，因运作不规范而被要求整改。自 2017 年底开始，在中央反复表态严防地方债无序增长的背景下，PPP 清理整顿风暴愈演愈烈，全国开展了 PPP 项目集中清理工作，各地共有约 5 万亿元的项目因各种问题需要整改甚至直接被“退库”。

3. 地方政府债券发行规模受限

黑龙江近年来通过发行地方政府债券，每年融资达到 1000 亿元左右的规模。但是，为了控制地方政府债务风险，从 2015 年起，我国对地方政府实行债务限额管理，设置举债“天花板”，并对各省市分配额度。2018 年全国人大设定当年全国地方政府债务限额为 209974.30 亿元，2019 年全国地方政府债务限额为 240774.3 亿元；其中，2018 年黑龙江省地方债限额为 4293 亿元，2019 年地方债限额为 4973 亿元。截至 2018 年底，黑龙江省政府债务余额为4116.5亿元，其中一般债务3187.6亿元，占77.4%；专项债务928.9亿元，占22.6%。由于政策限制，黑龙江通过发行地方政府债券进一步提升融资规模很难实现。

（三）项目运营效率偏低

黑龙江省部分城镇化基础设施项目的建设和运营存在产权不清、责任不明、运行效率低下等问题。同时，由于多数项目的建设、运行、管理分属于不同的管理部门，没有形成有效的协调机制，导致个别项目出现亏损。此外，由于缺乏社会公众的有效监督，往往出现项目成本失控、质量不达标、工期延期等现象，影响了社会公众对基础设施建设投资的信心，从而不利于多元投融资主体的形成。近年来，虽然黑龙江省开始探索投融资模式多元化，通过多种方式筹集资金，包括吸收民间资本和利用外资，但是在实际的运作过程中存在滞后性和招商引资的局限性，使得城镇化建设并未形成有效的资金运作管理模式，部分资金没有得到合理利用，降低了资金投资和运作效率。

三　对策建议

中央城镇化工作会议提出，“建立多元可持续的资金保障机制。要完善地方税体系，逐步建立地方主体税种，建立财政转移支付同农业转移人口市民化挂钩机制。建立健全地方债券发行管理制度。推进政策性金融机构改革。鼓励社会资本参与城市公用设施投资运营”，为黑龙江省城镇化基础设施建设资金保障指明了方向。

（一）建立多元化投融资渠道

1. 组建城镇化建设基金

设立由黑龙江省政府发起的城镇化建设基金，政府出资作为引导资金，吸引各类投资机构出资组建，重点投资收益类城镇基础设施建设项目，以建成以后的现金流作为基金收益。初始基金规模50亿~100亿元，遵循发展规律，遵守市场规则，市场化运作、专业化管理，建立健全高效、可控的运行机制，根植于龙江大地，确保资本保值增值。

2. 继续大力推进PPP模式

遵照国家对防范化解地方政府隐性债务风险的决策部署，下一步，黑龙江应继续深入探索社会资本参与城镇化建设的有效途径，合规、公开、透明地安排PPP项目，明确各方利益权属情况，调动民营资本参与项目的积极性，将公开招标作为遴选社会资本的主要方式，消除壁垒，一视同仁，发挥政府与社会资本双方的优势和作用。

3. 发挥政策性金融作用

加大黑龙江省与国开行、农发行的合作力度，争取国家支持在黑龙江实施新型城镇化建设政策性融资试点，实现政策性金融支持城镇基础设施建设的突破。此外，黑龙江应跟踪最新政策变化，抢前抓早争取主动，如按照《国家新型城镇化规划》提到的“研究建立城市基础设施、住宅政策性金融机构，为城市基础设施和保障性安居工程建设提供规范透明、成本合理、期限匹配的融资服务”，积极跟进并着手准备，力争国家支持在黑龙江设立首批城市基础设施、住宅政策银行分支机构。

4. 创新商业银行参与模式

从黑龙江省情况看，城镇化建设过去及未来很长一段时间必将继续大量依赖来源于银行业金融机构的资金。但由于城镇化建设的长周期性特征与商业银行资金来源的短期性和业务偏好之间的矛盾，造成商业银行对城镇化建设资金配置的积极性降低。黑龙江可从金融创新角度，积极争取中央给予适当的政策支持。如突破政策对商业银行投资两非（非金融企业、非上市公司股权资本占用）的约束，允许商业银行参与黑龙江城镇化建设项目股权投资，同时提高投贷联动、债转股比重等，既能提升商业银行自身综合化经营竞争力，也能更有效地支持黑龙江城镇化建设。

（二）完善投融资体制机制

创造有利于创新的体制机制，研究制定支持政策，为黑龙江城镇化基础设施建设提供资金保障。

1. 捋顺管理体制

在黑龙江省推进新型城镇化工作联席会议的基础上，成立由发改、财政、地方金融监管局等部门组成的省地方投融资管理委员会，领导全省的政府投融资活动并负责对因此而形成的地方债务进行管理监督，制定全省统一的政府投融资规划。通过理顺管理体制、加大资源整合力度，进一步做实做强各级政府融资平台，充分发挥融资平台在新型城镇化建设中的引领作用，建立健全符合外部监管要求的城镇化建设项目“借、用、管、还”机制。

2. 强化运行机制

有关部门针对支持城市基础设施建设、现代农业基础配套、小城镇建设、场县共建等方面，梳理黑龙江城镇化重大项目清单，并建立重大项目跨部门工作领导小组，负责落实重大项目有关政府配套政策及项目建设全过程。

3. 争取支持政策

梳理城镇化建设投融资发展思路，及时向国家有关部门汇报，努力争取外部支持。在此基础上，与国内外相关金融机构合作，探索建立城镇化建设投融资“龙江模式”，努力将其打造为拉动经济增长和社会进步的润滑剂。推出《黑龙江省推进城镇化建设投融资工作方案》等配套政策，明确近远期工作目标、重大项目及投融资扶持政策，制度先行，健全黑龙江城镇化建设投融资法理依据。

参考文献

冯奎：《找到城镇化、乡村振兴与城乡融合的内在逻辑》，《21 世纪经济报道》，2019 年 5 月 10 日。

潘宏胜、黄明皓：《部分发达国家基础设施投融资机制及其对我国的启示》，《经济社会体制比较》2014 年第 1 期。

蒋梦惟、张畅、杨忆霖：《5 万亿 PPP 项目被清理整顿》，北京商报网，2018 年 5 月

10日。

《全国PPP综合信息平台项目管理库2018年报》，财政部PPP中心。

李峰：《应鼓励商业银行开展股权投资》，《中国金融》2019年第10期。

廖慧颖：《我国商业银行参与产业投资基金的发展机遇与模式探索》，《金融经济》2016年第12期。

许传华、左盼：《浅析资产证券化业务中的税务问题》，《财会通讯》2019年第26期。

李若冰、郑文鹏：《城镇化基础设施建设投融资机制探讨》，《学术交流》2016年第12期。

B.18

黑龙江省民营经济人力资源问题研究

邢　明*

摘　要： 黑龙江省民营经济持续稳定发展，民营经济体不断壮大，在国民经济中的地位不断升高，创造大量就业机会，吸纳大量的城镇从业人员。由于历史、经济、文化等因素的影响，黑龙江省民营经济普遍存在人才短缺、招工难等问题。经分析后建议继续加大改善营商环境，提高政府职能部门工作效率，提高区域内从业人员收入，促进民营经济留住人才，最终提高民营经济整体实力，促进龙江发展。

关键词： 黑龙江　民营经济　人力资源

一　黑龙江省民营经济及用人问题基本情况

改革开放以来，黑龙江省民营经济经过不断的发展和壮大，占国民经济比重过半。民营经济吸纳城镇80%以上的劳动力就业。民营经济主体占市场主体的90%。截止到2018年底，黑龙江省民营经济占GDP比重保持逐年上升的趋势；黑龙江省民营经济占GDP比重达到54%。2018年黑龙江省新增民营经济主体43.93万户，同比增长7.49%。民营经济市场主体226.9万

* 邢明，黑龙江省社会科学院农业和农村发展研究所副研究员，研究方向为区域经济。

户，同比增长7.6%，民营经济保持高速增长水平，民营经济增加值的增速高于同期GDP增速。民营经济固定资产投资占全省固定资产投资比例超过70%，民营经济纳税占全省纳税财政税收超过57.8%，进出口额占全省的54%。民营经济地位举足轻重。

（一）政府积极鼓励民营经济吸引人才

黑龙江省委省政府为促进民营经济发展，先后出台了大量的扶持政策。2019年，为进一步提高民营经济高质量发展，黑龙江省委、省政府推出《关于进一步支持民营经济高质量发展的意见》经济发展，包括27条具体意见。其中，第三部分提出着力破解企业人力资源短缺问题。包括鼓励企业引进人才、支持企业培养人才、提高企业人才待遇等方面的指导意见，同时对加强技术工人队伍建设方面做出了具体的指示。其中，支持民营企业申报龙江科技英才计划，项目入选给予一次性奖金50万元资助，并且申请省级科研项目不受年龄限制。对省级重点产业项目的企业、产业园区新设立的博士后科研工作站给予20万元到50万元的经费支持，用于科研及进站博士后的生活补贴。对创建高技能人才培训基地的民营企业给予一定的资金补助，对成功创建国家级技能大师工作室和省级技能大师工作室的民营企业直接给予现金补助。2018年末出台《黑龙江省委省政府支持民营经济发展的若干意见》，总共包含50条意见，又称之为“民营经济发展50条”。其中，支持和鼓励民营经济人力资源方面的政策包含：第20条、第39条、第41条。第20条为支持民营企业人才引进，在民营经济人才引进的相关政策落实上，要与国企享受同等待遇，并以直接补贴的方式鼓励民营企业经济吸纳高端人才；第39条提出加强企业公共服务平台建设，包括人才培训、技术共享、人才资源共享等方面的政府服务体系建设；第41条加强人才培训服务，针对民营经济不同层次的就业人员提出了相应的培训和提升等方面的扶持政策。在企业培训方面，2019年1~10月组织培训活动30期，累计培训各类民营企业从业人员3100余人次。

（二）黑龙江民营经济吸纳大量从业人员

改革开放以来，民营经济充分展现市场经济的活力，不仅创造了大量的社会财富，也创造了大量的城镇就业。2018 年黑龙江省新增民营经济主体 43.93 万户，同比增长 7.49%。民营经济市场主体 226.9 万户，同比增长 7.6%，民营经济保持高速增长水平，民营经济增加值的增速高于同期 GDP 增速。2017 年黑龙江省非公有制企业数 23.5 万户从业人员 315.8 万人。个体经营户 162.9 万户，个体经营从业人员 401 万人。吸纳城镇 811.5 万就业人口。此外，随着民营经济发展的领域不断拓宽，高技术、高科技含量的民营企业增长成长，2018 年初，全省共有民营科技企业 3.16 万户，接近省科技型企业的 93%，科技成果丰硕，同时吸引大量的高端技术人才，为全省经济转型和就业提供了良好的契机。截至 2019 年 9 月末，黑龙江省实现城镇新增就业 44.8 万人，完成年计划的 86.2%，按民营经济从业人员占比估算，民营经济新增城镇就业 25.8 万人。

（三）促进民营经济吸引人才成效明显

2019 年 1～6 月，黑龙江省民营经济减征税费 44.57 亿元（不含个人所得税），减免涉及 76.1% 的民营经济体，减免的额度和覆盖面均高于其他经济体，是减税降费政策的最大受益群体。黑龙江省小微企业减税 17.88 亿元。其中，放宽小型微利企业缴税标准的民营经济体 36161 户，户均减税 15292 元，总减征税收 5.53 亿元。小规模纳税人增值税起征点提高，政策惠及 65006 户，户均减征 9492 元，总减征 6.17 亿元。小规模纳税人“六税两费”，减征增值税惠及 482149 户，户均减征 1481.1 元，总减征 6.18 亿元。政府积极的减税政策，成为民营经济稳定快速发展和吸引人才最直接的推动力。

二　黑龙江省民营经济发展中人力资源存在的问题

（一）民营经济人才短缺问题突出

有调查资料显示：黑龙江民营企业普遍存在难以留住核心人才的问题，

并且深受人才短缺、企业管理水平不高、技术水平不够等问题困扰。相关资料显示，在被调查的302户非公有制企业中，仅有11户企业表示“不面临”技术困境，仅有5户企业表示“不面临”管理水平困境，仅有11户企业表示“不面临”人才困境（见图1）。民营企业遇到的技术以及管理层面的困境，直接原因就是人力资源的短缺。此外，根据其他数据分析，2008年黑龙江省规模以上工业企业的研发人员占同期全国的2.57%，到2016年，这一比例下降到1.19%。企业的研发人员与黑龙江省总人口比也呈现持续降低的趋势。

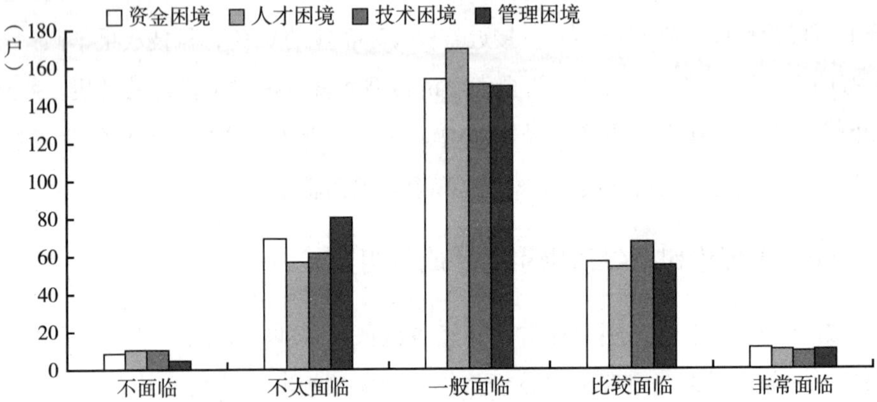

图1　302户非公有制企业存在的问题情况

（二）黑龙江人口净流出影响民营经济发展

根据国家卫计委第六次人口普查中关于流动人口动态监测调查数据。黑龙江省流出（不含港澳台和国外）人口255.36万人，流入50.64万人，净流出204.72万人，流出人口中城镇人口占73%。流出人口平均年龄38岁，大部分是青壮年劳动力，黑龙江省跨省流出人口中其按原单位性质划分，机关事业单位占1.4%，国有及国有控股企业占4.6%，无业占12.6%。从年龄结构来看，黑龙江省流出人口主要以年富力强的青壮年劳动力为主。25岁及以下低龄青年占13.2%，26岁到45岁中青年人口占61.6%。黑龙江省流出人口中高中/中专学历和大专及以上学历者分别占20.8%和16.5%，均高于常住人口，常住人口中两类学历所占比重分别为16.96%和10.35%。可以说人才外流问题比较突出。此外，流出人口流出后平均工资高于同期黑龙江省人均工资水平。

（三）黑龙江省民营经济存在招工难

2019年1~9月，黑龙江省地区生产总值10292.2亿元，比上年同期增长4.3%。进入低速增长时期，对民营经济积极吸纳人才形成了一定的阻碍。与东南沿海发达地区大范围的招工难相比较，黑龙江省民营经济招工难主要体现在两方面：一是对专业技术相对较强的工种招工难，具有专业素质的从业人员少。二是收入水平较低的服务行业招工难，特别是年龄较低的从业人员更难录用。黑龙江省民营经济招工难具有明显的季节性，普遍存在年底招工难的现象。此外，地域差异性也比较明显，大城市低门槛的岗位招工难，县城高端岗位用工难。乡镇民营经济招工更是难，即便是最热门的公务员岗位乡镇也很难招到所需人员。

三　黑龙江省民营经济人力资源短缺的因素分析

（一）经济因素分析

人力资源短缺是民营经济发展中的一个表象，是受到各种因素的叠加形成的具体表现。尽管黑龙江省民营经济发展比较稳定、比重持续增高，但是，从黑龙江省经济结构分析来看，相比较于国内经济发达地区，黑龙江省民营经济发展相对缓慢、总量较低。从私营企业数量上看，黑龙江私营企业数不到江苏的三成，是广东的两成左右。民营经济增加值也远远低于发达省份，民营经济总体发展水平偏低，吸纳就业劳动力的能力不足。分析2019年黑龙江省民营企业100强的名单可知，上榜企业多数为改制的民营企业，集中在零售、医药、建筑、农业等传统行业，以及巨头的分公司，这些传统行业吸纳高端人才的优势不明显。其中前十位分别是东方集团有限公司、大庆沃尔沃汽车制造有限公司、黑龙江建龙钢铁有限公司、黑龙江飞鹤乳业有限公司、建龙西林钢铁有限公司、黑龙江鑫达企业集团有限公司、中地君豪建筑工程有限公司、哈尔滨誉衡药业股份有限公司、哈尔滨秋林集团股份有限公司、葵花药业集团股份有限公司，知名企业少。民营经济自身吸纳劳动力的能力有限。

产业结构失衡。黑龙江产业结构存在农业大、工业重、三产杂的缺点。黑龙江省特殊的经济结构和市场环境形成了黑龙江特殊的民营经济环境。黑龙江省农业具有非常重要的战略意义，因此黑龙江省从事农业生产的劳动力占总就业人口的比例很难降低，从事农业劳动力占总就业人口的47%。但从国际市场上看，黑龙江省农业竞争力又比较弱，没有决定市场价格的话语权。重工业在工业比重中偏高，国有及国有控股企业掌控大部分重工业和资源开采业。在这种大环境下，民营经济中工业就显得十分薄弱。民营工业企业数量和比例又都在逐年减少，从近几年黑龙江省工业企业数量上看，黑龙江省非公有制工业企业数量在逐年递减。黑龙江省民营经济第一、第二、第三产业增加值比为12.3∶27.9∶59.8，同比增幅分别为5.7%、4.8%、10.9%。黑龙江省民营经济第三产业虽然比例比较高，但是这种“高”是与较薄弱的工业相比较而形成的现象，并不是市场发达和成熟的表现。

随着黑龙江省人口的净流出，黑龙江省总体就业人口也在随之减少。2018年城镇新增就业人口60.7万。而2017年黑龙江省城镇新增就业人口62.1万，同比减少1.4万人。2013年黑龙江省就业2060.4万人，到2017年下降到2011.1万人，从业人口5年减少了近50万人，相当于消失了一个中等县城的人口。影响民营经济用人难的最直接因素是民营经济效益低，进而无法高薪聘用从业人员。黑龙江省城乡居民工资性收入均低于全国平均水平。城镇居民平均收入是全国平均水平的八成左右，排名倒数。在经济快速发展时期宏观政策没有把居民收入作为重点、经济结构不合理等因素叠加造成了区域内居民收入普遍偏低，而区域性的低收入是从业人员外流的主要因素。此外，民营经济主体税费负担较高。尽管自党的十八大以来，从中央到地方各种减税政策积极开展和落实，但是从数据上看，黑龙江省民营经济创造53.3%的GDP，却创造了全省57.8%的财政收入，可见民营经济税费负担仍然较高。此外，黑龙江省民营经济主体社会参保率低于全国平均水平。

（二）社会人文因素分析

从纵向看，黑龙江省国有体制延续的时间比较长，国有企业特别是国有工业企业，为新中国建设提供了大量的工业产品。企业以及从业人员有很强烈的荣誉感和优越感，以厂为家，以厂为荣，甚至从生到死都不离开企业，久而久之形成了计划经济体制下人们对公有制过度依赖的思维模式。20世纪90年代，黑龙江国有企业进行全方位的改制，但人们的思维模式仍未完全转变过来，国有企业和机关单位仍然是从业人员择业的首选。从横向看，南方经济发达省份的民营经济起步较早，国有企业改制和民营经济发展衔接比较顺畅；黑龙江省民营经济起步较晚，错失了最佳的发展机遇。民营经济在发展中也存在诸多问题，例如劳动保障、养老、医疗保险等方面有所欠缺，影响了就业者从业的意愿。

环境因素。首先是自然环境因素。黑龙江省地处高寒、高纬度地区。严寒漫长的冬季加大了生存成本，为抵御严寒必然会增加生产及生活成本。按照黑龙江省城镇居民人均收入和人均住房面积核算，黑龙江省城镇居民采暖费用为全年收入的4.5%左右，同时，为抵御严寒，服饰、食品以及出行支出都会相应增加。偏低的收入与较高的生活成本，必然会增加人员外流的概率。其次是人文环境因素。其中营商环境曾经是黑龙江经济发展最令人头疼的问题。近几年，在省委省政府的不懈努力下，各地各级政府积极配合，已经为黑龙江省重新塑造了一个新的营商环境。但从实际调查的情况来看，政府营商环境的改善还有较大的上升空间，职能部门推卸责任、缺少章程等问题依然存在，在经济发展过程中特别是新老政策衔接过程中，在政府部门权利和法律框架之外的空白区域，成为影响营商环境的重灾区，百姓办事难、企业办事难问题仍然存在。此外，营商环境应该包含两个方面，一是从事经营的环境，二是生活软环境。通过对哈尔滨市多个小区走访调查发现，居民和物业之间的矛盾尤为突出。一半以上的居民小区都存在业主维权难的问题。从业人员的人居环境亟待改善。

黑龙江省政府引进人才的政策相比较其他省市并不具优势。随着国内经济结构的调整和供给侧改革的深入，全国各地“抢人大战”此起彼伏，黑龙江省陆续出台促进民营经济引进人才的优惠政策。同全国其他地区的优惠政策相比，黑龙江省的资金扶持力度不具有优势。2019 年黑龙江省出台的人才引进奖励政策中，最高支持 50 万元奖励资金，而辽宁省相关政策对引进的高端人才最高给予 1 亿元资金支持，天津市关于硕士毕业直接落户的政策非常具有吸引力。

四　黑龙江省民营经济缓解人力资源短缺问题的对策建议

（一）确立人才引领经济发展的战略

制定适应黑龙江民营经济发展的人才引进政策。首先，做好“存量人才”的激励机制，留住人才是企业和社会发展的基本保障。政府应制定相应的激励和补偿机制，鼓励各类人才留在黑龙江、服务黑龙江。例如，设立基于企业研发部门的教授、研究员、工程师评测体系，向有需求的企业开放。参考高校、国企的评价体系向民营经济从业者或企业开放，对于达到职称对应级别要求的技术人才，在省内应聘高校或国企时应享受同等待遇。其次，发挥黑龙江自身优势吸引国内外人才。相较于发达地区的户籍制度和巨额补助，黑龙江省只能发挥自己的特色优势，发挥绿水青山的实际价值。例如，开放农业户籍吸引偏爱乡村生活的高端人才。

（二）持续改善营商环境

在黑龙江营商环境快速转变向好的同时，继续加强政府发现问题解决问题的能力和时效。建立解决疑难问题的平台和路径，解决因法律法规空缺、政府间职责不清、义务归属不明、历史遗留等制度与法律边缘化的难题。设立“难题窗口”，把复杂难办问题的主办责任由民企或个人转交给相关职能部门，并且形成民营经济评价职能部门的反馈体系，用来评价政府改变营商环境的进度，从而进入改善营商环境的良性循环；良好的营商环境不仅是企业经营环境，也应包括良好的企业竞争环境，即严厉打击非法经营、不合理竞争、套取补助等违法经营活动，营造公平公正的市场竞争环境；对政府职能部门选择性执法、阻碍民营经济发展的问题要有反映渠道和惩戒措施；营造良好的人居环境，让优美的人居环境留住人才。建立良好的人居环境，加大社区人文关怀，让良好的人居环境成为吸引人才、企业、投资的内生动力。

（三）为民企减负增效

通过减负增效提高民企自身实力，包括经济实力、管理实力、创新实力、技术实力以及生存能力等方面在内的企业实力。首先是为民企减负，继续加大对小微企业降税增效的力度。保持民营经济税收增速与 GDP 增速相一致，特别是对制造、外向型企业、高新技术、发展潜力大的民企加大减负力度。降低小微企业和个体商户贷款的门槛，增加小微企业和个体商户的信用值。组织广泛的企业管理培训活动，利用高校资源，向企业和社会提供管理或专业课程。以实用性的技术或管理为主的专业课程，提高民企管理或者技术层面的水平。加大创业园的宣传和扶持力度，创业园的优惠条件要向社会广泛宣传，在工商登记窗口设立创业优惠指南业务，让更多的创业者了解黑龙江省的创业优惠政策。简化不必要的工商登记手续，清理整顿工商业务中介组织，避免出现变相寻租问题。此外，发挥社会主义市场经济的优势，加强科研院所与企业在技术、人才、管理等方面的合作。应鼓励科研机构和高校与民企的有机融合，在企业科研开发等领域建立立项申请制度，政府提供资金支持，科研院所利用自身的技术优势进行申请和研发。建立并完善科研院所技术人才兼职企业的鼓励制度。

（四）全民增收促进民企发展

提高黑龙江省从业人员收入。高收入必然能吸引人才集聚，并且直接拉动消费增长，带动经济增长。首先，争取国家层面的鼓励政策，在振兴东北老工业基地的政策背景下，实施全面提高从业人员收入的经济发展战略。制定以鼓励增加从业人员收入为主导的宏观经济政策。其次，提高公务员、事业单位从业人员的收入，把相关政策落实到位，把历史陈欠的“旧账”补齐，让劳动者在收入上享受经济建设成果。

参考文献

《沈阳最高给予 1 亿元项目资助引进顶尖人才》，新华网，http：//news. xinhuanet. com/local/2017 -09/12/c_ 1121651230. htm。

滕嘉娣：《留才引智既需政策姿态更需人才生态》，《黑龙江日报》2017 年 8 月 23 日。

杜吉国：《黑龙江省人口迁移对经济社会发展的影响》，吉林大学硕士论文，2013。

张磊：《黑龙江省人口流出及其影响研究》，吉林大学硕士论文，2019。

崔琴涛：《黑龙江省民营企业“走出去”问题研究》，黑龙江大学硕士论文，2018。

全国工商业联合会：《黑龙江民营经济成减税降费政策绝对收益主体上半年减征税费 44. 57 亿元，减免面达 76. 1%》，http：//www. acfic. org. cn/gdgsl_ 362/hlj/hljfgdt/201909/t20190905_ 140016. html。

B.19

黑龙江省农村电子商务发展研究*

王化冰**

摘　要： 黑龙江省农村电子商务在发展中取得了较为显著的成效，但同时也存在产品品牌力不足、电商龙头不强、平台运作不畅、产业生态体系不稳、农村电子商务资源错配和发展模式缺乏创新突破等问题。为更好地促进黑龙江省农村电子商务发展，在深入认识农村电子商务运行规律和发展趋势的基础上，提出六个方面对策建议，即加强体系建设，提高交易效率；强化品牌建设，提升产品附加值；借势自建结合，选择适用平台；做好转型升级，提升经营主体活力；突破观念理念，构建大电商格局；顺应发展趋势，向“互联网+”纵深拓展。

关键词： 农村　电子商务　农产品上行

国家对农村电子商务的发展高度重视，自2014年始“发展农村电子商务”已连续六年出现在中央一号文件中，2019年印发的《数字乡村发展战略纲要》，为农村电子商务的发展进一步指明了方向。近年来我国农村电子商务取得快速发展，2017年全国农村实现网络零售额12448.8亿元，突破万亿大关，同比增速39.1%，农产品网络零售额同比增速53.3%，均明显

---

* 本文为黑龙江省新型智库研究项目“打造哈牡佳两小时经济圈战略研究”（批准号：18ZK055）阶段性研究成果。

** 王化冰，黑龙江省社会科学院农业和农村发展研究所副研究员，研究方向为区域经济。

高于同期全国网络零售额32.2%的增长速度。发展农村电子商务，一方面加快推进农村流通现代化，另一方面密切关联国家战略，助力打赢脱贫攻坚战，促进乡村振兴发展。

一　黑龙江省农村电子商务发展现状

（一）发展状况

1. 基础设施趋于完善

黑龙江省农业信息进村入户工程取得显著成效。目前益农信息社已遍布全省8857个行政村，半数以上的信息社设有网店，实现了普通农民不出村、经营主体不出户的便民服务。随着快递下乡进程加快，制约农村电子商务发展的物流“最后一公里”问题得到明显缓解。截至2019年8月底，全省各电子商务示范县已建成县级电子商务运营服务中心27个、乡镇级服务站195个、村级服务店2586个、县级物流配送中心31个。

2. 交易规模快速增长

2017年全省农村电子商务线上交易额已超过120亿元，比2012年增长8倍。2018年前三季度，全省实现农村网络零售额52.3亿元（见图1），同比增长115.1%，增速高于全国77.6个百分点。2019年前三季度，全省农村网络零售额实现87.8亿元，同比增长57.2%；农产品上行通道进一步打开，全省农产品网络零售额实现21.3亿元，同比增长46.9%，全国排名第22。2018年，黑龙江大米淘宝交易额达6.61亿元，占全国大米销售额的22.82%，位居全国第一。

3. 区域协调联动发展

从全省各地发展情况看，齐齐哈尔、哈尔滨、牡丹江市农村电子商务规模领先，2019年前三季度分别实现农村网络零售额20.5亿元、18.8亿元和14.2亿元，占全省农村网络零售额的比重分别为23.4%、21.4%和16.2%；伊春、牡丹江、哈尔滨、鹤岗农村电子商务发展较快，同比分别增长

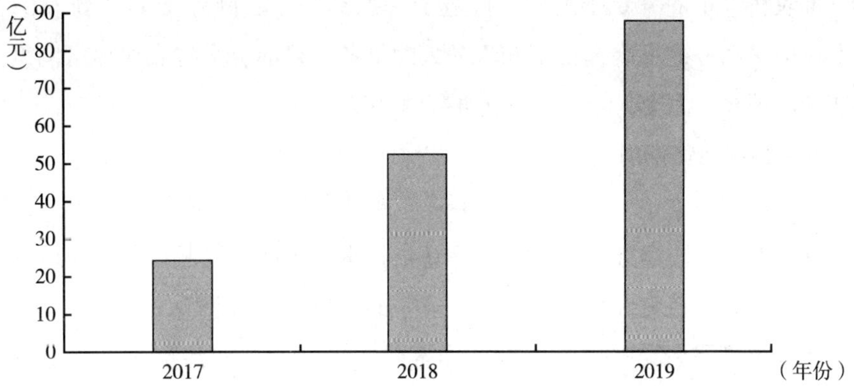

图1　黑龙江省农村电子商务网络零售额（历年前三季度）

222.3%、97.3%、92.1%和85.2%。克东、逊克、海林、依兰、五常位列全省农村电子商务强县前五，农村网络零售额均在4亿元以上，其中克东县农村网络零售额达到12.9亿元，占全省农村网络零售额的比重为14.7%。哈尔滨、牡丹江、齐齐哈尔、绥化四市农产品电商规模领先，分别实现农产品网络零售额13.4亿元、2.2亿元、1.5亿元和1.0亿元，齐齐哈尔、绥化、鹤岗、黑河农产品电商发展较快，分别增长105.6%、86.8%、48.3%和44.7%。

4. 服务范围不断拓宽

从工业品下行为主到工业品下行与农产品上行兼修，从售卖产品到传播青山绿水、风土人情，从实物销售到业务服务，从产品型电商到服务型电商再到民生型电商，黑龙江省农村电子商务的服务范围不断拓展，与农业生产、商贸流通、交通运输、文化旅游、金融服务、社会治理等方面融合得更加紧密。近年来精准扶贫成为农村电子商务的重要主题，2019年1月正式启动的全省综合性扶贫电子商务平台“小康龙江”突出扶贫公益主题，广泛动员社会各界参与，对接贫困村与大市场，提高农产品市场化水平，促进贫困村产业发展和贫困群众增收。

5. 交易主体迅速成长

各地积极开展农村电子商务培训，帮助更多农民接触并应用电商，培养了一批农村电子商务专业人才，打造了一批具备互联网思维的“新农民”，为农村电子商务的发展提供了知识和人才储备。目前，全省农村地区网络零售活跃店铺6.8万个，带动就业人员7.4万人。

6. 交易平台竞相创立

黑龙江省建立了“黑龙江大米网”“乡村大集”“生态龙江”等一批覆盖全省的农村电子商务平台，各地区还依托本地经济、资源特色，因地制宜地发展了一些特色电商平台，如齐齐哈尔的“摩尔云商网”、克山“马铃薯网”等渠道型平台，齐齐哈尔的“洋葱网”等生产型平台及讷河“七点科技”、龙江“云购商城”等服务型平台。

7. 政策扶持更加聚焦

2017年7月印发《推动农村电子商务新增长点行动方案（2017～2020年)》，提出了“培育壮大农村电子商务市场主体”“不断深化农村电子商务应用”等九大任务，2019年颁发《“数字龙江”发展规划（2019～2025年)》，确立了“全国数字农业先导区”、“全域智慧生态旅游示范省”和“数字丝路北向开放门户”等定位，“农村电子商务平台”成为农业数字化转型升级四大工程之一。

《黑龙江省电子商务进农村综合示范项目建设和专项资金使用指导意见》（以处简称《指导意见》）进一步强化公共服务，聚焦农产品上行，《指导意见》提出“加强农村电子商务公共服务体系建设，推动农产品、农村工业品、乡村旅游及服务产品的电商化、品牌化、标准化，提高农村产品商品化率和电子商务交易比例，促进农业发展方式转变，推动农村第一、第二、第三产业融合发展”。通过示范县的创新，集中力量解决制约农村电子商务的突出问题，以点带面、重点突破。

8. 示范带动初见成效

黑龙江省共有31个县（市）34次获批国家电子商务进农村示范县（市)，即全省四成以上县（市）获得国家电子商务进农村财政专项扶持资金，其中国家级贫困县20个、省级贫困县1个，实现了示范项目国家级贫困县全覆盖。截至2017年6月，黑龙江省电子商务进农村综合示范县已带动就业19862人，其中农村青年8211人、大学生和返乡农民工5812人、留守妇女2561人、残疾人221人、贫困人口3067人、贫困人口（含建档立卡贫困户）3067人，帮助近11000多名贫困群众开办网店创业。

2019年1～8月，各示范县（市）开展各类培训6.62万人次，其中培训建档立卡贫困人口1.23万人次，服务建档立卡贫困人口5.39万人次；新增网商5205个，带动就业6633人，其中带动建档立卡贫困户就业3751人，帮助建档立卡贫困人口获得销售收入420万元，增收230.38万元。

（二）发展典型

1. 县域电商发展典型

明水县是黑龙江省农村电子商务发展的一面旗帜，先后被确定为全国首批电子商务进农村示范县、全省电商扶贫第一个试点县、阿里农村淘宝项目全省第一个合作县、满天星农产品溯源全国第三个启动县、新华网重点扶持的黑龙江省第一批“互联网小镇”试点县，县域电商模式被商务部和阿里巴巴收录推广，为全省农村电子商务发展带来诸多启示。

一是借力名企资源，全方位承接阿里巴巴农村战略，构建电商发展服务体系。建设99个村级服务站，与特色中国、聚划算、淘乡甜、蚂蚁金服、菜鸟物流、满天星计划、淘宝大学等十项合作对接，实现了农村电子商务、乡村物流、农产品溯源、农民融资、电商人才培训等服务体系全覆盖。二是采用“下行单平台、上行多平台”策略，广泛对接农产品线上线下销售渠道。线上开展了“一县一品”“乡甜农场”“全国丰收季”“京东众筹”等营销活动，并与“邮乐网”“顺丰龙江风味”“顺丰大当家”“微百汇”“美菜网”“吃货诚品”“58农服”等移动终端电商平台合作；线下在原有“幸福九号”“英沙女工集团”“北京181”等渠道基础上，重点开发北京新发地批发市场、深圳人人乐超市、寒地黑土北京慈善超市、大庆新玛特超市，开辟覆盖更广、拉动能力更强的绿色食品线上销售渠道。三是全面全方位对接“互联网+”。以抓基地种植、抓品牌销售、抓项目建设、抓结构转型等方式优化产业链条；以发展直采直供、建设域外直营体验店等方式拓宽销售渠道；从单纯农村电子商务转向“互联网+”生产、物流、金融、社会等综合服务。

2. 电商平台发展典型

黑龙江省是中国粳稻生产第一大省，2018年水稻播种面积5674.6万亩以上，约占全国粳稻总面积的40%，水稻总产超过537.1亿斤。黑龙江省大米品质上乘，全国大米品牌榜前6位，龙江大米独占5席。为带动龙江大米“卖得好”，黑龙江省自建覆盖全省的“黑龙江大米网”，以“黑龙江大米网运营公司+各地子公司”的架构打造省级农产品电子商务网站集群。自2017年上线以来，“黑龙江大米网”交易总额已达83亿元。

“黑龙江大米网”运营公司主要面向需求端，负责营销策划、品牌推广和市场开发；各县市“大米网”子公司和电子商务平台主要对接供给端，组织当地农产品通过“大米网”销售，产生的税收留存当地，鼓励了县市发展农村电子商务的积极性。目前“大米网”交易的农产品品类已经拓展到杂粮杂豆、蔬菜、食用菌、山特产品、畜产品等。未来，“大米网”还将与国内顶级的电商平台合作，开展省级卖场。

二　黑龙江省农村电子商务发展中存在的问题和症结

（一）黑龙江省农村电子商务发展中的现实问题

1. 农村电子商务发展不充分

近年来，黑龙江省农村电子商务发展增速快，但规模依然较小，在全国的占比低。2019年前三季度黑龙江省农村网络零售额仅占全国的0.73%。据《中国电子商务发展指数报告（2018）》，黑龙江省电子商务发展指数在全国排名第28，电子商务发展水平居后。直至2019年，黑龙江省才首次出现“淘宝村”，而全国共有4310个，仅浙江省就有1573个，差距巨大。从全国农村电子商务地区分布来看，东北地区发展远远落后于其他地区，农村网络零售市场份额占比最小（见图2）。

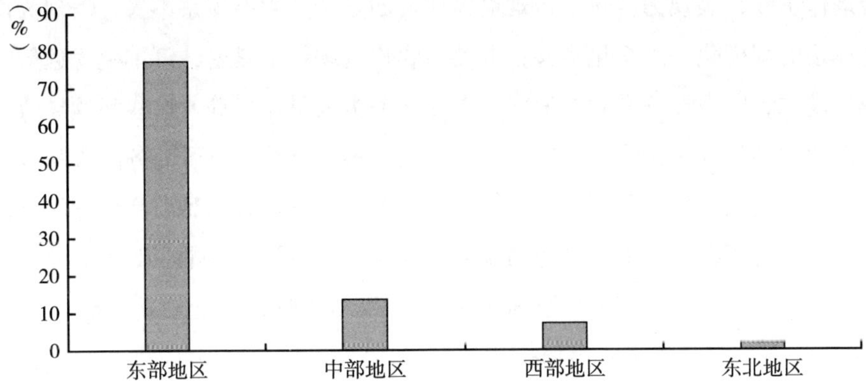

图2　2018 年全国各区域农村网上零售额占比

资料来源：《中国电子商务行业发展现状及市场前景研究报告（2019）》。

2. 农村电子商务与城市电子商务差距较大

农村电子商务相较于城市电子商务，发展仍有较大差距，电子商务生态环境有待改善。2019 年前三季度，黑龙江省农村电子商务网络零售额占全省电商网络零售额的 26.5%。2018 年 7 月，全国农村电子商务网络零售交易规模仅占全国网络零售市场规模的 13.64%。

3. 农村电子商务上下行逆差严重

当前工业品下行网络体系基本形成，农产品上行取得初步成效，上行规模保持较高速增长，但总体规模仍然偏小。农村地区网络销售规模远小于网络购物规模，黑龙江省农村网络零售上下行比例为 1∶3，其中哈尔滨发展较好，上下行比例为 2.5∶1，其余多数地区为十倍级逆差，由此可见农产品上行依然任重道远。全国也普遍存在农村电子商务业务结构失衡问题，2017 年全国农产品网络零售额为 2436.6 亿元，仅占全国实物商品网上零售额 5.48 万亿元的 4.4%，在全国农村网络零售额中占比不足 20%。

（二）黑龙江省农村电子商务发展的症结

一是产品品牌力不足，表现为产品异质性欠缺、地域与产品关联性差、品牌传播力弱。二是电商龙头不强，表现为电商小而散、销售低迷。三是平台运作不畅，表现为自建平台难堪大任。四是产业生态体系不稳，表现为产业体系的规模化、组织化不够；电商与农户的联结不紧密，订单模式远低于交易模式；电商经营类人员消减，电商服务类人员流失等。这些问题导致一次性活动结束或失去流量支持后，火爆效果难以持续，电子商务尚未从根本上改变农业生产的产业组织模式，电子商务交易量占农产品商品化量的比例低。此外还存在农村电子商务资源错配（盲目建设电商园区及物流设施导致的资源浪费、能力闲置甚至面子工程）和发展模式缺乏创新突破（多为“资源驱动”模式而非“市场拉动”模式）的问题。

三　黑龙江省农村电子商务面临转型升级

相较全国，黑龙江省农村电子商务目前仍处于高速发展阶段，但转型升级已在所难免，只有顺应行业发展趋势，黑龙江省农村电子商务才能更健康、更持久地生存和发展。

（一）农村电子商务发展趋势分析

1. 农村电子商务从高速发展转向高质量发展

从全国来看，农村电子商务正逐步走向转型发展的新阶段。与前几年近乎年均100%的增速相比，2017～2018年全国农村电子商务增速有所放缓，表明农村电子商务在全国大面积普及之后，走到了一个从高速发展转向高质量发展的历史转折点。

2. 顺应消费升级，生鲜电商快速发展

随着居民消费升级和物流基础设施的完善，生鲜电商保持了快速增长态势，成为农产品电商的重要业态，2017年交易规模达1418亿元，较2016年增长55.2%。

3. 农村电子商务助力脱贫攻坚和乡村振兴

近年电子商务进农村综合示范工作聚焦脱贫攻坚和乡村振兴，政策支持的范围全面覆盖全国832个国家级贫困县，并首次提出打造综合示范“升级版”，将已经支持过的国家级贫困县再次纳入示范的范围，巩固脱贫成效，促进渠道、产业、服务、主体和机制的升级。

（二）黑龙江省农村电子商务的转型发展方向

未来，黑龙江省农村电子商务发展将发生如下几个方面变化：从工业品下行转向农产品上行；从单纯的电商交易转向农村综合服务；从本地资源型转向集聚辐射型；从注重农村经济发展转向助力美丽乡村建设；从电商公益扶贫转向可持续的系统性扶贫；从互联网平台转向移动互联网平台。同时区块链、大数据、云计算等新技术将在农村电子商务发展中得到更多的应用。

四　提升黑龙江省农村电子商务发展水平的对策建议

（一）加强体系建设，提高交易效率

一是加强信用、标准和产业组织三大体系建设。助力农产品电子商务进一步突破交易时空限制，提高交易便利性，克服传统交易流通层级多、交易范围小、交易成本高、成交概率低、信息反馈失真、生产盲目性大等弊端，促进农业发展由生产导向向消费导向转型。二是提升生产者与消费者之间的通连度、匹配度和黏合度，提高电子商务交易达成率及持续性。电子商务绝不是建个网站就成，也不是将产品放在电商平台上买卖就自然来。如何促成生产者和消费者在海量信息中低成本对接，让合适的产品以合适的价格、合适的形式抵达合适的消费者，是新时期所有市场主体必须面对的课题。

（二）强化品牌建设，提升产品附加值

一是扩大增值效应，提升产品效用价值。加大方便食品、休闲食品、功能食品的开发力度，通过精深加工，增加产品自身功效和价值，改变黑龙江省农产品“一等原料、二等加工、三等价格”“有质有量没好价”的窘况。二是加强区域公共品牌辨识度，提升产品的形象价值。打造区域公共品牌，

应充分挖掘产品的异质性，增强地域和产品的关联度（如五常大米、高邮咸鸭蛋、赣南脐橙、涪陵榨菜、库尔勒香梨、阿克苏苹果等），强化品牌的传播力。突出产品与目标客户群体匹配的独特属性，对产品进行区隔划分，制造封闭与稀缺性，从而脱离价格竞争的红海。

（三）借势自建结合，选择适用平台

黑龙江省发展农村电子商务，一是要合理借势，既要充分利用阿里、京东、苏宁等互联网巨头下乡的机会，又要关注基于移动互联网的社群电商，以建立产品品质标准和创建推广区域品牌为突破口，打通黑龙江省农产品上行通路。二是积极引入在农资领域和土地流转方面优秀垂直型电商平台，为我所用。三是重点打造国家级粮食交易所和涉农信息平台。要扬长补短，在黑龙江省粮食产业链重构的关键环节及产业服务体系的薄弱环节，创建粮食交易所等自有平台，粮食交易所对重构黑龙江省粮食产业链意义重大。

（四）做好转型升级，提升经营主体活力

一是提高农业生产的组织化程度。尤其要关注从传统经济背景下向“互联网+”背景下组织缔结方式的变化，即由依靠熟人关系、具有明显的地域性缔结体系向超越传统地域、依靠标准和契约的质量型缔结体系转变的趋势。二是加快农产品专业市场转型。田头市场向农产品集货中心、物流中心方向转型；区域性市场向产品中心、品牌中心、加工中心、信息中心、交易中心、综合电商平台地区馆或垂直电商平台方向转型；全国性市场向垂直电商平台、交易所、价格中心、金融中心、订单中心（产业组织中心）方向转型；产地型市场向产品型市场转型，载体平台向产业生态平台转型，呈现标准、品牌、绿色、服务、数据等业务要求及远程、远期、订单生产、商流物流分离、供应链金融等业务模式。三是促进农产品电商向企业化发展。一方面，加快电商的企业化，强化品牌建设，让电商占据农业产业链链主地位，通过互联网的品牌营销，集合消费者订单，反向发包种植和加工企业，控制产品质量，在理想情况下，实现消费者预购（众筹）；另一方面，加

快实现新型农业经营主体、规模化加工企业的电商化，使生产及加工环节实现组织化、规模化后，增强网络销售能力，以电子商务形式向市场正向渗透。

（五）突破观念理念，构建大电商格局

一是区域突破。立足龙江，又不局限于龙江发展电子商务，不求所有但求所用。整合集聚全域优势特色资源、产品、商家、渠道、平台、服务、金融，通过龙江的电子商务体系实现集聚、增值和辐射，增强黑龙江省在经济区域内的组织力和辐射力。二是组织突破。规模化不等于组织化，规模化是产业链的横向扩张，组织化是产业链的纵向深化，更高端的是产业生态体系的完善，如构建粮食的现货和期货市场。三是能力突破。打造平台经济，培育流通力；聚焦特色品种和优势产业，以点带面，重点突破；实现品牌增值、加工增值、信息增值、流通增值和服务增值。四是渠道突破。线上线下结合，以电子商务为基础，开拓直采直供、直营体验店、电商平台线下店等线下渠道，形成线上线下相辅相成、共同促进的局面。

（六）顺应发展趋势，向“互联网＋”纵深拓展

一是解决产业链痛点。“互联网＋”农业不仅仅是手段、技术上的“＋”，更是思维、理念、模式上的“＋”；也不仅仅是网上销售农产品、购买生产资料，更重要的是用互联网思维来求变、自我革命，解决产业链痛点难点，建立消费导向的农业产业体系，从过去“农民生产什么就卖什么”的生产导向模式，转到“消费者需要什么我们就生产什么”的消费导向模式上来，从而创造更大价值，形成多赢。二是实现全面全方位“互联网＋”，即在农村电子商务的基础上，一方面，创建基于“互联网＋”的多产业融合体系；另一方面，将“互联网＋”思维理念全面融入渗透到政治、经济、社会、文化、生态各领域，形成互联网与生产服务、增值服务、融创服务及社会服务全方位深度融合创新发展的数字乡村新局面。

B.20
黑龙江省服务贸易发展研究

于 飞 于光妍*

摘 要： 作为全球价值链的核心组成部分，服务贸易随着全球经贸往来和分工的日益深化，在区域经济发展中日益发挥出重要作用。近年来，我国服务贸易发展呈现出良好的发展势头，黑龙江省作为我国在东北亚地区重要的经贸合作“桥头堡”，在服务贸易领域拥有独特优势并取得了发展进步，但其所表现出来的服务贸易逆差较大、贸易结构不够优化等问题，反映出黑龙江省仍存在如自身产业结构不合理等方面的制约因素，对服务贸易发展形成障碍和束缚。未来一段时期，黑龙江省应以推动结构升级、深挖政策红利、重视平台潜能等为核心，继续弥补短板，构筑优势，推动服务贸易加快发展。

关键词： 服务贸易 制约因素 独特优势

随着全球经济发展和国际分工日益深化，国际贸易的结构也发生了变化，服务贸易因其发展迅速而逐渐成为全球价值链核心组成部分。2018 年以来，美国以加征货物关税和技术封锁为主要手段的贸易保护主

---

* 于飞，黑龙江省社会科学院边疆发展研究所助理研究员，研究方向为区域经济、产业经济及对外经贸合作；于光妍，黑龙江省社会科学院边疆发展研究所中级经济师，研究方向为区域经济、产业经济及对外经贸合作。

义对全球供应链系统造成了不良影响，但服务贸易发达的国家和地区则在本轮贸易战中显示出较好的抗风险能力，由此可以看出服务贸易在一国贸易结构中的价值和战略意义。随着国家经济结构的优化调整和对外开放的深度推进，我国服务贸易也呈现出良好的发展势头。据国家统计局发布的报告显示：1982 年至 2018 年，我国服务进出口总额从 46.9 亿美元提高到 7919 亿美元，年均增长率为 15.3%。2019 年前 7 个月，我国服务贸易同比增长 3.2%，且服务出口同比增长 9.5%，服务贸易日益成为对外贸易发展和深化对外开放的新引擎。近几年，黑龙江省服务贸易也出现较大幅度的增长，尤其是 2018 年 6 月，哈尔滨市成为国务院确定的深化服务贸易创新发展试点城市之一；2019 年 8 月下旬，中国（黑龙江）自由贸易试验区获得中央批复，黑龙江省服务贸易将步入快速发展轨道。

一　黑龙江省服务贸易发展的基本情况

（一）服务贸易进出口呈现稳步上升的态势

近年来，黑龙江省服务贸易发展总体表现出上升趋势。从服务贸易进出口总金额看，2009～2018 年的数据总体表现出上涨态势，虽然 2016～2017 年服务贸易进出口额较前期有所下滑，但 2018 年数值重新回涨（见表 1），表明黑龙江省服务贸易日趋活跃的态势没有改变。从服务贸易对货物贸易之间的关系看，黑龙江省服务贸易对货物贸易比例从 2014 年起开始出现大幅提升，说明服务贸易在全省对外贸易中所占份额日益增多，贡献越来越大。在 2017～2018 年比例值有所回落（见表 2），究其原因是，中俄之间能源合作在这一时期进展迅猛，黑龙江省作为承担中俄能源合作的主要省份，俄油进口量大增引起全省货物贸易进出口总额阶段性飞涨，与全省服务贸易总量平稳增长形成反差。因此，黑龙江省服务贸易在近十年对外经贸结构中所呈现的稳步上升态势并未发生实质性改变。

表 1　2009～2018 年黑龙江省服务贸易进出口金额

单位：亿美元

年度	进出口	出口	进口	逆差
2009	15.8	7.7	8.1	0.4
2010	20.6	10.3	10.3	0
2011	25.4	13.1	12.3	-0.8
2012	27.3	12.6	14.7	2.1
2013	37.2	10.4	26.8	16.4
2014	51.1	9.3	41.8	32.5
2015	61.0	14.1	47.0	32.9
2016	48.2	4.5	43.8	38.3
2017	39.4	3.5	35.9	32.4
2018	43.6	4.0	39.6	35.6

资料来源：黑龙江省商务厅《黑龙江商务运行月报》。

表 2　2009～2018 年黑龙江省服务贸易对货物贸易进出口总额及比例

单位：亿美元

年度	服务贸易进出口总额	货物贸易进出口总额	服务贸易进出口总额对货物贸易进出口总额比例
2009	15.8	162.2	0.097∶1
2010	20.6	255.0	0.081∶1
2011	25.4	385.1	0.066∶1
2012	27.3	375.9	0.073∶1
2013	37.2	388.8	0.096∶1
2014	51.1	389.0	0.131∶1
2015	61.0	210.1	0.290∶1
2016	48.2	165.4	0.291∶1
2017	39.4	189.5	0.208∶1
2018	43.6	264.3	0.165∶1

资料来源：黑龙江省商务厅《黑龙江商务运行月报》。

（二）服务贸易逆差增大

从近十年的数据看，黑龙江省服务贸易基本呈现逆差状态，且逆差额越来越大（见图 1）。在 2010 年黑龙江省服务贸易进出口平衡、2011 年小额顺差之后，服务贸易进出口逆差开始扩张。自 2014 年起，服务贸易逆差增幅较大。

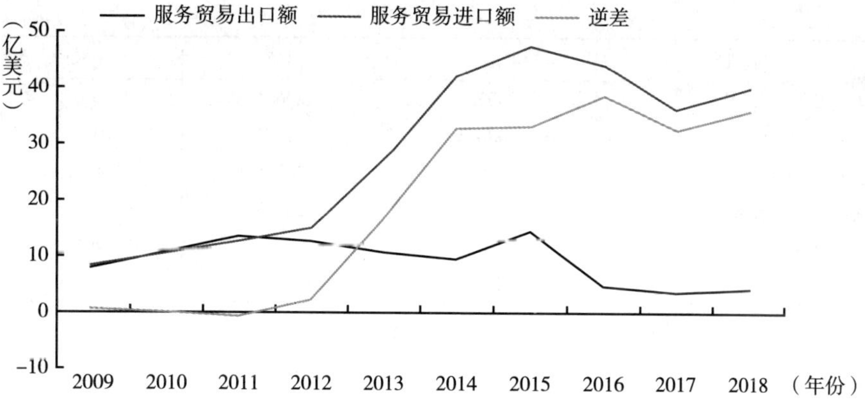

图1　2009～2018年黑龙江省服务贸易进出口额及逆差情况

资料来源：黑龙江省商务厅《黑龙江商务运行月报》。

（三）服务贸易出口主导为传统行业

从服务贸易进出口结构看，服务贸易进出口总量中，旅行、运输、建筑等传统行业是目前黑龙江省服务贸易的主要组成部分。

从数据看，2018年1～11月，旅行、运输、建筑行业服务贸易出口额为28044.2万美元，占当期服务贸易出口总额（36240.6万美元）的77.38%，金融服务、保险服务、知识产权使用费等服务贸易出口额仅占0.07%（见表3）。虽然“电信、计算机和信息服务”的出口额在当期服务贸易出口额中排第三位，但总量占比较低，占比仅为4.4%。

表3　2018年1～11月黑龙江省服务贸易分行业进出口情况

单位：万美元

行业	进出口	出口	进口
旅行	346904.9	22575.3	324329.7
运输	15994.1	1367.6	14626.5
知识产权使用费	5864.2	4.9	5859.4
建筑	4319.8	4101.3	218.5
电信、计算机和信息服务	2141.4	1620.4	520.9

续表

行业	进出口	出口	进口
加工服务	1302.1	1296.1	6.0
金融服务	1086.5	12.3	1074.2
个人、文化和娱乐服务	752.2	285.4	466.9
维护和维修服务	598.8	266.3	332.5
保险服务	416.3	8.6	407.7
其他商业服务	12613.5	4702.6	7910.9

资料来源：黑龙江省商务厅《黑龙江商务运行月报》。

（四）核心城市服务贸易活力显现

哈尔滨市作为黑龙江省省会，是全省社会经济发展的中心区域，要素洼地特征突出，由于服务贸易对资本、人才等要素存在较高依赖性，使哈尔滨相较于省内其他地区具备更有利的发展条件。近年来，哈尔滨市在经济结构优化调整基础上，紧抓服务贸易创新试点机遇，通过政策推动和重点培育，服务贸易活力开始显现。主要表现在：国际物流大通道建设为提升运输服务能力创造了有利条件，国际货运尤其是对俄运输服务能力进一步增强；文化旅游服务实现爆发式突破，2018 年全市接待入境游客 22 万人次，同比增长 49.8%；服务贸易结构逐步优化，以工程设计、工业设计为主的科技研发外包业务正在成为哈尔滨服务外包的突出特色，2018 年全市服务外包合同执行金额同比增长约三成；通过发起成立中俄金融联盟、创新跨境金融合作等方式推进跨境金融服务升级发展。

二　黑龙江省服务贸易发展的制约因素

黑龙江省在服务贸易活动中表现出的贸易结构层次不高、贸易逆差较大、人才支撑不足等问题，反映出其背后存在一系列深层次制约因素，限制了服务贸易的进一步发展。这其中，既包括自身产业结构限制的原因，也存在政策潜能释放不充分的因素，还有外部市场的客观束缚等。随着我国对外开放步伐加快以及中俄合作水平提升，黑龙江省服务贸易所具备的特色优势将日益凸显。

（一）自身产业结构和要素供给抑制了黑龙江省服务贸易升级

基于比较优势理论，国际经贸活动的开展以自身产业结构所决定的国际分工优势和要素资源为基础。产业结构方面，偏“原字号”、偏“重”的产业结构使黑龙江省服务贸易国际竞争力不足。黑龙江省作为农业大省和老工业基地，第三产业发展不够充分，咨询、工业设计、金融、电子信息等典型现代生产性服务业及高端服务业发展滞后，现代生产性服务业及高端服务业产品供给不足，高端服务贸易出口能力差。要素供给方面，人才要素客观存在流失现象对黑龙江省服务贸易发展形成了较大制约。技术、知识密集型人才及金融、保险等专业化人才供给短缺，反映在服务贸易实践中，表现出“金融服务”“知识产权使用费”“保险服务”等行业输出能力存在极为突出的逆差，服务贸易升级发展受到限制。

（二）政策叠加潜能挖掘不充分制约黑龙江省服务贸易发展活力释放

2016年以来，一系列相关政策的出台实施为黑龙江省服务贸易发展提供了有力支持。但从政策体系看，省内出台的服务贸易相关政策在一定程度上与其他重大发展政策缺少统筹配合，政策间支撑呼应不足，政策叠加潜能的挖掘利用不充分，制约了黑龙江省服务贸易的进一步发展。主要表现在以下几个方面：一是对服务贸易人才等关键要素的吸引、培育政策与黑龙江省人才政策的有效对接不足。黑龙江省及哈尔滨市等重点地区的人才吸引政策基于省、市人才需求总体情况规划，不适宜细分不同行业人才标准，细化人才激励措施。在这一情况下，与服务贸易发展的相关专项政策或规划中，关于人才吸引、培育等内容无法有效对接省、市各级人才政策的设计安排，以资本、技术、知识密集型为特征的高端服务贸易人才的吸引和培育难以通过省内人才政策建立更为清晰有效的抓手，导致一些专业化人才尤其是高端人才难以真正享受人才吸引、激励政策，加之受到外部较好政策的吸引，人才流失较为严重，个别企业近年来人才流失接近半数，从而表现出服务贸易人才短缺的问题尤为突出。二是重大国策与本省服务贸易发展政策融合不足，利用国家级政策为服务贸易发展创造更有利条件的空间拓展不充分。如：服务贸易发展政策与东北老工业基地振兴政策中“积极培育新产业新业态”“大力发展以生产性服务业为重点的现代服务业”等内容缺少研读和实践应用，重大政策红利对服务贸易发展支撑效能还有很大的挖掘空间；利用黑龙江和广东合作框架推动两省产业协同发展的同时，缺少利用哈尔滨位于东北亚地区核心优势，合作建设高端服务贸易发展平台的顶层设计，服务贸易转型发展空间拓展不充分。三是利用“区域协调发展”等国家宏观经济发展政策导向推进全省服务贸易协同发展的制度设计不突出，省内服务贸易发展的重点地区存在较为明显的单打独斗现象。如：2016 年以来，以绥芬河、五大连池为代表的边境地区对俄中医理疗服务业开始发展，但缺少来自哈尔滨等医疗资源完备的中心城市的对接政策支撑，特色型服务贸易水平、规模较难得到进一步提升。

（三）外部市场环境对服务贸易扩张形成一定限制

一是传统外部市场规模限制服务贸易扩张发展。长期以来，黑龙江省主要以对俄经贸往来为主，辐射区域为俄远东地区，与其人口总量超过 80% 的俄欧地区经贸往来并不密切。黑龙江省服务贸易结构重心主要是旅游、运输等传统行业，需要较高收入和较大人口数量加以支撑。据俄罗斯劳动和社会保障部的数据，2018 年俄罗斯平均月薪仅为 3.6 万卢布，约合人民币 3816 元（同年度黑龙江省社会平均月工资为 4735 元），发展相对滞后的俄远东地区人均收入水平更低。此外，俄远东地区总人口约 620 万人，为哈尔滨市人口的 57% 左右。俄远东地区人口数量少、收入水平低的外部市场环境，导致黑龙江省服务贸易的扩张能力提升空间较小。二是国内区域间竞争压力日趋增大。对运输服务等而言，“一带一路”倡议下组建的新欧亚交通网对黑龙江省传统的对俄贸易通道优势形成严峻挑战。近年来，我国陆续开通了十余条中欧、中俄班列，使我国制造业集中区对俄出口有了更为便捷的通道，为内地出口商压缩了境内物流转运和异地通关等操作成本。这些交通线可直达俄罗斯主要消费市场的欧洲地区，抵达俄首都莫斯科的总运时与借道黑龙江省出境抵达莫斯科总运时相近，随着跨国通关便利化措施的逐步完善和运输效率的不断提升，黑龙江省所面临的运输服务竞争形势越发严峻。如广铁集团“广州—满洲里—莫斯科专线”全程 18 天，若改为取道黑龙江省出境，境内物流运时约为 80 小时，利用“哈俄快线”从满洲里出境抵达莫斯科运时约 10 天，加之转运、报关耗时等，总用时与广州中俄专线相差无几。又如，由成都开行的中欧班列已实现一张报关单直达终点，抵达欧洲运时只需约 14 天；中海集运天津港—二连浩特—莫斯科专线全程运时约 14 天。此外，发达省区的现代服务业发展较快，高端服务出口能力较强，浙江、广东、山东等省份越来越多地进入俄罗斯市场，黑龙江省面临多重压力。

三　黑龙江省具备加快发展服务贸易的特色优势和前景

（一）参与东北亚地区发展合作的区位优势突出

黑龙江位于东北亚中心区域，与俄罗斯、日本、韩国、朝鲜、蒙古国相邻，省会城市哈尔滨市是东北亚地区重要的经济、文化中心；绥芬河市与俄远东滨海边疆区接壤，并邻近东方港、海参崴港，通过俄罗斯“滨海一号线”对接欧亚陆海联运的节点潜能突出，依托俄罗斯在远东地区大力开发建设“超前发展区”和中蒙俄经济走廊建设发展的有利契机，进一步开拓运输服务前景广阔；抚远市与俄远东政治、经济、文化中心城市哈巴罗夫斯克相邻，黑河市与俄远东第二大城市布拉戈维中斯克隔江相望，有利于充分利用俄远东中心城市人口集聚特性，集中发掘旅游、中医特色医疗服务等省内跨境消费市场潜力。此外，虽然目前东北地区对接日韩经贸活动的主要区域在大连等渤海湾地区，但在充分挖掘区域协调及自贸区协作潜能基础上，仍可以哈尔滨为核心拓展服务贸易发展空间。

（二）文旅特色资源及人才资源供给基础良好

黑龙江省在文化、旅游、人力资源供给等方面具有较好基础或潜能，可为推进服务贸易发展创造良好条件。一是拥有独特的文化资源。作为一个多民族的省份，黑龙江省融合了包括汉族在内的多民族文化，满族、朝鲜、达斡尔、鄂伦春、锡伯、鄂温克、赫哲、柯尔克孜等民族特色明显。反映在文旅资源方面，黑龙江省既有清朝贵族后裔所保留的清代贵族文化传承，又保存了独一无二的狩猎民族文化遗产，使黑龙江省的区域亚文化底蕴与风格更加独特鲜明，为开发国际性文旅产品创造了得天独厚的条件。二是冰雪资源开发较好。黑龙江省冰雪资源丰富，在多年旅游发展建设基础上已形成景观欣赏、运动体验等综合性、高质量旅游产品体系，辅以域内较为完善的交通运输网络，形成较强的产业竞争力，是推进国际旅游发展的主要着力点。三是高端技术型人力资源供给基础充分。黑龙江省高等教育资源丰富，拥有 88 所高校、226 个科研机构，从长期看，可为黑龙江省发展科技型外包业务等高附加值服务贸易提供优良的人才储备。良好的人才供给基础将在未来有关发展政策的带动下持续释放潜能，充实黑龙江省服务贸易的人才要素供给，为服务贸易发展提供必要且可持续的支撑，推动服务贸易进一步发展。

（三）多重重大政策落地将释放红利效应

十八届三中全会以来，黑龙江省面临服务贸易发展的多重政策利好，国务院于 2016 年 2 月印发了《关于同意开展服务贸易创新发展试点的批复》，在进行经验总结之后，于 2018 年 6 月 1 日，国务院再次批复进行服务贸易创新试点，此次试点覆盖哈尔滨市全域。2019 年，中国（黑龙江）自由贸易试验区的批复为全省服务贸易快速发展创造了新机遇。国家赋予的诸多发展政策，使黑龙江省在服务贸易发展中的红利越来越多，优势越来越明显，如果红利获得较大释放，黑龙江省服务贸易发展就会出现“井喷”现象。

四　黑龙江省服务贸易发展思路建议

（一）全力推进服务贸易结构升级

一是培育构建新兴服务贸易体系。结合省内优势产业，依托国家级服务外包产业园，利用龙粤合作等区域协同发展政策优势吸引省外高水平新兴服务业企业入驻，构建研发设计、装备制造、信息技术、知识流程外包等服务贸易体系，提高全省技术密集型服务贸易比重。二是以大数据等行业发展为契机，推动大数据、物联网产业发展，积极推进全省加工贸易由“生产型”向“生产+服务型”转变，促进服务贸易结构优化升级。三是加快发展现代服务业。以创新创业、科技孵化等，培育技术咨询培训、专利申请服务、商业会展等现代服务业；以对外贸易和粮食运输等，发展陆海联运等跨境运输服务；以电子商务平台为基础，发展跨境电子商务及信息服务。同时，积极引导外资投向现代服务业，发挥跨国流动的示范和带动作用，提升全省服务贸易国际竞争力。

（二）深挖政策红利支撑服务贸易发展壮大

一是紧抓国家自由贸易试验区落地契机，推动有利于服务贸易发展的改革试验。将改善投资环境、强化政府服务、加快科技成果转化等方面的配套改革集中落实到试验区内服务贸易相关企业，让服务贸易企业真正享受到政策红利。根据服务贸易行业轻资产特性，适当放宽金融监管幅度，制定适合服务贸易发展的融资政策，协调商业银行采取科技成果抵押、合同抵押等多种方式，助力服务贸易实体做大做强做优。二是推动国家级重大发展决策与黑龙江省服务贸易发展政策相融合。组织商务厅、发改委等有关部门合作梳理政策，将东北老工业基地振兴政策关于“积极培育新产业新业态”“大力发展以生产性服务业为重点的现代服务业”等内容与黑龙江省服务贸易转型发展需要有机融合，为省内服务贸易企业设计针对性更强、更有效的政策落地机制，孵化打造一批优质服务贸易企业。利用哈长城市群协同发展、龙粤合作发展等区域协调发展政策，协作开发外向型旅游市场体系，开拓旅游服务市场新空间，并着重做好吸引对口合作地区优质服务贸易企业北上投资的工作。三是依托黑龙江省人才吸引等优化发展环境的普惠性政策，针对省内服务贸易企业在人才引进等方面的特殊需求，在普惠性政策基础上进一步细化制定优化服务贸易发展环境的专项性政策，充分挖掘政策潜能，促进服务贸易发展。

（三）充分发挥平台潜力推动服务贸易加快发展

一是进一步发挥服务贸易产业平台发展潜力。推动哈尔滨新区和大庆国家级服务外包产业园一体化协作发展。围绕发展现实需求，打破行政区划限制，推进政策共享，在融资担保、市场开发等方面加强园区间企业交流合作，共同开拓市场空间，同步发展壮大。突出中俄博览会、绿色食品博览会等大型展会平台的宣传作用，提升黑龙江服务贸易产品知名度和影响力。二是重视服务贸易公共服务平台建设。建立以文化语言服务、国际教育、技术转让、人才培训等具有项目对接、海外市场拓展、对外宣传交流等功能的服务贸易市场服务平台，为推动全省服务贸易转型升级提供载体。三是加快服务贸易行政支持平台建设。利用信息化手段，围绕人才引进、融资支持、法律咨询等领域加快建设服务贸易行政服务平台，为服务贸易企业发展提供行政支持。

（四）发挥对俄优势实现服务贸易重点突破

一是加快塑造对俄服务贸易核心优势，进一步向俄罗斯欧洲地区市场延伸。进一步发挥省内俄语、贸易、投资、法律和研究俄经济政策的人才优势，为省内外、国内外企业开展对俄经贸合作提供全方位服务。突出口岸优势，推进对俄金融合作，推动省内各类商业银行积极与俄方金融机构建立账户行关系，为企业扩大对俄业务提供金融支持。以塑造对俄服务贸易核心优势为基础，以哈尔滨现代服务贸易试点为平台，以加强对俄罗斯欧洲地区城市政府友好往来合作为渠道，助推省内有条件的服务贸易企业向俄罗斯欧洲地区拓展市场。二是深挖地缘潜能，着力拓展对俄特色服务市场。深挖对俄旅游服务市场潜能，在黑河市、绥芬河市等口岸城市，依托独特的口岸、生态、旅游等资源优势，发展休闲养老、康疗养生，创建旅居养老品牌。扩大对俄中医中药服务。鼓励省内医科大学、中药研究机构，深入了解俄方医疗市场准入标准等相关政策，争取在俄建立中医医疗、理疗等服务机构。搭建中俄医疗高层交往平台，扩大交流范围，推进中俄医疗合作有序发展。三是利用睦邻友好关系，发展对俄文化服务。鼓励中心城市、口岸市县、省内高校和相关企业，积极开展对俄文化、体育、教育、艺术等方面的交流合作，搭建政府、协会、学校、企业和民间等不同层次的文化交流平台，拓宽合作空间，促进文化服务贸易快速发展。四是加快培育对俄法律咨询服务，针对俄贸易中经常出现的问题和风险，深度研究俄罗斯法律，重点培育对俄法律咨询业务，实现在法律咨询等方面出口的突破和提升。五是对于近年国内企业在俄罗斯进行房地产开发等经营活动，开展设计与咨询服务的对俄出口，从而加快全省服务贸易的提档升级。

B.21 黑龙江省绿色有机食品产业发展研究*

宋晓丹**

摘　要： 推进农业绿色发展要把增加绿色优质农产品供给放在突出位置。近年来，黑龙江省注重打绿色有机优势牌，积极走农业的绿色优质高效发展道路，绿色有机食品已成为黑龙江省成长性最好的新兴产业。黑龙江省食品产业规模效益持续提升，在绿色有机食品种植面积、产量、品牌建设、安全监管等多方面加快前进步伐，正努力让绿色有机的“龙江绿”摆上更多消费者的餐桌，走出国门，销往国际市场。同时，必须认识到，黑龙江省绿色食品产业的发展还存在着产业融合发展不够紧密、绿色食品企业与发达省份尚有差距、龙江农业品牌影响力还不够强的问题。未来，“龙江绿”在新型农业经营主体、民营企业、优良营商环境、最北自贸区、品牌文化共同合力的作用下，必将会收获更加丰硕的成果！

关键词： 新型农业经营主体　产业融合　品牌文化

从北大荒到北大仓，从“共和国工业摇篮”到“挺起民族工业脊梁”，从“简单易货贸易”到“全方位对外合作”，黑龙江在70年的时间里实现了历史的巨变。作为中国的农业大省，黑龙江省连续8年粮食产量居全国第

* 本文为黑龙江省社会科学院“2019年度院青年课题”阶段性研究成果。

** 宋晓丹，黑龙江省社会科学院经济研究所助理研究员，研究方向为区域经济、发展经济学。

一，商品粮多年来稳居全国第一，农产品中的非转基因大豆、粳（京）稻和玉米无论是在种植面积还是在产量上都排在中国首位。黑龙江着力释放绿色发展新优势，绿色食品、有机食品认证面积分别占全国1/5强、1/10强；2018年，黑龙江省食品、农副产品加工业保持10%以上的增速；奶粉和婴幼儿配方奶粉产量均居全国首位。全省建设“互联网+”高标准示范基地1458个。黑龙江农业综合机械化率达97%，高于全国平均水平30个百分点；农业科技进步贡献率达67.1%，高于全国近9个百分点。[①]

一　黑龙江省绿色有机食品产业发展现状

近年来，黑龙江省注重打绿色有机优势牌，积极走农业的绿色优质高效发展道路，绿色有机食品已成为黑龙江省成长性最好的新兴产业。黑龙江省食品产业规模效益持续提升，在绿色有机食品种植面积、产量、品牌建设、安全监管等多方面加快前进步伐，正努力让绿色有机的“龙江绿”摆上更多消费者的餐桌，走出国门，销往国际市场。

（一）食品产业规模效益持续提升

把绿色食品和农副产品加工业打造成第一支柱产业是黑龙江省向农业强省迈进的重头戏，作为全国粮食安全的“压舱石”，黑龙江省坚持在“粮头食尾”“农头工尾”方面持续发力，食品工业已经成为黑龙江省最具成长活力的产业之一。2018年，黑龙江省以“增品种”“提品质”“创品牌”为抓手，开展“三品”提升工程专项行动。2018年1～9月，黑龙江省1339户规模以上食品加工企业增加值增速达14.7%。2018年1～11月，黑龙江省食品工业完成投资同比增长43.2%；食品产业增加值增长13.5%，比上年同期加快10.2%；食品制造业和农副食品加工业同比分别增长120.8%和

① 中国水泥网—杭州云天软件股份有限公司：《老工业基地重振雄风再出发》，2019，第10～16页。

28.6%；酒、饮料和精制茶制造业同比增长24.6%。哈尔滨北大荒盒装豆腐实现销售2000万盒，比上年增长10.8%。食品行业大项目落地优势明显，在乳制品加工和肉类加工方面，总投资规模分别达到52.5亿元和190亿元。为促进食品工业高速发展，黑龙江省先后出台了《食品工业“十三五”发展规划（2016～2020年）》《全省加快推进“粮头食尾”“农头工尾”实施方案》《新一代营养配方食品产业三年专项行动计划（2018～2020年）》等指导性政策文件。

（二）绿色有机食品认证面积持续扩大

黑龙江省绿色有机食品种植面积的持续扩大是绿色有机食品产量的有效保障。2017年，黑龙江省绿色有机食品认证面积已经约占全国的1/5。2018年，黑龙江省新增绿色、有机食品基地面积410万亩，比上年增长5.4%，截至2018年底，黑龙江省绿色有机食品基地认证面积达8046万亩，占黑龙江省耕地面积的33.7%，其中哈尔滨市绿色（有机）食品认证面积达1030万亩。2019年，黑龙江省绿色有机食品认证面积增加到8100万亩。截至2018年，黑龙江省有中国绿色高质高效创建示范县16个，种植面积达到1098.4万亩；有“互联网农业”高标准示范基地1600个，种植面积达到424.6万亩，有8个全国绿色食品原料标准化生产基地分别创建于富锦、通河、肇东、集贤等县（场），种植面积达到275万亩；有3个国家级有机农业示范基地建设在大兴安岭地区，分别用于杂粮种植、森林猪养殖和野生采集。2018年，黑龙江垦区绿色、特色和功能性稻米生产规模不断扩大，种植优质水稻达到783.8万亩，种植优特大豆品种达490万亩；订单种植水稻536万亩，订单种植玉米、大豆433万亩。黑龙江省药材播种面积由2014年的29870公顷增加到2017年的32887公顷，增长了9.2%。

（三）绿色有机食品产量持续增加

绿色有机食品产量的持续增加是黑龙江省夯实绿色有机食品大省基础

的有力支撑。根据2016～2017年国家现代农业示范区统计数据显示，2016年黑龙江省绿色食品和有机食品产量分别达到8575422吨和149015.9吨；2017年绿色食品和有机食品产量分别达到10254385吨和163670吨，2017年绿色食品和有机食品产量比2016年分别增加1678963吨和14654.1吨。根据2018年国家现代农业示范区统计数据显示，在整市创建示范区中，绥化市在黑龙江省是当之无愧的绿色食品产量大市，其中北林区、明水县和青冈县绿色食品产量是排名前三位的区县，肇东市是有机食品产量排名第一的地区；在整县创建示范区中，佳木斯富锦市绿色食品产量和齐齐哈尔市克山县有机食品产量分别达到574485吨和11542吨，位列首位；在垦区示范区中，黑龙江省农垦北安管理局绿色食品产量最高，达到877487吨，黑龙江省农垦齐齐哈尔管理局有机食品产量最高，达到43595吨（见表1）。

表1　2018年黑龙江省国家现代农业示范区绿色食品、有机食品产量情况

市	县	绿色企业数量	绿色产品数量	绿色食品产量（吨）	有机产品数量	有机食品产量（吨）
整市创建示范区						
大庆市	萨尔图区	2	10	4729	0	0
	龙凤区	1	1	551	0	0
	让胡路区	2	5	5030	0	0
	红岗区	0	0	0	0	0
	大同区	5	16	6588	0	0
	肇州县	8	56	62755	0	0
	肇源县	19	40	124305	0	0
绥化市	北林区	26	66	266200	3	1090
	安达市	5	8	101225	0	0
	肇东市	11	26	148475	61	5347
	望奎县	13	29	206004	0	0
	青冈县	10	28	248368	0	0
	庆安县	17	55	221340	7	569
	明水县	7	24	259350	0	0
	绥棱县	22	25	121543	11	2129

续表

市	县	绿色企业数量	绿色产品数量	绿色食品产量(吨)	有机产品数量	有机食品产量(吨)
整县创建示范区						
哈尔滨市	双城区	20	77	371278	0	0
哈尔滨市	五常市	76	173	421343	19	85045
齐齐哈尔市	克山县	8	19	281570	15	11542
鸡西市	密山市	32	62	300352	1	320
鹤岗市	萝北县	7	24	273394	1	1350
双鸭山市	宝清县	25	30	137435	3	4623
伊春市	铁力市	10	30	81965	6	541
佳木斯市	富锦市	34	77	574485	0	0
佳木斯市	桦川县	17	81	170149	15	5385
牡丹江市	宁安市	20	22	1055623	1	569
黑河市	逊克县	8	9	12609	0	0
垦区示范区						
黑龙江省农垦宝泉岭管理局绿色食品办公室		10	30	429909	0	0
黑龙江省农垦北安管理局绿色食品办公室		13	40	877487	0	0
黑龙江省农垦哈尔滨管理局绿色食品办公室		10	21	95112	0	0
黑龙江省农垦红兴隆管理局绿色有机食品办公室		18	30	350516	2	1988
黑龙江省农垦建三江管理局绿色食品办公室		25	54	499790	0	0
黑龙江省农垦牡丹江管理局绿色食品办公室		15	46	223650	0	0
黑龙江省农垦齐齐哈尔管理局绿色食品办公室		14	22	280050	4	43595
黑龙江省农垦绥化管理局绿色食品办公室		3	15	64902	0	0

资料来源：中国绿色食品发展中心网站。

（四）绿色农产品品牌建设持续推进

黑龙江省积极推动由中国大粮仓向中国绿色粮仓的转变，牢记习总书记“中国人的饭碗任何时候都要牢牢端在自己的手上”的殷切嘱托，实施农产品品牌战略，全面开创龙江农产品高质量发展新时代。从品牌规划布局、标准制定和评选认定加强品牌建设，“北大荒”“五常大米”“寒地黑土”等有机食品品牌已经成为龙江优质农产品的“代言人”。加大对“响水大米”“五常大米”等龙江品牌的保护力度，着力提升绿色优质农产品的品牌形象，开展品牌评选活动等。2018 年，“五常大米”品牌价值达 677.93 亿元，位列区域品牌（地理标志产品）综合排名第 6 位、全国大米类第一位。[①]“2019 中国品牌价值评价信息发布名单”显示，以“五常大米”为代表的 5 个地理标志产品，品牌价值评估结果为 892.96 亿元。五常市乔府大院农业股份有限公司被评为“农业产业化国家重点龙头企业”，其营销网络覆盖包括北上广深等在内的全国 200 多个城市，并且正在积极打造成为中国大米第一品牌。黑龙江省与阿里巴巴集团在地域农产品品牌建设、农产品营销与品牌打造等多领域合作上取得了良好的合作成果，成功打造了肇源鲶鱼沟大米上行模式，共同打造大米、大豆、玉米等特色产品品牌，2018 年黑龙江省大米淘宝销量占全国的 22.82%，销售额达 6.61 亿元，在全国大米类目销售中排在第一位。在 2019 年第二届中国·黑龙江国际大米节上，黑龙江省唱出了“世界好米在中国，中国好米在龙江”的口号。

（五）绿色有机食品安全监管持续加强

推动绿色有机食品高质量发展，是黑龙江省构建绿色有机食品产业质量保障长效机制的目标。为更加严格规范对绿色有机食品的安全保障，黑龙江省出台印发《2018 年绿色、有机食品质量监管专项行动方案》，推进绿色农产品质量安全智慧化监管，对已认证或登记的“三品一标”产品实行“全程可追溯”，农产品国检总体合格率达 98.78%。2018 年，黑龙江省实现有效使用绿色食品标识产品达到 2700 个，相比 2016 年增加了 500 个；实现有效使用有机食品标识产品 600 个；哈尔滨市“三品”认证数量达到 1791

① 宋晨曦：《我省绿色食品标识产品达 2700 个有机食品标识产品达 600 个》，《黑龙江日报》2019 年 8 月 26 日。

个。截至 2019 年 10 月，黑龙江省累计获得有机认证证书 2287 张，名列全国第一。黑龙江省制修订高于现行国标、行标、地标甚至国外先进标准的企业标准，已完成 340 种绿色有机食品标准的制修订，新增绿色食品生产技术标准 19 项，哈尔滨市共制定、修订主要农副产品的生产和加工地方农业标准 93 项。为指导绿色有机食品从严监管、质量优先，出台《进一步加快绿色、有机食品发展的指导》，提出对原料基地环境，基地投入品使用，企业加工环节等实行严格管控。通过国际合作尝试实现化肥农药使用量负增长，在日本专家指导下采用“栽培管理记录卡”管理体制，通过缓控释肥、筛选疫病药剂等减轻对土地的负荷，促进农业绿色发展。黑龙江省婴幼儿乳粉监管工作位于全国前列。

二　黑龙江省绿色有机食品产业发展存在的问题

通过第三方评估，尽管“龙江绿”的知名度、美誉度、推荐度排名全国第一，但这也仅是体现了黑龙江省绿色有机食品的整体冲击力强。而就黑龙江省绿色食品产业发展的进程看，仍存在着产业融合发展不够紧密、绿色食品企业与发达省份尚有差距、龙江农业品牌影响力还不够强的问题。

（一）产业融合发展不够紧密

目前，中国农村产业融合发展产值约 35 万亿元，其特殊点是跨界配置农业与现代产业要素形成“农业 +”新业态，利用工业工程技术、装备、设施等改造传统农业，采用机械化、自动化、智能化方式发展高效农业的第一、第二产业融合，利用农业景观和农业生产活动开发观光农业的第一、第三产业融合，以及以第一产业为基础向第二、第三产业延伸的第一、第二、第三产业融合，不仅健全了产业链价值链，最为重要的是，产业融合后产生的利润要远远大于每个单纯产业。第一、第二产业的融合发展，农产品加工业承载着“农业和农民 + 工业和市民”，也是乡村产业中潜力最大、效益较高的产业。黑龙江省绿色有机食品产业必须依托于农产品加工业的发展，但就目前看，黑龙江省农产品加工业发展仍然明显滞后，农产品加工业产值和农业总产值之比不足1∶1，而全国已经是2.2∶1，与农业大省所拥有的富集农产品资源还不相称。[①] 这同时说明了黑龙江省第一、第二产业融合发展紧密程度不够高。黑龙江省正在大力发展“文化+旅游”“康养+旅游”“体育+旅游”等模式的创新，但尚未提出“食品+旅游”模式。而云南省已经在借助旅游生态优势，打造世界一流“绿色食品”主产地，打造世界一流的“绿色食品”品牌知名地，打造成世界一流的“绿色食品和健康养生”深度融合目的地。这说明黑龙江省在第一、第三产业融合发展上尚有欠缺。而辽宁省大连市已经在积极探索推进绿色食品第一、第二、第三产业融合发展，以“一产海盐生产，二产食盐加工，三产海盐文化旅游”的全产业链发展模式，创建了“全国绿色食品第一、第二、第三产业融合发展园区”。这是黑龙江省亟须加强学习与改进的方向。

（二）绿色食品企业与发达省份尚有差距

尽管在分地区绿色食品原料标准化生产基地面积与产量统计上，黑龙江省确实是全国当之无愧的第一名。但通过数据比较，黑龙江省的绿色食品企业在有效用标绿色食品单位与产品数量、绿色食品获证单位与产品数量方面同绿色食品发达省份仍存在差距。2018年，山东省有效用标绿色食品企业比黑龙江省多出近500家，产品数量高出黑龙江省接近于1000个（见表2）。2018年，在全国分地区绿色食品生产资料获证企业数量上，黑龙江省不及山东省、江苏省、青海省与河南省，排名全国第四。2019年，山东省青岛市的农产品加工转化率已经达到70%，到2020年山东省的农产品加工转化率将达到70%，而2019年黑龙江省的农产品综合加工转化率是53.6%。企业数量、产品认证数量和农产品加工转化率方面存在的差距，间接表明黑龙江省绿色有机食品产业的经济规模与效益还不及发达省份，尚未做到全国最强。

---

① 黑龙江农业农村厅：《以产业融合促全面振兴》，《农民日报》2019年3月13日。

表2　2018年主要绿色食品大省发展情况

地区	分地区有效用标绿色食品单位与产品数		分地区当年绿色食品获证单位与产品数		分地区绿色食品生产资料获证企业与产品数		分地区绿色食品原料标准化生产基地面积与产量		
	企业数（家）	产品数（个）	企业数（家）	产品数（个）	企业数（家）	产品数（个）	基地数（个）	面积（万亩）	产量（万吨）
山东省	1523	3667	620	1454	17	41	24	344.3	365.5
安徽省	1202	2960	589	1310	3	5	45	841.1	392.9
江苏省	1113	2464	485	1014	16	39	48	1789.9	1227.7
黑龙江省	1025	2700	423	1096	11	22	157	6375.1	2994.8

资料来源：《绿色食品统计公报》（2018年），中国绿色食品发展中心网站，2019年7月10日。

（三）龙江农业品牌影响力还不够强

农产品品牌不仅代表的是农产品产地的特色、品质和安全，其影响力也直接表明该区域农产品在同行业中的竞争力和公信力。近期，中国区域农业品牌研究中心公布了“2019中国区域农业品牌影响力排行榜入围名单”。根据名单显示，23个参与评选的省市在区域农业形象品牌入围数量中，山东省、浙江省、江苏省排名全国前三，重庆市和四川省分别排名第4和第5，而黑龙江省只有2个品牌入围，同北京市、湖北省并列排在第8（见表3）。另外还有以1个品牌数入围的贵州省、福建省、内蒙古自治区、云南省、河南省、宁夏回族自治区、江西省、甘肃省、上海市、天津市和安徽省11个省市。根据“2018中国区域农业品牌影响力排行榜”显示，黑龙江省“寒地黑土”品牌以74.56的评选指数排名全国第4，排名前三的分别是浙江省的“丽水山耕”、内蒙古自治区的“天赋河套”和福建省的“武夷山水”，黑龙江省“寒地黑土”的评选指数分别比第1名和第2名评选指数低22.2和17.75，相差数值较大。

表 3　2019 中国区域农业品牌影响力排行

单位：个

省　份	区域农业形象品牌数
山东省	16
浙江省	13
江苏省	10
重庆市	8
四川省	7
河北省	4
陕西省	3
山西省	3
湖南省	3
黑龙江省	2
北京市	2
湖北省	2

资料来源：《2019 中国区域农业品牌影响力排行榜入围名单》，中国品牌杂志网，2019 年 11 月 12 日。

三　黑龙江省绿色有机食品产业发展的几点建议

随着消费者健康意识的增强、物质消费能力的提升，对绿色有机食品需求的数量和品种将会持续扩大，黑龙江省绿色有机食品企业必须在产品认证能力、研发创新能力、品牌打造能力、营销管理能力等方面多角度全方位提升壮大企业竞争力，争创全国绿色有机食品产业第一大省位置。而“龙江绿”的唱响，也更需要新型农业经营主体、民营企业、营商环境、最北自贸区和品牌文化共同合力的作用。

（一）“龙江绿”需要新型农业经营主体的带动

新型农业经营主体已成为黑龙江省推动粮食增产的重要力量，黑龙江省家庭农场、种粮大户通过规模经营拉动粮食增产 8% 左右，农机合作社拉动粮食增产15%左右。[①] 黑龙江省发展绿色食品产业，必须依靠农业产业化龙头企业和农民专业合作社等新型农业经营主体的带动作用。相对于传统"小农"而言的组织系统，新型农业经营主体正在逐步成为现代农业发展的主力军、脱贫奔小康的先进代表、实施乡村振兴战略的重要力量。以家庭农场、专业大户、农民专业合作社、农业产业化龙头企业为主要类型的新型农业经营主体，正在保障国家粮食安全、加速传统农业转型、引领带动示范小农户、集聚现代生产要素、引导农民有效对接市场等方面发挥着不可替代的关键作用。2018年黑龙江省新型农业经营主体总数超过20万个，位居全国前列。[②] 由于绿色有机食品在种养殖源头需要严格的科学化、规范化管理，这种严苛的种养殖要求不易被小农户所掌握，所以需要有规模化生产与集约化经营能力的新型农业经营主体发挥作用。并且新型农业经营主体在生态循环生产模式、电商销售、休闲观光农业三种新业态的参与程度也要远高于普通农户。充分发挥新型农业经营的引领作用，必然会带动"龙江绿"驶入快速行车道。

（二）"龙江绿"需要民营企业的支撑

2018年，习总书记在与民营企业家座谈会上强调："非公有制经济在我国经济社会发展中的地位和作用没有变！我们毫不动摇鼓励、支持、引导非公有制经济发展的方针政策没有变！我们致力于为非公有制经济发展营造良好环境和提供更多机会的方针政策没有变！"[③] 三个"没有变"不仅让民营企业吃了定心丸，也给民营企业增加了强大动力和信心。黑龙江省十大知名企业家中，有半数以上是从事食品业、乳业、药业等著名企业的老总，这其中的黑龙江飞鹤乳业有限公司、黑龙江珍宝岛药业股份有限公司、北大荒农

---

① 中国水泥网—杭州云天软件股份有限公司：《老工业基地重振雄风再出发》，2019年10月16日。

② 黑龙江省农业机械试验鉴定站：《黑龙江2018年新型农业经营主体总数超过20万》，2018年12月14日。

③ 新华网评：《这三个"没有变"，让民营企业"安心谋发展"》，新华网，2018年11月2日。

垦集团总公司和黑龙江省完达山乳业股份有限公司排在前四位。这同时表明，黑龙江省食品行业民营企业的经济规模与实力在黑龙江省经济发展中具有举足轻重的地位。2018 年，黑龙江省 81 家食品企业携 800 多个“龙江绿”产品参加国内规格最高、规模最大的中国绿色食品博览会，并获得 12 个产品获畅销金奖。2019 年，黑龙江省 100 余家绿色食品企业在上海滩香飘“龙江绿”。近年来，黑龙江省不断加大绿色食品融合发展力度，截至 2019 年 9 月底，黑龙江省新增使用农产品地理标志企业 81 家，新增使用绿色食品和农产品地理标志双标志企业 155 家。绿色食品民营企业正在为黑龙江经济增长提供有力的支撑。

（三）“龙江绿”需要优良的营商环境

常规情况下，品质好的农副产品应该是供不应求、不愁销路的，但黑龙江省多年来却一直存在种得好却卖不好的现象，尤其在绿色有机食品的销售上，尽管种植面积和产品数量都是位居全国前列，但在产品可辨识度、优质要优价、叫得响的品牌名称等方面都不具备优势，直接影响了龙江绿色有机产品的销售额度与产品竞争力。如何让“龙江绿”发出最强音，让黑龙江食品产业提升市场竞争力，不能单纯依靠找出好的销售方式，更重要的还是要营造出良好的营商环境，外在吸引消费者和投资者主动登门买产品、投产品、养产品、排产品，内在激发绿色有机食品企业的内生动力。马云跨过山海关直接到黑龙江投资，一方面说明阿里巴巴集团的卓越投资眼光，另一方面也说明黑龙江省在优化营商环境上做出了众多努力。并且继马云之后，新希望集团出资 20 亿元，在龙江投资奶牛养殖、绿色农产品等项目，进一步显现出黑龙江省招商引资“强磁场”效应的不断释放。

（四）“龙江绿”需要最北自贸区的推动

2019 年 9 月，党中央、国务院批复设立中国（黑龙江）自由贸易试验区，自贸试验区由哈尔滨、黑河、绥芬河三个片区组成。三个片区有各自明确的功能定位，其中黑河片区的功能定位是重点发展绿色食品、旅游康养、跨境能源资源综合加工利用、商贸物流、沿边金融等产业。自贸试验区的批复将进一步推动龙江对外开放，也为“龙江绿”走出国门进入国际市场带来更多的机遇。2018 年，黑龙江省全省农产品出口金额达 9.2 亿美元，同比增长 6.8%；对俄进出口实现 1220.6 亿元，占全国对俄贸易近 18%；农产品出口增速高于全省商品出口增速 21 个百分点，对俄贸易排在全国首位。待黑河片区集现代仓储、运输配送、多式联运、国际贸易、展览展销于一体的国际物流运输体系建立后，将会为黑龙江省绿色有机食品产业提供更为广大的发展空间，借助最北自贸区的推动，“龙江绿”的生产加工、产品交易、与对口省份的合作等将会更为顺畅与便利。

（五）“龙江绿”需要品牌文化的驱动

随着居民消费水平的不断升级，消费者对农产品的购买从注重口感、品质，逐渐转向更加关注产品品牌文化、品牌价值上来。在品牌文化作用下所产生的品牌力，不仅能够为企业赢得稳定的市场、稳定的客户群体，还能够大大增强企业的核心竞争力。品牌文化也是对目标消费者物质之外的文化需求满足。为什么赣南脐橙、西湖龙井、阳澄湖大闸蟹、章丘大葱、盱眙龙虾、鞍山南国梨等这些知名农产品品牌能够深入人心？在保证品质第一的前提下，品牌文化的力量不容忽视。而黑龙江绝大部分消费者却只能说出五常大米或九三豆油，黑龙江省作为中国绿色有机食品大省，有太多品种的优质农产品却不为人知，这就说明在品牌文化构建与推广上，还需要进一步加强。如某创意咨询策划公司的宣传口号“品牌就是刀疤脸，长得帅不如长得怪”，虽然听着没有那么高大上，但却能够让人眼前一亮而过目不忘。构建“龙江绿”的品牌文化，需要政府和企业共同努力。应从农耕文化、营养健康、创意设计、乡风民俗等多角度赋予综合考虑，尤其应注重以“80 后”“90 后”为主流消费群体的文化需求。相信在品牌文化的驱动下，“龙江绿”必然会名扬海内外，未来可期！

参考文献

中国绿色食品发展中心：《绿色食品统计公报》（2018 年），2019 年 7 月 10 日。

《唐珂解读农业农村部关于加快推进品牌强农的意见》，《乡村发现》2018 年 7 月 13 日。

《如何更好利用资源优势　专家把脉黑龙江食品和农副产品精深加工产业发展》，《经济日报》2019 年 5 月 23 日。

黑龙江省人民政府：《“龙江绿”以“绿”换“金”》，中国农村网，2019 年 8 月 5 日。

秦悦：《发展新业态要重视经营主体带动作用》，《经济日报》2019 年 10 月 11 日。

B.22
黑龙江省稳就业对策研究*

栾美薇**

摘　要： 就业是社会稳定的“压舱石”，2019 年政府把就业优先政策放在宏观政策层面，效应在持续显现，对 2019 年的就业工作起到了非常大的作用。黑龙江省就业形势较为严峻，就业结构性矛盾和总量矛盾依然较突出，民营经济发展相对缓慢，企业转型升级面临用工岗位的调整和国内外复杂的经济环境都对就业造成影响。本文针对制约稳就业的影响因素，从拓宽就业空间、发展民营经济、关注重点群体就业和防范失业风险等几方面提出相关对策建议。

关键词： 黑龙江省　稳就业

就业是经济的“晴雨表”，更是社会的“稳定器”。在 2019 年的《政府工作报告》中提出：“当前和今后一个时期，我国就业总量压力不减、结构性矛盾凸显，新的影响因素还在增加，必须把就业摆在更加突出位置。稳增长首要是为保就业。”黑龙江省按照总要求，全面贯彻落实就业优先政策，突出强调就业的重要性，多种协调配套措施，助力稳就业健康平稳发展。

一　就业基本情况

2018 年，全球经济出现增长乏力、贸易争端增多、逆全球化的局面，

---

* 本文是2018年黑龙江省哲学社会科学研究规划项目（项目号：18JYC261）的阶段性研究成果。

** 栾美薇，黑龙江省社会科学院经济研究所助理研究员，研究方向为人力资源与环境。

而经济发展的变化对就业形势产生了深远影响。在外部环境发生明显变化的时候，黑龙江省积极制定落实相关政策，就业局势总体较稳定。

（一）就业总量持续不减

2018 年全省实现城镇新增就业 60.7 万人，完成年计划的 110%；2019 年 1 ~9 月，全省实现城镇新增就业 44.84 万人，完成年计划的 86.2%；城镇登记失业率 3.73%，比去年同期降低 0.35 个百分点，实现历史同期最好水平。在高校毕业生方面，2019 届高校毕业生 21.4 万人，毕业生人数较 2018 年的 21.87 万有所减少，但总量仍然较大；在重点就业群体方面，农业转移人口、退役军人、转岗职工等群体数量没有减少，黑龙江省就业压力没有明显缓解。

（二）就业新形态加快发展

一是黑龙江省大力发展第三产业，推动传统产业转型升级，加大对新经济、新业态、新模式的支持力度，以产业发展带动就业增加。第三产业吸纳就业能力不断提高，2019 年 1 ~9 月第三产业新增就业占比 80.5%，同比上升 4.3 个百分点。二是利用国内市场大的优势，推动“互联网 +”、数字经济、平台经济等在更多领域发展，大力发展养老、托幼、健康等现代服务业，壮大新动能，释放巨大就业潜力。例如，2019 年上半年，以网络平台就业为代表的新就业形态，上半年全程扶持新增创业人员 5040 人，同比增长 234%，发放创业担保贷款 4.72 亿元，同比增长 335%。新就业形态更加多元化，创造了一批新型就业岗位。

（三）受经济发展影响持续增大

黑龙江省经济增长乏力，2018 年，GDP 增速 4.7%，低于预期目标和全国增长水平；2019 年一季度，全省实现地区生产总值（GDP）3184.6 亿元，比上年同期增长 5.3%，增速同比下降 0.3 个百分点。受此影响，全省新增就业、失业人员再就业、就业困难人员就业等指标持续下降，调查失业率较高，2018 年四个季度分别为 6.6%、5.9%、5.9%、5.9%。2019 年一季度为 6.6%。

二　制约稳就业的影响因素

在目前经济环境复杂多变的背景下，黑龙江省就业情况总体稳定，但就业形势依然稳中有难。这其中既有全国大多数省份存在的共性问题，也有黑龙江省的个性问题。

（一）就业总量压力仍然存在

虽然黑龙江省劳动力供给总体数量上有所减少，2019 年 1～9 月，全省人力资源市场求人倍率（招聘人数与求职人数之比）为 1.1，同比上升 0.18 个百分点，岗位需求首次大于劳动力供给，创历史最高水平。但总量仍然很大，未来几年，每年需要在城镇就业的新成长劳动力约 35 万人，此外，还有城镇登记失业人员 40 万人左右，除考虑自然减员腾出的岗位，要保持城镇失业水平不上升，每年城镇新增就业规模不能低于 55 万人。

（二）结构性矛盾仍未缓解

一是黑龙江省传统行业吸纳就业的能力有所减弱，新兴产业尚未全面崛起，毕业生市场岗位竞争压力将持续增加。同时，市场招工难与就业难叠加的结构性矛盾仍未有效缓解，一些高校在专业设置、培养模式等方面，与社会需求脱节，随着产业转型加快和技术变革加速，供需错位的矛盾在一定程度上更加突出。二是人口净流出。老龄化导致青壮年劳动力紧缺，加剧结构性就业矛盾，如果不提高职业培训的有效性，还搞低端培训，不切实提高就业质量，就业压力还会进一步增大。

（三）重点群体就业难度不减

一是去产能行业集中在接续产业不多、就业门路狭窄的资源型城市，这些资源型城市支柱产业受到冲击，相关产业也会受到牵连，当地劳动者的就业、收入、消费乃至区域发展都受到严重影响。“三偏一单”（年龄偏大、工龄偏长、文化程度偏低，技能单一）人员较多，无法满足企业需求，解决起来成本高、难度大。二是贫困劳动力、农民工、转业军人等人数较多，就业需要重点关注，需要持久性的监测。

（四）影响就业不确定因素增多

受国经济新形势影响，黑龙江省外贸企业尤其是对美提供进出口商品的企业经营风险将会明显提升，可能出现成本增加、订单减少、利润下降、削减产能等问题，随之导致企业裁员、向社会排放失业人员，有可能造成规模性失业，从而对就业市场造成冲击。黑龙江省是劳务输出型省份，初步估计有超过 30 万农民工在珠三角、长三角地区就业，沿海地区企业受经济形势影响，经营压力增加，用工需求减少，会导致农民工返乡；应届高校毕业生每年省外就业的占 1/3，沿海地区外向型经济比重高，大量适合毕业生的知识型、科技型就业岗位可能受到冲击，种种不确定因素有可能影响黑龙江省就业局势的稳定。

（五）创新创业发展缓慢

黑龙江省是老工业基地，国有企业比重大、困难多，民营经济相对偏弱，历史遗留问题和国企改革等因素给稳就业带来较大压力，企业转型升级速度慢，创新创业发展较缓，下岗失业人员较多。

（六）就业市场仍待规范

个别企业仍存在不合理现象，如随意延长就业者试用期，拒付和拖欠试用期工资，过度要求名牌大学和高等学历，甚至在招聘中存在性别歧视、民族歧视等现象，易造成恶劣影响，侵害了就业者的合法权利，扰乱了就业市场秩序。另外，“求职贷”“培训贷”等侵害就业者权益的事件也时有发生，“慢就业”现象进一步增多。

三　稳就业的对策建议

就业是最大的民生工程、民心工程、根基工程，是社会稳定的重要保障，把就业作为经济发展的重中之重，推动实现经济增长与扩大就业良性循环。稳就业涉及全国稳定大局，当前中国经济下行压力加大，给就业带来一系列影响，既有中美经贸摩擦等外部因素，也有投资增速回落、消费增速放缓、结构性改革进一步深化等内部因素，是长期积累的矛盾与新问题新挑战相互交织的结果。

（一）推动经济高质量发展，拓宽就业空间

实施就业优先战略，推动地方政府把就业作为经济发展的优先目标，实施积极的财政政策、稳健的货币政策、就业优先政策，促进经济增长和就业扩大良性循环。同时深入推进供给侧结构性改革，推动先进制造业与人力资源服务等现代服务业深度融合，加快构建现代产业体系。大力实施“百大项目”和“百千万工程”，促进区域协调发展，推动形成强大的市场体系，释放消费、投资、外贸巨大潜力，以稳定经济发展稳住就业基本盘。发展新兴业态、县域经济，实施乡村振兴战略，推动实体经济转型升级，促进民营企业和中小微企业发展，多方位扩大就业途径。

（二）调整企业税收政策，确保企业正常发展

认真落实支持民营经济高质量发展的27条措施，积极调整民营企业的税收政策，按着中央规定，降低社会保险费率，调整社保缴费基数政策，全面落实小微企业普惠性税收减免政策。在融资方面，利用好政策红利，引导金融资源流向小微企业缓解企业融资难问题。在稳岗方面，针对有困难的企业，采取调整薪酬等应对措施。强化企业服务，实施大、中、小企业融通发展三年行动计划，认定一批省级中小企业公共服务示范平台和省级小型微型企业创业创新示范基地，加强小微企业名录更新维护和调查分析。

（三）推进重点群体就业，稳定就业岗位

一是鼓励高校毕业生等青年群体就业创业，深入实施大学生就业创业促进计划和基层成长计划，统筹做好“三支一扶”等服务基层项目，加强就业见习工作，强化离校未就业高校毕业生实名登记和精准服务，组织开展高校毕业生就业服务月等系列招聘等活动，提高高校毕业生就业水平。二是落实农民工服务保障措施，开展农民工常住地失业登记和公共就业服务，做好在城镇就业的农民工落户工作，着力提高农民工技能水平，引导农村劳动力有序转移就业，促进就地就业创业；结合实施乡村振兴战略，落实促进返乡下乡创业政策措施，推进返乡创业试点工作，创建返乡创业示范县，培育创新创业带头人，引领农民工返乡下乡创业，培育选树一批返乡创业明星，带动农民群众就业增收。完善落实退役军人就业创业优惠政策，统筹利用现有就业创业信息平台服务退役军人就业创业，办好退役军人专场招聘活动，对下岗失业退役军人提供针对性帮扶。三是针对煤城、林区与需要去产能的企业从业人员，要密切关注分流安置中的风险点，尽最大努力把矛盾化解在萌芽状态，实现转岗不下岗。有针对性地实施再就业帮扶行动，重点落实对分流失业人员的职业介绍、技能培训、就业服务等帮扶举措。四是聚焦贫困村和贫困户，因村因户因人施策，提供精准服务，实现扶贫车间吸纳一批、返乡创业带动一批、劳务协作输出一批、公益性岗位兜底一批，确保有劳动能力的贫困家庭至少有一人就业。统筹做好残疾人等困难群体就业工作，动态消除零就业家庭。更好发挥失业保险保障生活、预防失业、促进就业的作用，加大援企稳岗政策实施力度，开展“护航行动”，适当加大稳岗补贴额度，稳住一批就业岗位，帮助企业渡过难关，大力实施培训补贴政策，促进失业人员再就业。

（四）聚焦“互联网+”公共就业创业平台，提升公共就业服务效能

加快建成互联网、手机 App 和后台管理系统“三位一体”的“互联

网+”公共就业创业服务平台，这是适应新业态就业需求发展的必由之路。加强基层就业服务平台指导，充分发挥基层服务平台促进就业的作用。要重新定位和正确把握基层就业服务平台与社区组织的关系，基层就业服务平台不是人社部门的独立派出机构，而是社区组织的组成部分。

（五）开展职业技能培训，提高劳动者就业能力

落实李克强总理重要指示精神，实施好职工技能提升行动，开展大规模职业技能培训，推进终身职业技能培训，推行企业新型学徒制，推进职业技能培训市场化、社会化改革，充分发挥企业主体作用，鼓励支持社会力量参与，建立培训资源优化配置、培训载体多元发展、劳动者按需选择、政府加强监管服务的体制机制。推进高技能人才培训基地、技能大师工作室和公共实训基地项目建设。做好高职扩招和技工院校扩招工作，大力发展技工教育，实施技工教育质量提升工程，培养更多技能人才，缓解就业结构性矛盾。

要实现培训对象普惠化、培训资源市场化、培训载体多元化、培训方式多样化、培训管理规范化，以就业技能培训、岗位技能提升培训和创业创新培训为主要形式，构建资源充足、布局合理、结构优化、载体多元、方式科学的培训组织实施体系。弘扬劳模精神和工匠精神，为产业发展、企业转型、创新创造储备一批知识型、技能型、创新型劳动者大军，打造一批技艺精湛、德艺双馨的“龙江大工匠”。

（六）加强预警监测，防范和化解规模性失业风险

就业工作涉及面广、任务重，是一项复杂的系统工程。要增强就业形势研判能力，健全就业统计监测制度，落实就业常规统计、就业失业登记管理、人力资源市场监测和失业动态监测。坚持就业形势分析会商制度，对重点地区、重点人群、重点行业要给予重点关注，及时发现问题，制定相关应急预案，建立失业风险预警机制。及时妥善处置可能发生的规模性失业风险。

B.23

黑龙江省优化营商环境研究*

王 拓　宋静波**

摘　要：　长期以来，营商环境问题一直是黑龙江省经济发展所要解决的重要问题。黑龙江省经济发展中面临的一些突出问题，与营商环境欠优、深化改革滞后有千丝万缕的联系，如经济下行压力较大、内生动力还不够足、创新能力还不够强、发展质量和效益不够高、一些企业特别是中小企业经营困难等等。改善黑龙江省营商环境并非一朝一夕的努力，不仅仅需要在外部进行更为细致的改变和优化，还需要从内部积极主动地配合，营造公平、开放、和谐、创新、文明且更具活力的营商环境，从而促进黑龙江省实现经济高质量发展，进而推动全面振兴全方位振兴。

关键词：　黑龙江省　营商环境　法治环境

---

* 本文为黑龙江省哲学社会科学研究规划项目“新时代龙江高端装备制造业自主创新对策研究”（18JYE681）、黑龙江省哲学社会科学研究规划项目“基于生态伦理视域的我国传统产业绿色发展路径创新研究”（17JLD182）、黑龙江省哲学社会科学规划项目“黑龙江省资源型城市承接产业转移加快转型发展研究”（19JLB016）、黑龙江省新型智库研究项目“黑龙江省加快资源型城市转型发展研究”（18ZK061）、黑龙江省新型智库研究项目“发展全域旅游推动黑龙江省煤城创新转型发展的对策研究”（18ZK057）的阶段性研究成果。

** 王拓，黑龙江省社会科学院文化和旅游研究所助理研究员，博士研究生，研究方向为经济理论、管理哲学；宋静波，黑龙江省社会科学院文化和旅游研究所助理研究员，博士，研究方向为工业经济学。

在我国改革开放过程中，营商环境既受历史因素影响，也受到政府政策和行为影响，而政府通过优化和改善营商环境确实对引资引智起到重要作用，证明了营商环境对于经济发展的重要性。优化营商环境一直以来都是东北经济发展所要解决的重要问题，这也是为什么中央在全面深化改革重重挑战面前，选择优化营商环境作为东北振兴发展的突破口之一。2018 年，黑龙江 GDP 总量 16362 亿元，同比增长 4.7%。总体上黑龙江省的经济发展状况向好且乐观，但是更加可持续的发展必须建立在健康稳定的经济环境上，因此，黑龙江省进一步建设良好的营商环境非常重要。

习近平同志指出：推动经济高质量发展，要把重点放在推动产业结构转型升级上，把实体经济做实做强做优，发展是第一要务，人才是第一资源，创新是第一动力，为企业营造有利于创新创业创造的良好发展环境。当前，深入理解黑龙江省营商环境的现状和问题所在，并积极缓解或解决这一重要问题是十分必要的，以此为经济发展提供更好更优的动力和基础。政府对市场还存在过度干预等问题，政商关系有待于进一步改善，政府的法治意识还有待提高，基础设施服务条件较为落后，这些都是黑龙江省营商环境建设存在的重要问题，也是整治营商环境的关键所在。当前，黑龙江省发展的机遇与挑战并存，要从自身的实际条件出发，积极建设良好的营商环境，为实现经济高质量发展提供新的动力。

一 黑龙江省营商环境建设现状

2016 年以来，随着新一轮东北振兴的全面推进，在多方面协同努力下，黑龙江省经济发展逐步企稳。2019 年前三季度，全省实现地区生产总值 10292.2 亿元，同比增长 4.3%，经济运行总体平稳，与全国平均增速的差距逐步缩小。立足于全面振兴全方位振兴，黑龙江省委省政府均高度重视营商环境的建设，于 2019 年 5 月出台《黑龙江省优化营商环境条例》，营商环境建设取得了积极成就和有效进展。哈尔滨新区全面实施“承诺即开工”改革，即“政府定标准、企业作承诺、过程强监管、信用有奖惩”，创新开展企业投资项目审批改革，落户企业 9 天就能拿到施工许可，已经处于全国先进水平。

营商环境对于经济发展有着至关重要的作用。结合黑龙江省具体情况，借鉴世界银行对营商环境的评价，2019 年 8 月 22 日全国营商环境现场推进会上宣布的营商环境评价指标以及普华永道关于营商环境的评价，在查阅大量数据资料的基础上，借鉴相关研究成果，以部分城市 2018 年数据为代表，从政府服务、产业环境、创新实践、生活环境、人才吸引、人才发展等几个方面直观感受东北地区与其他地区营商环境发展情况。其中政府服务主要体现为财政能力（财政收入水平、财政支出规模、财政收支平衡度）以及服务质量水平（企业开办时间成本、企业用地成本、企业日常成本）等；产业环境主要体现为第三产业占比、企业结构、自贸区建设、社会融资规模等；创新实践主要体现为新兴产业占工业产值比重、专利授权数、实用新型数量、新增企业数量等；生活环境主要体现为 CPI 指数、空气质量指数、人均床位数等；人才吸引主要体现为平均薪资、劳动保障水平、人均劳动纠纷等；人才发展主要表现为本科院校数量、职业技术院校数量、青年人口占比等。

在《营商环境报告 2019》中，中国大陆排名相比 2018 年上升 32 位，进入世界排名前 50 的经济体之列，位列第 46。全国城市排名中，深圳、北京、上海位居前三，哈尔滨列第 22 位。从以上分析可以看出，制约黑龙江省全面振兴全方位振兴的重要因素是营商环境不优，“投资不过山海关”的说法虽然不客观，但也说明黑龙江省的营商环境亟待改善。营商环境存在的问题影响到企业尤其是高技术企业在龙江投资经营的发展环境，制约着黑龙江省的新旧发展动能转换。相较于其他经济发达地区，黑龙江省在发展动能方面仍有可提升的空间，营商环境有待改善，促进全面振兴、全方位振兴还存在若干亟待解决的问题，迫切需要多措并举、加快改革创新步伐。

二　黑龙江省营商环境存在的问题分析

（一）传统发展方式的思维定式

在计划经济发展阶段，黑龙江省是全国工业的重要基地，在国家经济发展中处于重要支撑地位。这不仅得益于黑龙江省丰富的自然资源，也得益于其更加完善的计划经济体制，在很长一段时间里，黑龙江省的计划经济体制影响着政府的决策思维。但是这个时间并不是短期性的，而是延续到了改革开放之后，直至今天。在市场经济的大环境下，黑龙江省的整体经济架构中仍然保留了大量的计划经济因素，而且在短期内并不能在本地区内消除计划经济思维的影响，形成有效的创新思维方式。这主要表现在政府部门在履行经济职能的时候，过多参与、管理、干涉市场经济机制运行的多个环节，违背市场经济的运行规律，企业发展因此受到限制。

政商关系落后影响黑龙江省的营商环境优化。目前黑龙江省仍有部分政府官员不重视民营企业、中小微企业的发展，不主动与民营企业、中小微企业建立良好的政商关系；对中小微企业扶持力度不够，对其在政策、资金上的支持还有待加强。政商关系得不到进一步改善，将制约黑龙江省的营商环境建设和投资机会的增加。此外，地方政府在处理本地民营企业之间，以及本地民营企业与外商之间的矛盾纠纷时，在公正性、规范性等方面还有待完善。这些方面的不足，会影响到地方政府的公众形象和招商引资的口碑，如果这些方面处理不当，会成为打造良好营商环境的壁垒。

（二）落后的发展水平和状态

1. 经济发展滞后

作为老工业基地，黑龙江省在经济发展过程中，产业结构转型发展较慢、产业结构单一，严重阻碍了市场的良好运转。由于发展相对滞后，经济区域引力不足，导致外来企业很难入驻，这是制约投资者到黑龙江省发展的重要因素。

2. 融资环境不优

政府过多地参与市场的发展，国企占据主导位置，民营企业融资特别困难，尤其是相关手续审批烦琐，在资本有限的条件下，很难享受到市场资本所带来的效益，这是制约投资者到黑龙江省投资的重要问题。

3. 市场缺乏活力

作为老工业基地，黑龙江省央企与国有企业占比较大，大多数国企处于垄断地位，在资源配置方面难以具有很大的主导作用，而众多的中小民营企业鲜有市场，这也是民营企业难以崛起的原因。一旦民营企业丧失竞争力，那么市场将缺乏活力亦会丧失对外来企业的吸引力。

4. 人力资源的流失

近年来，黑龙江省的人口增长速度缓慢，经济增长乏力，并且伴随着人口老龄化严重以及多种社会因素的影响，比如待遇、教育、医疗、基础设施等社会保障的不足，造成本地区严重的人才流失。并且黑龙江省缺乏劳动力的储备力量，生产力严重不足，直接导致经济增长中劳动力成本偏高，营商环境中的成本因素对发展的制约作用加大。

5. 创新水平较低

黑龙江省产业优势已经弱化或不明显，近年来一些传统领域的竞争地位逐渐下降，新兴技术产业链尚未形成，产业结构单一，导致地区产业科研技术含量不高，科研创新能力不足。由于高新技术产业较少，产学研联系不够密切，没有创造出应有的创新氛围，技术溢出作用不够显著，是创新能力形成的薄弱环节，也是制约黑龙江省创新驱动发展的重要因素。

（三）地区环境和条件的制约

1. 部分资源趋于枯竭

黑龙江省虽然自然资源整体比较丰富，但是经过了多年的大规模开发，以及长期不合理的开采以及一些人为性因素，从而对当地的自然环境造成破坏，导致一些不可再生资源面临枯竭。黑龙江省资源型城市的优势不再明显，当地产业结构单一、产业质量下降等现象，必然会对资本、技术等要素的吸引力造成严重影响。

2. 环境气候的影响

环境气候的变化对于要素引入和产业发展的影响最为直观。黑龙江省冬季寒冷干燥、宜居性不佳、部分地区空气污染严重等问题，严重阻碍了新产业的引进与人才的流入，是制约黑龙江省建设良好营商环境的重要因素。

3. 区位条件的问题

黑龙江省地处我国最北端，位于高纬度地区，贸易条件不够优化成为制约招商引资的重要因素，由于地理位置的因素，对外进出口贸易还存在不便利的方面，地区发展活力不强，生产要素流动滞缓。

4. “硬件”设施条件仍待加强

黑龙江省的高铁建设还相对滞后，不能完全覆盖，较发达地区还有一定差距。高速公路建设整体路线有待提高，优势不是很明显。航运体系虽然较为发达，但是受气候制约。通信基础设施相对比较落后。黑龙江省在电子通信、移动设备、数字转换、通信产业等方面均落后于全国平均水平，综合的电子商务、大数据服务产业与发达地区相比仍有差距。

（四）东北特有的文化风俗

黑龙江省是一个有着浓厚移民文化的地区，热情好客、仗义互助等是良好民风的代表性特征。然而，民间盛行“人情文化”却在一定程度上制约了黑龙江省的经济发展。企业在投资之初，对地区的考察明确且真实，对投资的预算和运作步骤也有着详细的计算和规划，但在实践过程中黑龙江省盛行的“人情文化”却在不同环节中添加了很多无法清晰估算的消耗，以“关系”和“人情”为纽带的运营模式让企业背上了不必要的负担。黑龙江省早期的经济发展得益于由自然环境决定的“互助”人情文化，但是在市场经济下，原本的传统模式并不适用，甚至有碍于企业依靠市场力量的运营，不仅提高了企业运营的难度，也在无形中消耗了企业的大量资源。所以在营商环境建设的社会层面，黑龙江省的文化风俗是不可忽视的要素。由于高端人才的流失，导致地区社会文化环境质量不高，观念意识相对缺乏超前性，思维较为保守，直接制约了黑龙江省的发展动力。此外以“关系”和“人情”为纽带联系起来的社会特性在一定程度上也为东北地区的法治建设带来了阻碍。体现在：企业投资初期与投资人模糊不清的人情协议、政府部门履行经济职能的不严肃、政府部门人员变动带来的旧账搁置问题。黑龙江省的法治建设相对于东部地区，亟待进一步加强，这也是黑龙江省营商环境建设亟须强化的方面。

三 黑龙江省优化营商环境建设的对策建议

（一）加强政策层面的宏观指导作用

政府的政策设计在建设营商环境过程中扮演着不可替代的主导作用，应当以政府的制度安排为主要措施，从而推动营商环境建设，以实现降低实体经济成本并促进经济转型升级的目的。在优化黑龙江省营商环境发展的过程中，要有一个科学的战略和规划来引领，有一套好的政策机制来实施，做到东北地区协调发展政策取向标准化、前沿化、精准化。要切实加强协调东北地区营商发展的战略规划和政策统筹，加快重点领域、关键环节的改革创新，尊重黑龙江省发展的增长极效应，统筹基本公共服务均等化，关注整体性的协调发展，挖掘黑龙江省发展的内在潜力，打造黑龙江省适合营商发展的主体功能区，使之真正成为我国经济增长和转型升级的新引擎。我国在调整黑龙江省营商发展战略方面要在更高层次上持续深入推进，在谋求营商环境发展新格局的基础上，更加重视营商发展新内涵，塑造整齐有序的自由活动、主体功能服务有效、基础公共服务均等、资源环境可承载的营商环境发展新气象。让政府更好地参与市场，而不是更多地参与市场，充分发挥市场在资源配置中的决定性作用，坚持政企分开和政务分开的原则，不断完善投资优化营商环境的战略体系，打造可持续发展的战略模式。当前，我国经济进入新常态，应及时转变营商环境发展战略的大趋势、大方向，以更好地打破行政区划壁垒限制、地方保护势力，打造更加有效、更为均衡的现代化营商战略布局，实现东北发展经济上的互利共赢。应正确认识黑龙江省优化营商环境的战略方向，综合考虑长远的发展规划，重点解决黑龙江省营商环境建设中突出的中心问题，持续推进各经济主体融合，不断优化产业结构，实现产业由单一化向多元化发展的战略模式。

（二）营造促进企业成长的优良氛围

创造优化营商环境的产业生态应从以下三个方面来展开：一是改善黑龙江省的生态环境。应发挥可利用资源优势，为营商环境提供可持续发展的基础保障。扩大绿地覆盖面积，改善地区空气质量，优化生态环境，发展可持续的资源城市模式，为投资者创造新的投资机会。加速推进东北地区的产业转型机制，打造配套的产业链条，建设对应的产业园区，最大限度地利用和开发生态资源，这是吸引外商投资的重要路径。二是营造黑龙江省良好的文化氛围。应以东北文化的多元化、包容性为引领，加大对新兴产业的注入，培育更广阔的发展空间，有着对打造营商环境更为广泛的文化包容。应选好营商环境的主攻方向，以黑龙江省沿边口岸对外开放为主，以东北地区在引进高新产业的积极政策为基础，自身文化底蕴深厚为引导，以便招商引资方面取得良好的进展，来实现区域经济的平稳增长。三是打造黑龙江省的重要创业平台。应为来东北创业的投资者开辟绿色通道，加速高新技术产业的优化升级，吸引高端人才流入，黑龙江省的一些高新技术开发区已经具备了一定的承载能力及较为完善的配套产业设施，为营造更好的营商环境，使新兴产业的大量转入成为可能，为东北经济振兴增添新亮点。

（三）构建公正公平的法治化基础

习近平总书记在东北振兴座谈会的讲话中，强调推动法治建设，以创造更好的振兴条件，这确实也是优化黑龙江省营商环境的方向。市场经济健康、有秩序地运行是建立在完善且坚固的法治建设之上。法治环境下，需要政府履行权力符合法治章程，需要企业运营符合法制规定，个人行为服从法制要求。黑龙江省应当严格执行法律、法规和税收服务规范，保障市场主体全面享受各项税收优惠政策。应加强法治环境保障投融资体制、投融资模式的顺利运行，鼓励社会资本参与市政设施、公共服务等项目建设。发挥政府资金的引导和放大作用，依法依规吸引各类金融资本参与设立天使、创业、产业等投资基金，支持创新创业和新兴产业发展。在相关金融法规的框架内改善信用环境，进一步完善和健全中小企业信用担保体系，拓宽初创企业和小微企业低成本融资渠道。制定以企业家为主的人才政策，从政治、经济、文化、社会等多领域入手营造有利于企业家生成壮大的良好生态环境，培育有利于创新型民营企业加快生成发展的营商环境，提高培养民营企业经理阶层的精准服务能力。应进一步营造公平正义的法治环境，保障引进人才的利益和成长，使人才进得来、留得住，加大吸引优秀人才优惠政策力度，尤其要吸引年轻创新人才，同时要完善高新技术人才发展环境，鼓励人才创新创业，促进经济发展；优化市场竞争环境，使高新技术人才能够在公平正义的发展环境中工作生活。

（四）推进简政放权的营商机制改革

要实现资本的注入和人才的引进，必然要通过制度改革营造良好的营商环境，建设服务型政府，为外来企业投资者营造良好的投资环境，提高投资项目的配套设施质量，打造亲民、亲商的产业文化氛围。简化审批制度，开发一站式服务，规范审核制度，完善地方法律法规，提供灵活性政策补助，为引导投资人提供最大的优惠策略。坚持党的绝对领导，才能使营商路径不断优化，达到预期目标。适当降低国企比例，给民营企业更大的运营空间，破解一些体系内的壁垒，摆脱思维定式，减去政府对市场的过多干预，真正地向外来企业打开大门，提供优质的营商环境，这样才能为东北地区的经济发展奠定坚实的制度基础。规范审批程序，加快审批速度，让权力在阳光下运行，保障政府职能机构，加强社会组织的监督管理，进一步提高诚信环境的塑造，保障投资者的切身利益，让更加公平、公正的市场环境平稳运行。抓住建设中国（黑龙江）自由贸易试验区的重大机遇，使其成为政府打造营商环境的转折关键点，让政府发挥表率作用，构建良好的营商宽松体系，简化对市场投资环境的约束。

参考文献

董志强、魏下海、汤灿晴：《制度软环境与经济发展：基于30个大城市营商环境的经验研究》，《管理世界》2012年第4期。

卢万青、陈万灵：《营商环境、技术创新与比较优势的动态变化》，《国际经贸探索》2018年第11期。

王佳宁：《习近平总书记2019全国两会重要讲话精神》，http：//www. xinhuanet. com/nzzt/97/index. htm，2019年3月11日。

国际合作篇

Reports on International Cooperation

B.24 黑龙江省对俄经贸合作对策研究

高玉海　吕景和　孙　宇*

摘　要： 2018年黑龙江省对俄进出口实现快速增长、对俄投资稳步发展、境外经贸合作园区建设成效显著、口岸通道建设进程加快、跨境电子商务发展迅速，但也存在着对俄投资主体实力较弱、边境贸易政策不优、欧美制裁波及黑龙江省对俄经贸合作、对俄投资风险难以规避等问题。黑龙江省对俄经贸合作面临着中俄关系进入全面战略合作的新时代、新一轮东北老工业基地振兴与俄罗斯远东开发政策深入对接及黑龙江自由贸易试验区获得国家批复等机遇。黑龙江省要抓住机遇，主动作为，加快

* 高玉海，黑龙江省社会科学院（黑龙江省人民政府发展研究中心）边疆发展研究所所长、研究员，研究方向为区域经济、国际经贸合作；吕景和，黑龙江省社会科学院（黑龙江省人民政府发展研究中心）边疆发展研究所副所长、副研究员，研究方向为工业经济和区域经济；孙宇，黑龙江省社会科学院（黑龙江省人民政府发展研究中心）边疆发展研究所副研究员，研究方向为区域经济、对外经贸合作。

自由贸易试验区建设，加快互联互通设施建设，大力发展跨境产业合作，推进对俄贸易结构升级，推进对俄经贸合作重点项目，进一步提升口岸建设水平，推进对俄境外园区规范管理。

关键词： 黑龙江省 对俄经贸合作

黑龙江省是全国对俄贸易大省，已经成为全国对外开放不可或缺的组成部分。黑龙江省通过开展对俄经贸合作不仅成为推动中俄经贸关系发展、稳固政治关系的桥梁和纽带，而且成为我国对俄开放和全国开拓俄罗斯市场的“桥头堡”。

一 黑龙江省对俄经贸合作取得的成效

（一）进出口贸易保持增长态势

2018 年，黑龙江省充分发挥各种优势，深入挖掘对俄合作潜力，主动作为，积极承接中俄地方合作交流年的各项活动，对俄贸易实现了较快增长。2018 年，黑龙江省对俄贸易完成 1220.6 亿元，同比增长 64.7%，占黑龙江省外贸进出口总额和全国对俄贸易总额的 70.9% 和 17.2%，分别高于上年同期 11.9 个和 4.1 个百分点。其中，对俄出口 74.6 亿元，同比下降 29.5%；进口 1146.0 亿元，同比增长 80.4%。2018 年，黑龙江省自俄进口的原油、纸浆、煤炭、锯材、粮食等商品实现量价齐增，共计增加进口额 521.9 亿元，拉动全省进口 56.2 个百分点。2019 年 1～9 月，全省实现对俄进出口 946.1 亿元，同比增长 9.1%，占全省外贸总额比重 68.3%；其中，对俄出口 69.9 亿元，同比增长 21.3%；进口 876.2 亿元，同比增长 8.2%。2019 年 1～9 月，对俄进出口呈逆差状态，逆差额 806.3 亿元，占全省贸易逆差额的 90.97%。

（二）对俄投资呈下降态势

2018 年，全省对俄投资备案企业为 39 家，同比增长 18.2%，占全省对外备案投资企业的 40%；备案投资额 5.8 亿美元，同比下降 33.4%；实际投资 1.17 亿美元，同比下降 7.7%，占全省 23.3%。在俄农业备案投资企业 151 家，占全省对俄投资合作企业的 40.6%。在俄投资林业企业 75 家，备案投资额 17.4 亿美元。采矿业备案企业 8 家，备案中方投资额 6 亿美元。架设 4 条跨境国际输电线路，累计进口俄电 283 多亿度。俄外贝加尔边疆区“阿玛扎尔林浆一体化项目”、图瓦铅锌多金属矿开发项目、梦兰星河阿穆尔—黑河边境油品储运与炼化综合体项目、抚远金良现代农业公司在哈巴边疆区投资建设“100 万亩大型现代化农场”等重点项目取得积极进展。2019 年1 ~9月，对俄实际投资 7221 万美元，下降 20.9%。

（三）经贸合作区建设成绩显著

2018 年，黑龙江省在俄罗斯投资建设了 16 个经贸合作园区，累计投资 30 亿美元，进入经贸合作区的企业达到 147 家，境外经贸合作区面积 1796 万平方米，上缴俄罗斯各种税费累计 2.5 亿美元，从业人员 4236 人，其中外籍人员 1341 人。农业产业型园区牛存栏 7300 头、猪 4 万头、鸡 35.5 万只。其中，被国家确认为俄罗斯境外经贸合作区 4 个，黑龙江省被国家确认对俄经贸合作区占 3 个。有 5 家合作区入驻“俄罗斯远东跨越式发展区”和 1 家入驻“符拉迪沃斯托克自由港”享受其政策。2018 年，自俄进口粮食 11.72 万吨，其中，大豆 10.12 万吨；自俄进口木材 127.43 万立方米；商贸物流型园区货物吞吐量 15 吨；加工制造型园区对俄出口钢材 3 万吨。

（四）口岸通道建设进程加快

同江铁路口岸基础设施和查验设施与大桥同步建设，预计 2019 年 12 月开通；黑河公路口岸完成三通一平场地准备，预计 2020 年 3 月投入运营；黑河步行口岸完成两国外交换文；黑瞎子岛公路口岸新坐标点确认进入外交照会程序，口岸增加货运功能中俄两国达成共识。2019年7月18日，黑河至俄罗斯布拉戈维申斯克市的跨境索道开工建设，预计2021年开通运行。斯拉维扬卡港口建设项目，滨海1号、2号交通走廊项目积极推进；中俄原油管道二线建成；中俄东线天然气管道建设2019年底建成运营。绥芬河、黑河实现智能化通关，电子口岸支撑国际贸易“单一窗口”报关、报检业务应用率全省实现100%；压缩整体通关时间位居全国前列。彻底清理口岸收费，全省运行口岸按要求公示了口岸进出口环节收费目录清单。2019年1~9月，黑龙江省各类口岸货物进出口为3471.8万吨，同比增长14%；出入境旅客304.7万人次，同比增长10.7%。

（五）跨境电子商务发展迅速

2018年，哈尔滨市利用航空优势，积极发展对俄跨境电商业务。哈尔滨至叶卡捷琳堡的货运包机、至新西伯利亚和叶卡捷琳堡的客货混载航线累计发往俄罗斯的邮政小包达到919.6万件，重量1954.7吨。对俄跨境国际邮政小包出口纳入海关统计；全省累计设立海外仓24个，仓储面积达16.8万平方米。2019年上半年，跨境电商交易额实现7.6亿元，同比增长43%，俄罗斯列法国之后，居第二位，法国和俄罗斯占比分别为26.3%和23.8%。

二　影响对俄经贸合作的因素与问题

（一）投资主体实力较弱

尽管黑龙江省对俄投资合作在全国处于领先地位，但对俄合作缺乏大型战略投资企业，尤其大型国有企业受体制机制制约，对俄投资合作的积极性不高、意愿不强。黑龙江省对俄投资合作主体以民营企业为主，规模小、组织化程度低，投资能力偏弱，投资额500万美元以下的企业占80%以上，导致黑龙江省在俄项目规模不大、示范性不够、缺少大项目支撑的问题较为突出，与日韩企业在俄远东地区的贸易投资竞争力相比较弱。

（二）边境贸易政策不优

近年来，随着国家对边境贸易政策调整，企业享有的优惠政策减少，致使从事对俄贸易企业不断萎缩。国家执行进口关税和增值税减半征收政策，直接使边贸企业受益，1996～2008 年，黑龙江省边贸企业数量从 1996 年的 146 家增至 2008 年的 777 家，增长了 4.3 倍。2008 年调整为由中央财政转移支付后，资金补助拨付时间长、渠道不畅、额度不足等问题十分突出，对边贸企业支持力度大幅下降，严重影响了企业的积极性。2008～2017 年，黑龙江省边贸企业保持在 700 多家的规模，2017 年边贸企业 727 家，甚至比 2008 年还减少了 50 家，数量下降了 6.4%。此外，国家对重要商品进口限制多，影响边境贸易扩大规模。黑龙江省境外合作企业种植、养殖的玉米、小麦、水稻和肉类、乳品等权益产品，多数为关税配额或检验检疫限制产品，无法大量运回国内。受铁路运输资质的限制，黑龙江省只有 4 家企业具有进口煤炭铁路运输资质，其他企业只能通过上述企业代理进口。海关对饲草、中草药的进口限制，交通部门对一些特种气体车辆的限制、对国际运输车辆的限制，严重制约了进出口规模的扩大。

（三）欧美制裁波及黑龙江省对俄合作

受欧美制裁的影响，俄罗斯经济增长趋缓，居民购买力下降，不利于黑龙江省对俄出口。美国在制裁俄罗斯的同时，也限制其他国家企业同列入制裁名单的俄罗斯企业开展合作，如果开展合作，同样会受到西方制裁，中俄基金参与同江大桥建设受到困扰就是明显的例证。资金往来受限，2019 年已经有很多企业反映了这个问题，只要涉及俄罗斯的贸易和投资行为，都会受到中行的重点关注，特别是与列入制裁名单企业的资金往来非常困难，企业不得已采取变通方式，加大了风险。

（四）对俄投资风险难以规避

俄罗斯营商环境较差，俄方在对待外国投资方面的政策风险突出，资源招投标领域存在暗箱操作和国别歧视情况，执法机构滥用职权现象突出，投资企业权益得不到有效保障，项目建设风险大，一些较大的资源类投资项目由于俄方政策和执法因素难以持续。随着国际经济形势和中俄关系的快速发展，双方已有的合作机制已经无法适应新形势的变化，需要探索建立新的协调机制，强化政府层面的协调功能，切实解决中方企业在俄投资环境、运营条件和政策诉求。俄罗斯投资环境整体欠佳，企业面临投资风险较大，特别是对俄投资农业、林业投资合作受俄方政策调整全行业面临困境，对俄农业合作注销企业数量大幅增长。

三　黑龙江省对俄经贸合作机遇分析

（一）中俄新时代全面战略协作伙伴关系带来的机遇

面对国际政治经济新形势，中俄两国携手合作，共同反对单边主义，倡导强化区域合作，在处理重大国际问题方面保持协调一致；在两国领导人的积极推动下，中俄关系长期保持良好的发展势头，经贸、能源、人文交流等各领域的合作取得丰硕成果。中俄携手并进，不仅关系到两国的发展繁荣，也关系到地区及世界的和平稳定以及国际格局的未来走向，两国政府都将发展相互关系作为本国外交的主要优先方向之一。两国高层互访频繁，签署了一系列经贸合作协议，为两国经贸合作的稳定发展打下坚实基础。2019 年 6 月，中俄元首决定将两国关系提升为“新时代中俄全面战略伙伴关系”，这一决定将中俄两国关系推向新的历史高度。2019 年是中俄地方合作交流年，2020 年是中俄科技合作年，在两国关系高水平发展的大背景下，中俄地方合作面临新的机遇和有利条件，大有可为，黑龙江省作为地方合作交流大省的作用将得以充分发挥，全方位对俄经贸合作将提升新水平、再上新台阶。

（二）东北振兴与俄罗斯远东开发政策对接的机遇

国家实施新一轮东北老工业基地振兴战略为黑龙江省扩大对俄经贸合作

提供了新的机遇，有利于引进包括俄罗斯在内的外国投资，也有利于利用优惠政策加强与发达省市的合作，培育壮大对俄经贸主体，还有利于向国家争取对俄经贸的扶持政策。为提升综合国力，重振大国地位，进一步扩大在亚太地区的影响，俄罗斯颁布了建设超前发展区和符拉迪沃斯托克自由港等开放政策，公路、铁路、电站、港口及住宅、商服等项目陆续投入建设。中国东北老工业基地振兴与俄罗斯远东地区开放政策契合对接，为黑龙江省企业加强对俄产业、投资、科技、金融、旅游等领域合作提供了更加广阔的合作空间。

（三）国家批复建设黑龙江自贸区的机遇

2019 年 8 月 26 日，国务院新闻办正式对外发布《中国（黑龙江）自由贸易试验区总体方案》，标志着中国（黑龙江）自由贸易试验区建设正式启动。国家批复建设中国（黑龙江）自由贸易试验区（以下简称“黑龙江自贸实验区”）为黑龙江省加快以对俄合作为主的全方位对外开放，推动高质量发展提供了难得的战略机遇。按照国家批复的黑龙江自贸试验区发展定位，黑龙江省对俄经贸合作营商环境将进一步优化，投资自由化便利化和贸易便利化水平将进一步提升，贸易新业态新模式将更加多样化，跨境投融资将更加便利化，面向俄罗斯及东北亚的交通物流枢纽建设将加快进程，沿边地区对外开放水平将再上新台阶、再创新辉煌。

四　对策建议

（一）加快黑龙江自贸区建设

在“一带一路”与“欧亚经济联盟”对接的框架内，争取将黑龙江自贸区政策纳入中俄国家战略对接机制加以推进，探索依托黑龙江自贸试验区打造“自由贸易港”，契合俄罗斯“自由港”优惠政策，以此促进“两港”的互动发展。哈尔滨、黑河、绥芬河三个片区要与所在区域及腹地的开发区、高新区等功能区合作，探索在外贸进出口、招商引资、贸易投资便利化、口岸管理、境外投融资、复合型人才培养等方面的协同机制，将自贸区创新改革红利向腹地辐射，形成区域性合作新优势。

（二）加快互联互通设施建设

加快哈牡快速铁路建设，规划建设齐齐哈尔至满洲里快速铁路，形成以哈尔滨为中心的东出绥芬河、西进满洲里的双向互济快速铁路网络。拓展哈尔滨综合保税区功能，在哈尔滨自贸片区设立保税园区；加大力度组织省内外货源，不断扩大哈欧、哈俄班列的运输规模。超前谋划研究利用“哈绥符釜”通道开展北向国际运输的可行性，通过利用俄罗斯符拉迪沃斯托克自由港，开展北向到达北冰洋的北极航道。超前谋划跨境铁路大桥和国际陆海联运通道，推进哈尔滨—黑河—布拉戈维申斯克—雅库茨克—北冰洋国际运输大通道建设，构筑互联互通的跨境“冰上丝绸之路”。依托黑河保税物流中心（B 型），申请升级为黑河综合保税区。依托黑河黑龙江大桥及月星集团投资建设的中俄跨境综合物流枢纽项目，打造国际物流运输体系。推动与俄罗斯“滨海 1 号”国际运输通道建设对接，推进绥芬河至符拉迪沃斯托克高速铁路、公路建设，打造陆上边境口岸型国家物流枢纽。升级改造东宁—珲春相关路段，构建集铁路、公路、航空于一体的物流枢纽，共同打造面向东北亚、服务全国的开发开放战略平台，为“中蒙俄经济走廊”建设构建综合交通运输体系。

（三）大力发展跨境产业合作

根据国家兴边富民行动规划，围绕产业兴边富民，大力发展边境地区特色优势产业。以“粮头食尾”“农头工尾”为抓手，依托黑河北丰公司、绥芬河侨兴集团和东宁宏达公司等龙头企业，在交通基础设施条件较好的黑河、绥芬河、东宁等边境口岸建设集储存、加工、运输、销售于一体的俄粮加工园区。充分利用黑河边境经济合作区的现有基础，整合各方面优势资源，研究东线天然气管道进口有效利用。利用中俄原油过境管道优势，在管道沿线地区建设若干个大型石油战略储备基地，在国际原油价格走低的情况下，大量储备俄油，以确保国家战时之需。通过石油储备和加工，解决部分就业，为地方经济培育新的增长点，助推黑龙江省由进口能源大省向能源强省转变。

（四）推进对俄贸易结构升级

在巩固木材、石油天然气、煤炭、粮食等能源、资源性商品进口优势的基础上，依托黑河梦兰星河公司项目，探索研究东线天然气管道进口有效利用，助推“燃气龙江”计划落地实施。在巩固俄罗斯远东市场的同时，重点拓展伊尔库茨克州、斯维尔德洛夫斯克州、卢卡加州、鞑靼斯坦共和国等地市场。推动边境地区商品市场建设，积极争取市场采购贸易试点。研究边贸创新发展政策措施，调动对俄贸易企业积极性。扩大互市贸易规模，争取国家政策支持将现行每人每日 8000 元人民币，增加到 20000 元人民币。

（五）进一步提升口岸建设水平

进一步加强同俄罗斯的沟通协调，推进绥芬河、东宁、抚远等边境口岸争取实现中俄 8 座以下小汽车划定区域自驾游；支持相关口岸和企业申请获得自俄进口肉类、水果、食用水生动物和冰鲜水产品、饲草、中药材等资质，打造功能性突出的特色口岸。制定和实施全省优化口岸营商环境措施，全方位开展优化口岸营商环境行动，打造国际贸易便利化和投资自由化的优良营商环境。结合落实国务院《关于推进兴边富民行动的意见》要求，制定重点边境地区口岸经济发展规划，助推口岸经济发展，确保边境地区安全与稳定。

（六）强化境外园区管理

全面落实《黑龙江省境外经济贸易合作区考核办法》，开展省级境外园区认定工作。指导培育对俄经贸合作区提档升级，推荐 1 ~ 2 家对俄境外经贸合作区申报国家级园区。组织境外园区和重点项目到中国南方发达地区招商，继续推动黑龙江省企业与央企及国有企业开展对俄合作。依托绥芬河、黑河边境经济合作区及东宁跨境合作区、同江桥头区等开发区与境外园区对接互动，形成产业集聚，错位发展，避免因产业相同或相近而造成恶性竞争。立足境内外园区的特色产业，依托龙头引配套，集聚众多上下游配套企业入驻园区，带动园区快速形成产业集聚和市场竞争优势。

（七）大力推进对俄金融合作

继续推进与中俄投资基金的合作，落实双方共同签署的合作备忘录相关事项，组织黑龙江省优质企业与中俄基金开展交流活动，邀请中俄基金参加黑龙江省组织的境外展洽活动，定期召开会议，解决合作中存在的相关问题。充分利用双方金融渠道，向俄罗斯远东发展基金、丝绸之路基金等境内外基金组织推荐省内有实力的在俄投资企业，组织与俄方企业对接合作。推动金融机构对境外投资企业开展“外保内贷”“外保外贷”试点业务。

B.25

黑龙江省对外经贸合作研究*

朱德鹏**

摘　要： 2019年前三季度黑龙江省货物进出口额实现双增长。排在黑龙江省进口额前五位的主要产品是原油、粮食、锯材、煤及褐煤、原木，排在黑龙江省出口额前五位的主要产品是汽车，蔬菜，钢材，纺织纱线、织物及制品，鞋类。黑龙江省的经贸合作伙伴遍布全球六个大洲，俄罗斯是黑龙江省最大的贸易伙伴，特别是随着黑龙江省与俄远东地区边境口岸跨境贸易通道建设不断完善，可以预见黑龙江省与俄罗斯的经贸合作将日益紧密。同时，口岸建设水平的不断提高及黑龙江自贸试验区哈尔滨、黑河、绥芬河片区大力招商引资，为国内外企业在黑龙江省开展跨境经济贸易合作提供了优良的条件。但也应看到，黑龙江省货物出口贸易规模不大，高附加值产品出口规模较低，一些口岸的设施和服务水平有待提升、省内企业创新能力和向国外市场拓展业务能力有待加强。本文提出应改善投资营商环境，吸引国外先进技术项目落地；支持有实力的企业“走出去”参与“一带一路”沿线国家贸易合作、投资合作、产能合作及境外园区合作；积极培育外贸新业态、新模式；加强对外贸进出口业务的监管和扶持。

---

* 本文为黑龙江省哲学社会科学项目“黑龙江省城乡融合发展机制构建与实现路径研究”（项目号：18JYB160）阶段性研究成果；2019年度黑龙江省哲学社会科学研究规划项目“加强黑龙江省对俄产业合作深度融入共建‘一带一路’研究”（批准号：19JLH053）阶段性研究成果。

** 朱德鹏，黑龙江省社会科学院经济研究所助理研究员，研究方向为区域经济和产业经济。

关键词： 对外贸易　经贸合作　黑龙江自贸区

在中国经济越来越注重高质量发展、供需平衡、绿色发展、创新发展、供给侧结构性改革的过程中，中国对外经贸合作也将更加注重产品和服务质量的提升，以及带给国外市场的积极效益。黑龙江省作为我国重要的老工业基地之一，地处东北亚区域腹地，是我国及亚洲与太平洋地区陆路通往俄罗斯和欧洲大陆的重要通道，是我国沿边开放的重要窗口，应依托自身在装备制造业等产业方面的良好基础、资源条件和技术水平，发展更高水平的对外经贸合作。

一　2019年黑龙江省对外贸易和经贸合作情况分析

（一）货物进出口额实现双增长

2019 年前三季度，黑龙江省外贸进出口总额实现 1385.7 亿元，同比增长 13.1%，增速高于全国 10.3 个百分点，位列东北三省一区首位。进出口额实现双增长，出口金额 249.7 亿元，同比增长 19.6%；进口金额 1136 亿元，同比增长 11.8%（见表 1）。

表 1　2019 年前三季度黑龙江省外贸进出口额

单位：亿元，%

类别	金额	同比增长
进口额	1136	11.8
出口额	249.7	19.6
进出口总额	1385.7	13.1

资料来源：《黑龙江日报》2019 年 10 月 18 日。

从市场主体所有制结构看，全省国有企业进出口快速增长，实现进出口总额851.3亿元，增长19.4%；民营企业进出口417.7亿元，增长3.0%（见表2）。

表2　2019年前三季度黑龙江省国有及民营企业外贸进出口额

单位：亿元，%

类别	金额	同比增长
国有企业进出口额	851.3	19.4
民营企业进出口额	417.7	3.0

资料来源：《黑龙江日报》2019年10月18日。

（二）2019年前三季度黑龙江省进出口主要产品情况

从进口产品类别看，2019年1～9月黑龙江省进口农产品91.9亿元、机电产品53.1亿元、高新技术产品14.7亿元，同比分别增长29.2%、-6.8%、26.1%；排在黑龙江省进口金额前五位的产品主要是进口原油（804亿元）、进口粮食（47.1亿元）、进口锯材（38亿元）、进口煤及褐煤（37.4亿元）、进口原木（33.8亿元），同比分别增长14%、44.2%、2.7%、5.7%、-17.9%（见表3）。

表3　1～9月按产品大类排前五位的进口产品

单位：亿元，%

排位	产品类别	进口金额	同比增长
第一位	原油	804.0	14
第二位	粮食	47.1	44.2
第三位	锯材	38.0	2.7
第四位	煤及褐煤	37.4	5.7
第五位	原木	33.8	-17.9

资料来源：哈尔滨海关统计数据。

从出口产品类别看，2019年1～9月黑龙江省出口农产品43.8亿元、机电产品106.5亿元、高新技术产品20亿元，同比分别增长1.8%、

23.2%、80.2%；排在出口金额前五位的产品主要是汽车（18.9亿元），蔬菜（11.8亿元），钢材（9.8亿元），纺织纱线、织物及制品（9.1亿元），鞋类（7.9亿元），同比分别增长－8.3%、13.7%、55%、－8.2%、－38%（见表4）。

表4　1～9月份按产品大类排前五位的出口产品

单位：亿元，%

排位	产品类别	出口金额	同比增长
第一位	汽车	18.9	-8.3
第二位	蔬菜	11.8	13.7
第三位	钢材	9.8	55
第四位	纺织纱线、织物及制品	9.1	-8.2
第五位	鞋类	7.9	-38

资料来源：哈尔滨海关统计数据。

（三）贸易方式主要以一般贸易为主

2019年1～9月，黑龙江省一般贸易进出口总值1149.52亿元，比上年同期增长19.2%，占进出口总值的83%；加工贸易进出口总值67.4亿元，同比减少4.8%；边境贸易进出口总值125.07亿元，同比减少12.4%；对外承包工程出口货物16.56亿元，同比增长35.6%（见表5）。从近五年不同贸易方式进出口总值来看，一般贸易方式进出口除2015年和2016年出现回落，近三年均呈现增长态势；加工贸易进出口在2015年和2017年出现大幅增长，其余年份呈现下降趋势；近五年边境贸易进出口额除2017年有小幅增长外，其余年份均呈现下降趋势；对外承包工程出口货物只在2015年和2019年1～9月有较大幅度增长，其余年份呈现下降趋势。

表5　近五年黑龙江省不同贸易方式进出口总值及增速

单位：亿元，%

贸易方式	2019年1～9月进出口总值	2018年进出口总值	2017年进出口总值	2016年进出口总值	2015年进出口总值
	同比增长	同比增长	同比增长	同比增长	同比增长
一般贸易	1149.52	1389.11	855.97	743.66	891.55
	19.2	61.5	15.1	-16.7	-48.4
加工贸易	67.40	94.16	152.04	78.41	93.18
	-4.8	-38.1	94.1	-15.8	77.6
边境贸易	125.07	186.90	221.85	209.39	242.18
	-12.4	-14.4	5.9	-13.6	-56.8
对外承包工程出口货物	16.56	21.38	31.14	47.65	62.78
	35.6	-31.3	-34.6	-24.5	119.2
进出口总值	1385.70	1747.73	1280.73	1093.74	1300.16
	13.1	36.4	17.1	-16.0	-45.6

资料来源：哈尔滨海关统计数据。

（四）经贸合作伙伴遍布六个大洲，俄罗斯是最大贸易伙伴

2019年1～9月，黑龙江省与“一带一路”沿线63个国家和地区实现进出口额1111.2亿元，同比增长13.7%，占全省进出口总值的80%。2019年前三季度，黑龙江省对俄罗斯进出口总额实现946.1亿元，同比增长9.1%，占全省进出口总值的68%；出口金额69.9亿元，同比增长21.3%；进口金额876.2亿元，同比增长8.2%（见表6）。黑龙江省对俄贸易规模不断扩大。2018年全省对俄罗斯进出口总额实现1220.6亿元，同比增长64.7%，占全省进出口总值的69.8%，占全国对俄罗斯进出口总值的17%左右。全省在俄罗斯备案投资企业385家，实际投资累计23.9亿美元。哈尔滨、牡丹江、佳木斯等9个城市分别与俄罗斯阿穆尔州、哈巴罗夫斯克边疆区、滨海边疆区等12个区、州、市结成了友好省、市，数量居全国首位。中俄博览会自2014年以来已连续举办了六届，已经成为我国与俄罗斯开展经贸洽谈合作的重要平台和推动“一带一路”建设的十个主要区域平台之一。

表 6　2019 年前三季度黑龙江省与俄罗斯外贸进出口额

单位：亿元，%

类别	金额	同比增长
进口额	876.2	8.2
出口额	69.9	21.3
进出口总额	946.1	9.1

资料来源：《黑龙江日报》2019 年 10 月 18 日。

（五）黑龙江自贸试验区获批准，营造一流投资营商环境

2019 年 8 月 26 日，中国（黑龙江）自由贸易试验区获国家批准；8 月 30 日，中国（黑龙江）自由贸易试验区揭（授）牌仪式在哈尔滨举行，自贸试验区建设正式启动；9 月 1 日，深圳（哈尔滨）产业园区在黑龙江自由贸易试验区哈尔滨片区内开工建设；10 月 17 日，黑河片区招商推介会在北京举行；11 月 13 日，黑河片区招商推介会在上海举办；11 月 30 日至 12 月 1 日，广东省代表团来黑河市考察，旨在推进两省自贸片区建立合作机制，合作开展对俄贸易投资活动。以建设我国向北开放重要窗口、面向俄罗斯及东北亚全面合作的承载高地及联通国内辐射欧亚的国家物流枢纽为目标，黑龙江自由贸易试验区从无到有，哈尔滨、黑河、绥芬河三大片区的功能定位清晰明确，正在黑龙江省优化投资营商环境、提高政务服务水平、持续推进商事制度改革创新、吸引更高水平的投资合作、促进贸易投资便利化等方面发挥引领和示范作用。

（六）跨境贸易通道建设不断完善，口岸建设水平不断提高

中俄同江跨江铁路大桥中方施工段于 2014 年 5 月开工建设，是中俄首座跨界江铁路大桥。大桥于 2019 年 4 月合龙，连接同江口岸和俄罗斯下列宁斯阔耶口岸，东连俄远东最大城市哈巴罗夫斯克市，对于加强黑龙江省与俄远东地区间经贸往来将发挥重要作用。位于黑河市的中俄界江黑龙江大桥于 2019 年 5 月合龙，大桥连接黑河与俄远东布拉戈维申斯克市，是中俄合

建的首座跨境大桥，预计12月底交工验收，建成后将形成一条新的中俄大通道，使黑河市与布拉戈维申斯克市相联通。12月2日，中俄东线天然气管道在两国元首共同见证下投产通气。中俄东线天然气管道是中俄能源合作的重要项目，完全建成后，每年可向我国提供380亿立方米天然气，可以有效满足我国黑龙江、吉林、内蒙古、辽宁、河北、天津、山东、江苏、上海9个省份清洁能源消费需求。哈欧班列连接哈尔滨与欧洲腹地，于2017年1月正式纳入中欧班列运行图，成为全国中欧班列著名品牌，目前已成为中国对俄罗斯铁路运输里程最短、时间最短、费用最低、环境最好的一条跨境铁路线路。自哈尔滨太平国际机场开通了至俄罗斯叶卡捷琳堡货运包机航线，极大带动了中俄跨境电商贸易发展。

二　黑龙江省对外经贸合作存在的主要问题

（一）对外贸易结构不优、拉动力不强

黑龙江省外贸快速增长主要是进口额增长，进口额中原油进口占较大份额。而受国际市场欢迎的高品质、高价值的出口产品品类不多、规模不大。前三季度，原油进口额占黑龙江省进出口总额的58.3%，占黑龙江省进口总额的70.9%，进口原油数量和价格的波动对全省进出口贸易额影响很大。另外，黑龙江省现有产业外向度水平不高，对国外市场产品需求的分析研究与贸易洽谈合作不够，受国际市场欢迎的产品出口规模不大，需要进一步加强对国外市场的投资开发与合作。

（二）出口贸易规模不大、高附加值产品出口不多

2018年黑龙江省实现进出口总值1747.7亿元，比上年增长36.4%。其中，出口294.0亿元，下降16.7%；进口1453.7亿元，增长56.5%。从贸易方式看，一般贸易进出口1389.1亿元，增长61.5%；边境贸易进出口186.9亿元，下降14.4%；加工贸易进出口94.2亿元，下降38.1%。从企业性质

看，国有企业进出口1028.3亿元，增长75.2%；民营企业进出口579.1亿元，增长11.8%；外商投资企业进出口133.5亿元，下降21.4%。2018年广东进出口总额71618.35亿元，是黑龙江省进出口额的40倍。2018年广东省出口额42718.34亿元，是黑龙江省出口额的145倍；进口额28900亿元，是黑龙江省进口额的近20倍。广东省出口额大于进口额，而黑龙江省出口额远远落后于进口额。2018年广东省出口的主要商品为手持或车载无线电话3604.81亿元、自动数据处理设备及其部件2422.79亿元、服装及衣着附件2139.07亿元、家居及其零件1279.53亿元等，而黑龙江省出口主要商品为汽车28.4亿元，鞋类14.5亿元，蔬菜13.9亿元，纺织纱线、织物及制品13.7亿元和钢材11亿元等，且出口金额相差很大，特别是一些在国际市场上有需求且价值较高的通信产品等电子类产品出口规模更没法与东部发达省份相比。

2019年1~9月出口总值占进出口总值的比重为18%，进口总值占进出口总值的比重为82%。2018年出口总值占进出口总值的比重为16.8%，进口总值占进出口总值的比重为83.2%。做大做强黑龙江省出口产品，增加黑龙江省高品质、高科技含量、高附加值产品出口，是提高黑龙江省经济及主要产业外向度水平的必由之路。2019年1~9月黑龙江省高新技术产品出口达20亿元，外贸出口总值达249.7亿元，所占比重约为8%。2018年1~12月黑龙江省高新技术产品出口达17.89亿元，外贸出口总值达293.98亿元，所占比重约为6%。

（三）省内一些口岸发展水平有待提升

黑龙江现有25个对外开放口岸，其中水路口岸15个、公路口岸4个、航空口岸4个、铁路口岸2个，对俄边境口岸17个。一些口岸还存在着基础设施老旧、交通工具落后、配套设施不齐全、货物通关效率低、口岸经济效应未成规模等问题；一些开放口岸的作用和目的不清晰，缺少深入细致的研究，多年来还停留在过货通关的发展阶段，与口岸相配套的产业体系没有构建起来，口岸拉动地方经济发展的能力和潜力没能充分释放，与内陆地区发展结合互动的作用没有充分发挥。

（四）省内企业创新能力和向国外市场拓展能力有待加强

省内企业创新能力是制约黑龙江省口岸发展的主要因素之一。企业的创新能力、研发能力、向国外市场拓展业务的能力，直接决定黑龙江省参与对外经贸合作情况和货物进出口规模。政府和企业中长期关注国外市场需求（特别是“一带一路”沿线国家和地区）、具有国际视野、能够参与跨国经贸合作商议洽谈的专业人员匮乏，对企业开拓海外市场缺少支撑。省内优秀民营企业参与海外项目投资合作洽谈的平台和机会不多。黑龙江省产业外向度不高，缺乏国际市场需求产品，对“一带一路”沿线国家和地区投资合作不够。

三　黑龙江省发展对外经贸合作的对策建议

（一）改善投资营商环境，吸引国外先进技术项目

要充分发挥中国（黑龙江）自由贸易试验区的政策制度优势和良好的营商环境，积极吸引有实力的外商投资企业落户中国（黑龙江）自由贸易试验区（以下简称“黑龙江自贸试验区”）开展投资生产经营及服务类经济活动，大力支持符合黑龙江自贸试验区片区发展定位和产业规划的企业和项目落户落地。要把国外市场需求与黑龙江省自身的潜力和优势结合起来，在现代农牧业及有机食品加工领域，在能源化工和矿业开发精深加工领域，在高端装备制造领域，在旅游、休闲、健身、康养领域，寻求开展国际合作，吸引更多国外先进企业来黑龙江投资、生产和经营。

（二）支持有实力的企业“走出去”参与“一带一路”沿线国家贸易合作、投资合作、产能合作及境外园区合作等

政府部门应积极参加和组织与“一带一路”沿线国家的文化交流活动，借此推动与这些国家和地区的经贸往来和经贸交流，促进开展商品贸易、投

资、项目建设、人才交流、技术交流等经贸活动。帮助黑龙江省有实力的企业积极走出去，瞄准国际市场发展外向型生产经营、技术和服务等活动，在“一带一路”沿线国家和地区投资和承揽各类项目，帮助这些国家和地区完善基础设施，便利国际贸易商品的流通、交易和结算。大力发展绿色节能环保产业，特别是不同门类的、符合国际环保标准的机电产品。发挥黑龙江省在节能环保、高端装备制造、新能源开发利用、新材料运用、项目建设等领域的技术、人才、资源等方面的优势，大力发展服务贸易，到“一带一路”国家去承揽项目、提供服务。

（三）积极培育外贸新业态、新模式，为外贸发展注入新动能、新亮点

争取市场采购贸易方式试点，促进外贸综合服务企业发展。推进国际营销网络建设，支持企业建立海外营销网络、商品展示中心、海外仓和物流服务网络等。积极谋划制定跨境电商扶持政策，吸引更多的跨境电商企业落户黑龙江省。稳定并逐步扩大俄速通邮政小包出口纳统金额。主管部门应帮助中小型外贸企业解决融资难题，扩大出口规模。积极搭建贸易促进平台，加强黑龙江省企业与境外企业交流互动。支持企业参加境外展览洽谈活动，“走出去”开拓国际市场，积极参与“一带一路”沿线国家的经济贸易合作。

（四）加强对外贸进出口业务的监管和扶持

完善进出口分析制度，加强外贸分析能力建设，建立地市联络员机制、重点企业联系机制。了解企业合同、订单情况，定期预测、分析外贸进出口情况，积极寻找外贸新增长点、筑牢支撑点、防控下降点，宣传外贸工作新亮点、新举措、新成效，总结推广地方和企业创新发展的好经验、好做法。深入市（地）、县、重点联系企业开展调研工作，尤其是进出口下降的市（地）、县，及时了解外贸发展中的新情况、新动向、新问题，帮助企业协调解决实际问题。扩大出口信用保险企业及国别覆盖面，加大出口信用保险

支持力度，降低出口企业收汇风险。做好外贸转型升级基地培育工作。积极与市（地）研讨本地产业优势、外贸发展优势，发挥龙头企业示范带头作用，加强品牌建设，延伸产业链，提升产品国际竞争力，引导市（地）加强外贸转型升级基地培育。对于条件成熟的外贸转型升级基地，积极向商务部申请国家级外贸转型升级基地。积极推动省政府《黑龙江省支持对外贸易发展十条措施》等政策措施落实落细落地，充分释放政策红利。

四　黑龙江省对外贸易预测与展望

黑龙江省商务厅对外贸易处经与各市（地）商务局、重点联系企业联系，对到2019年底进出口任务完成情况进行了预测分析。从地市预测情况看，哈尔滨市将实现进出口227亿元，增长10%；齐齐哈尔市将实现进出口36亿元，增长38.6%；牡丹江将实现进出口395.3亿元，增长5%；佳木斯将实现进出口49.64亿元，增长12.9%；大庆将实现进出口1043亿元，增长7%；鸡西将实现进出口18亿元，增长8%；黑河将实现进出口47亿元，增长6%；绥化将实现进出口37亿元，增长4.5%；双鸭山将实现进出口10.7亿元，增长4.9%；鹤岗将实现进出口15亿元，增长96%；七台河将实现进出口0.76亿元，增长68.9%；大兴安岭地区将实现进出口2.5亿元，增长5%；伊春将实现进出口3.5亿元，下降30%。综合各地市预计情况，预计黑龙江省全年进出口额将实现1885.4亿元，比2018年增长7.8%。

中国社科院经济研究所研究员通过建立数据模型测算得出：预计2019年黑龙江省进口总额将达到222亿美元，同比增长1%；出口总额将达到48亿美元，同比增长8.4%。预计2020年黑龙江省进口总额将达到227亿美元，同比增长2.5%；出口总额将达到50亿美元，同比增长4.1%。

笔者认为，得益于自俄罗斯原油和天然气管道的建成开通运营，以及黑龙江自由贸易试验区哈尔滨、黑河、绥芬河片区对俄合作企业及重点支持产业的不断集聚发展和壮大，预计2020年黑龙江省对俄贸易仍将保持增长态势并在黑龙江省外贸进出口总值中占据较大比重。

参考文献

《2019 年 9 月黑龙江省进出口月报》。
《2018 年 12 月黑龙江省进出口月报》。
《黑龙江自由贸易试验区获批》,《黑龙江日报》2019 年 8 月 27 日第一版。
黑龙江省商务厅对外贸易处:《2019 年 1 ~9 月份全省对外贸易运行情况分析》。

B.26
深化黑龙江省对东北亚国家经贸合作研究*

刘懿锋**

摘　要： 黑龙江省对东北亚国家贸易额度占到全省对外贸易总额的七成以上。2019 年 1 ~ 9 月，黑龙江省对东北亚主要国家外贸实现稳步增长，有力拉动了全省对外经贸的增长。其中，国有企业在进口方面发挥了主导作用，民营企业在出口方面成为增长的主力；一般贸易作为黑龙江省最主要的对外贸易方式，保持快速增长；交流合作领域不断拓宽，呈多元化发展趋势。同时，也存在着对俄贸易比重过高、出口创汇能力弱、民营企业比重偏低等问题。因此，黑龙江省应抓住自贸试验区建设机遇，促进对东北亚合作迈上新台阶；培育外贸企业，提升外贸竞争力；深化对日韩经贸合作，推动贸易对象多元化；优化经贸合作发展环境，畅通对东北亚物流通道。

关键词： 黑龙江省　东北亚　经贸合作

东北亚地区是世界上最大和最具增长前景的区域之一，黑龙江省位于东北亚中心地带，其对俄罗斯、日本、韩国、蒙古的贸易额度占到全省对外贸

---

* 本文为是 2018 年黑龙江省哲学社会科学研究规划项目（项目号：18JYC261）的阶段性研究成果。

** 刘懿锋，黑龙江省社会科学院经济研究所助理研究员，研究方向为发展经济学和世界经济。

易总额的七成以上。黑龙江省对东北亚国家的经贸合作不仅对于自身发展质量有着重要影响，对于确保我国良好稳定的国际政治经济环境也有着重要而独特的意义。2019 年 8 月 2 日，国务院印发《中国（黑龙江）自由贸易试验区总体方案》，提出将黑龙江省“建成向北开放重要窗口的要求，着力深化产业结构调整，打造对俄罗斯及东北亚区域合作的中心枢纽”。黑龙江省在深化对东北亚国家经贸合作上迎来了全新的机遇。

一 黑龙江对东北亚各国经贸合作形势分析

2019 年，黑龙江省对东北亚主要国家外贸实现稳步增长，有力拉动了全省对对外经贸的增长。其中，国有企业在进口方面发挥了主导作用，民营企业在出口方面成为增长的主力。

（一）黑龙江对东北亚各国经贸形势分析

2019 年 1 ~9 月，黑龙江省外贸实现稳步增长，进出口总值达到 1285. 7 亿元，较上年同期增长 13. 1%。其中，出口总值为 249. 7 亿元，较上年同期增长 19. 6%；进口总值为 1136. 0 亿元，较上年同期增长 11. 8%。对东北亚各国贸易快速增长，进出口额为 973. 7 亿元，占进出口总值的 75. 7%。其中，出口额为 92. 9 亿元，占出口总值的 37. 2%；进口额为 890. 5 亿元，占出口总值的 69. 3%。

分国别来看，对俄罗斯、日本进出口增长稳定，对韩国出口实现大幅增长，只有对蒙古进出口出现下滑（见表 1）。其中，对俄罗斯进出口额为 946. 1 亿元，增长 9. 1%；出口额 69. 9 亿元，增长 21. 3%；进口额 876. 2 亿元，增长 8. 2%。对日本进出口额为 19. 0 亿元，增长 6. 3%；出口额 9. 2 亿元，增长 12. 8%；进口额 9. 8 亿元，增长 0. 9%。对韩国进出口额为 13. 26 亿元，增长 16. 6%；出口额 11. 1 亿元，增长 47. 4%；进口额 2. 1 亿元，下降 44. 3%。对蒙古进出口额为 5. 3 亿元，下降 30. 3%；出口额 2. 9 亿元，增长 176. 2%；进口额 2. 4 亿元，下降 63. 1%。

表1　2019年1~9月黑龙江省对东北亚进出口情况

单位：亿元，%

贸易国别	进出口总值	增速	出口总值	增速	进口总值	增速
合计	1285.7	13.1	249.7	19.6	1136.0	11.8
俄罗斯	946.1	9.1	69.9	21.3	876.2	8.2
日本	19.0	6.3	9.2	12.8	9.8	0.9
韩国	13.26	16.6	11.1	47.4	2.1	-44.3
蒙古	5.3	-30.3	2.9	176.2	2.4	-63.1

资料来源：哈尔滨海关。

（二）国有企业进出口快速增长，民营企业成为出口主力

在对东北亚贸易中，黑龙江省国有企业实现快速增长，在进出口总值和进口总值中均占到2/3以上，发挥了中心引领作用。民营企业则成为出口创汇的主力军，占到出口总值的一半以上。2019年1~9月，国有企业进出口额为851.3亿元，占进出口总值的66.2%，同比增长19.4%，增速比民营企业快了16.4个百分点。其中，出口额为43.96亿元，占出口总值的17.6%，同比增长36.1%，增速比民营企业快了20.2个百分点；进口额为807.3亿元，占进口总值的71.1%，同比增长18.6%，增速比民营企业快了21.2个百分点。另一方面，民营企业进出口额为417.7亿元，占进出口总值的32.5%，同比增长3.0%。其中，出口额为140.7亿元，占出口总值的56.3%，同比增长15.9%；进口额为277.1亿元，占出口总值的24.4%，同比下降2.6%（见表2）。

表2　2019年1~9月黑龙江省分企业性质进出口总值

单位：亿元，%

企业性质	进出口总值	增速	出口总值	增速	进口总值	增速
合计	1285.7	13.1	249.7	19.6	1136.0	11.8
国有企业	851.3	19.4	43.96	36.1	807.3	18.6
民营企业	417.7	3.0	140.7	15.9	277.1	-2.6

资料来源：哈尔滨海关。

（三）一般贸易占主导地位，其他贸易方式出现下滑

从贸易方式上看，一般贸易是黑龙江省对东北亚各国的主要贸易方式，保持快速增长，其他主要贸易方式出口、进口均出现下滑。2019 年 1 ~ 9 月，一般贸易进出口额为 1149.5 亿元，占进出口总值的 89.4%，同比增长 19.2%，增速比整体增速高出 6.1 个百分点。其中，出口额为 137.1 亿元，占出口总值的 54.9%，同比增长 25.1%，增速比整体高出 5.5 个百分点；进口额为 1012.4 亿元，占进口总值的 89.1%，同比增长 18.4%，增速比整体高出 6.6 个百分点。另一方面，加工贸易和边境贸易无论进口还是出口均出现一定幅度的下滑。其中，加工贸易进出口额为 67.4 亿元，同比下降 4.8%；出口额为 40.8 亿元，同比下降 5.6；进口额为 26.6 亿元，同比下降 3.4%。边境贸易进出口额为 125.1 亿元，同比下降 12.4%；出口额为 38.9 亿元，同比下降 9.6%；进口额为 86.1 亿元，同比下降 13.6%（见表 3）。

表 3　2019 年 1 ~ 9 月黑龙江省主要对外贸易方式

单位：亿元，%

贸易方式	进出口总值	增速	出口总值	增速	进口总值	增速
合计	1285.7	13.1	249.7	19.6	1136.0	11.8
一般贸易	1149.5	19.2	137.1	25.1	1012.4	18.4
加工贸易	67.4	-4.8	40.8	-5.6	26.6	-3.4
边境贸易	125.1	-12.4	38.9	-9.6	86.1	-13.6

资料来源：哈尔滨海关。

（四）交流合作领域多元化发展

2019 年是中俄建交 70 周年，黑龙江省以对俄合作交流为中心，对东北亚各国开展了领域多元的经贸合作。在贸易合作方面，6 月 15 日开幕的第六届中俄博览会中外客商同比增长 45.66%，达成各类意向、协议总金额 1700 多亿元人民币。7 月 29 日，以“把握东北全面振兴机遇，推进中日务

实经贸合作”为主题的2019（黑龙江）中日经济合作会议在哈尔滨市召开，对促进黑龙江省和日本间经贸交流合作起到了良好的推动作用。在科技合作方面，6月17日，在哈尔滨举行“2019中国—俄罗斯科技创新日”系列活动。中俄科技创新日以“汇聚中俄科技合作新动能，开创互利共赢合作新局面”为主题，在哈尔滨新区揭牌建立“中俄科技成果转化基地”，将俄罗斯的科教资源同哈尔滨完善的科技孵化体系、全链条的政策保障体系有机结合。在文化旅游方面，8月14日，2019年中俄电视周在哈尔滨市举办，并确定黑龙江省为“中俄电视周”项目中方永久举办地。10月10日，在韩国首都首尔市举办“2019中国·黑龙江文化旅游推介会”，向当地有力宣传了龙江旅游的特色资源。

二　黑龙江对东北亚经贸合作中存在的短板

（一）对俄贸易比重偏高，风险承受能力弱

黑龙江省是我国对俄贸易第一大省，拥有着对俄经贸合作“桥头堡”的地位。对于黑龙江省自身而言，对俄贸易也是其对外经贸合作的核心。2015～2018年，对俄进出口额分别占黑龙江省进出口总值的51.7%、55.5%、58.1%、69.8%，比重呈逐年上升趋势，出口所占比重甚至还要更高（见表4）。然而，受国际环境复杂变化及俄罗斯自身发展缺乏内生动力等因素影响，对俄贸易存在着极大的不确定性。例如，2015年，黑龙江省对俄进出口额下降了53.0%，导致全年进出口总值下降了-45.6%；2016年，对俄进出口额下降了9.6%，导致全年进出口总值下降了16.0%。尽管2017年以来黑龙江省对俄贸易出现回稳攀升，但随着2020年进入美国大选年，以及俄罗斯在乌克兰、叙利亚、土耳其问题上与西方国家对立的复杂化，今后对俄贸易仍然存在着极大的不确定性。另外，日本、韩国均是东北亚地区重要的经贸大国，黑龙江省对日韩经贸占自身比重偏低。这样的贸易结构，导致黑龙江省外贸在错综复杂的国际政治经济局势中承受风险的能力偏弱。

表 4　黑龙江省对俄罗斯进出口情况

单位：亿元

年份	进出口总值	对俄进出口额	出口总值	对俄出口额	进口总值	对俄进口额
2015	1300. 2	672. 0	496. 3	145. 8	803. 8	526. 2
2016	1093. 7	607. 5	332. 5	112. 2	761. 2	495. 21
2017	1280. 7	744. 2	356. 3	109. 3	924. 47	634. 9
2018	1747. 7	1220. 6	294. 0	74. 6	1453. 7	1146. 0
2019 年 1 ~9 月	1285. 7	946. 1	249. 7	69. 9	1136. 0	876. 2

资料来源：哈尔滨海关。

（二）经济外向度低，出口创汇能力弱

虽然黑龙江省的对俄贸易在全国具有重要地位，但受限于地理位置及经济发展水平，整体而言经济外向度偏低，且出口总值远小于进口，创汇能力偏弱。2019 年 1 ~9 月，黑龙江省进出口总值仅占地方生产总值的 12. 5%，不仅远低于全国 31. 7% 的水平，在东三省，也比辽宁省低了 15. 1 个百分点，仅比进出口出现连续下滑的吉林省高出 2. 1 个百分点。同时，黑龙江省的出口总值远小于进口，创汇能力较弱。在对东北亚国家经贸中同样如此。1 ~9 月，黑龙江省出口总值比进口总值少了 886. 3 亿元。其中，对俄出口额比进口额少 806. 3 亿元，对日出口额比进口额少 0. 6 亿元，对韩国和蒙古则为顺差，但绝对值极低。事实上，东北亚在全球经济版图中也是个非常巨大的市场，黑龙江省在经贸合作特别是出口方面的潜力还远远没有发挥出来。

（三）民营企业比重偏低，作用有待发挥

黑龙江省在对东北亚各国经贸合作中，民营企业的力量偏弱，所占份额偏低，有待发挥更大作用。2019 年 1 ~9 月，黑龙江省民营企业在进出口总值中所占的比重仅为 32. 5%，份额不到国有经济的一半，进口总值仅占 24. 4%。同时，民营企业进出口增速比国有企业少了 16. 4 个百分点，出口比国有企业

少了20.2个百分点，进口比国有企业少了21.2个百分点。反映出黑龙江省在对外贸易中，民营企业体量偏小，竞争力不强，缺乏行业龙头企业。反观国内对外贸易发达的省份，无一不是民营企业唱主角。可以说，民营企业数量和质量的差距严重制约了黑龙江省对东北亚经贸合作水平的提升。

三　黑龙江省深化对东北亚经贸合作的对策建议

（一）抓住自贸试验区建设机遇，促进对东北亚合作迈上新台阶

黑龙江省自由贸易试验区的成立和建设是国家的重大战略，给黑龙江构建开放型经济带来新的发展机遇。应该加快落实自贸试验区建设重点任务，复制推广自贸试验区改革经验，高水平编制自贸试验区建设实施方案和哈尔滨、绥芬河、黑河三个片区产业发展规划，促进黑龙江省的经济体制机制进一步改革和开放。自贸试验区的建设不仅可以促进黑龙江省对外贸易的扩大和发展，加速产能合作和融合，还可以促进黑龙江省对东北亚合作迈上一个新台阶，给全省经济社会发展带来新动能。

（二）培育外贸企业，提升外贸竞争力

一是实行更加积极的外贸促进政策，鼓励黑龙江企业开展境外商标注册、产品国际认证、境外专利申请。引导帮助中小型企业开展外贸业务，鼓励创新型、创业型和劳动密集型中小企业与外贸企业合作开拓国际市场，引导企业外向型发展。二是培育一批具有国际竞争意识、熟悉国际贸易规则、善于开拓国际市场的高新技术出口企业，促进外贸出口由低效益、低附加值的数量型增长，向高效益、高附加值的质量效益型增长转变。三是进一步完善各项外贸政策，加快发展外贸新业态，深挖外贸增长点，积极引导和推动黑龙江外贸企业向以品牌、质量、标准等为核心的综合竞争优势转变，在提高出口商品档次和附加值产品的同时，推动产品、技术、服务的全产业链出口，逐步实现黑龙江外贸从量到质的提升。四是立足黑龙江区位优势和产业

优势，积极融入“一带一路”建设，推动装备制造业及农产品加工业“走出去”，推进境外经贸合作园区建设，打造资本和技术密集型产业出口新优势。

（三）大力深化对日韩经贸合作，推动贸易对象多元化

日本、韩国是发达的经济体，拥有广阔的市场，是我国重要的贸易对象国。黑龙江省应加大开拓日本、韩国市场的力度，进一步推动贸易对象多元化，努力扩大进出口规模。一是全面加强对日本、韩国市场信息的调研，收集有关产业政策、市场需求等方面信息以提高市场开拓的针对性和实效性。二是引导企业利用国家和省里出台的外贸鼓励政策和措施，充分发挥政策的最大效应，进一步降低企业开拓日韩市场成本，引导、帮助各类企业参加国内外展会，开拓国际市场。三是构建境外营销网络体系，鼓励和引导黑龙江重点外贸企业建设境外营销机构、展示中心，通过整体打包宣传推介、延伸配送服务、广泛对接洽谈等营销方式，全面提高产品的国际知名度和影响力，扩大黑龙江产品的出口规模。

（四）优化经贸合作发展环境，畅通对东北亚物流通道

首先，结合自贸试验区建设任务，进一步加大“放管服”改革力度，积极转变政府职能，优化经贸合作的发展环境。最大限度地减少行政审批事项，减少行政审批许可环节，降低制度性交易成本，减轻企业税费成本压力，出台出口企业分类管理办法，通过差异化的服务，引领出口企业规范经营，以体制机制的改革创新为外贸发展创造良好的环境。鼓励黑龙江具有自主品牌的农产品加工企业开展对外合作，对农产品加工企业开展国际认证给予资金扶持。搭建银企平台，为黑龙江外贸企业提供融资服务，解决中小企业的融资难题。协调与俄罗斯同步加强口岸基础设施互联互通建设，提高通关效率。进一步简化通关手续，降低通关费用，使越来越多的企业通过使用国际贸易“单一窗口”降本增效。推进口岸智能化通关建设，为外贸企业提供优质、高效的通关服务。

此外，畅通国际物流通道，发展多式联运，是黑龙江对外经贸贸易新旧动能转换的必然要求，对于加强与东北亚国家的经贸往来、提高黑龙江对外开放的质量效益具有重要的促进作用。因此，黑龙江应深度融入共建“一带一路”，积极构建立足黑龙江、面向东北亚的国际物流大通道，促进形成铁路、公路、水运、航空高效衔接、互动发展的联运格局。围绕陆空联运体系建设，加快建成高速公路网，实施铁路扩能升级工程，完善机场群。依托“三桥一岛”及北极航道合作，借助俄罗斯港打通出海口，进一步畅通经俄罗斯至我国南方城市的内贸货物跨境运输通道。建立与韩国的航线通关协调机制，与中欧班列途经国家的工作联络机制。增加哈尔滨航空口岸跨境货物包机航线航次。

地市发展篇

Reports on Prefecture – Level City Development

B.27

2019 ~2020年牡丹江市经济形势分析与预测

毛成林　隋云鹏*

摘　要： 牡丹江市处于全国对俄开放合作前沿，是黑龙江省东南部中心城市和重要的综合型城市。2019 年，牡丹江市经济运行呈现总体平稳、稳中有进的态势，但受宏观经济形势以及自身长期积累的结构性问题等因素影响，稳增长的压力仍然很大。2020 年，牡丹江市将积极贯彻习近平总书记在深入推进东北振兴座谈会上的重要讲话和考察黑龙江的重要指示精神，以供给侧结构性改革为主线，在经济增长、深化改革、扩大开放、优化环境、改善民生等方面努力实现“晋位争先、重振

* 毛成林，牡丹江市委政研室主任，研究方向为经济社会发展；隋云鹏，黑龙江省社会科学院文化和旅游研究所助理研究员，研究方向为区域经济。

雄风”，走出全面振兴、全方位振兴的发展新路。

关键词： 牡丹江市 经济运行 趋势预测 对策措施

一 2019年经济运行态势特征

2019 年以来，牡丹江市积极贯彻落实中央、省委的决策部署，推动经济发展逐步呈现企稳向好的积极态势，稳中有进的基础进一步得到夯实。

（一）经济运行总体企稳回升

2019 年前三季度，牡丹江市地区生产总值同比增长 4%，比上年同期提高 1.9 个百分点，三次产业增加值分别同比增长 0.3%、2.9% 和 5.1%。在主要支撑指标中，固定资产投资、规上工业增加值、社会消费品零售总额、进出口总额分别同比增长 4.3%、0.8%、6.7% 和 0.9%，对 GDP 保持正向拉动，一般公共预算收入比上年同期提升 15.4 个百分点。

（二）经济活跃度明显提升

大工业用电量保持增长态势，第三产业用电量增速高出第二产业 13.7 个百分点。实际直接利用外资同比增长 34%，商品房销售面积、销售金额分别同比增长 13.1% 和 29.8%。运输体系更加畅通，铁路客、货运量分别同比增长 16.3% 和 18.4%，公路货运量同比增长 11.1%，航空旅客吞吐量达到 81.1 万人次、同比增长 14.6%，海浪机场有望成为全省首个年旅客吞吐量突破百万人次的支线机场。金融服务实体经济能力不断增强，金融机构贷款余额同比增长 4.5%，存贷比提高 3 个百分点。

（三）长远发展的支撑力逐步增强

全市新签约亿元以上项目 65 个，招商引资到位资金同比增长 12.3%，在建“老字号”项目6个，“原字号”项目66个，“新字号”项目47个，新竣工亿元以上产业项目6个。2019年前三季度，全市开复工500万元以上产业项目129个，其中亿元以上47个，41个省级“百大项目”全部开复工工业、房地产投资分别同比增长4.1%和10.6%。全市对上争取资金136.7亿元，牡佳客专、荒沟电站等一批重大项目加快推进，平安街和东四条路改造实现竣工通车。

（四）结构调整呈现积极变化

农业稳步发展。玉米种植面积调减22.7万亩，大豆和经济作物面积分别增加10.1万亩、28.5万亩。设施农业态势良好。棚室蔬菜和棚室瓜果增加值分别同比增加0.4亿元和0.47亿元，食用菌栽培规模、产量分别达到20亿袋和100万吨。畜牧业总体平稳，增加值同比增长2.8%，生猪生产基本达到上年水平。聚焦“两头两尾”，促进三次产业融合发展。全市原粮加工量22万吨、同比增长2.1%，新培育农业产业化龙头企业6户。工业支撑力增强，规上工业企业开工面达到97%，实现历史最高水平，全市接待旅客、旅游收入分别同比增长15.5%和14.7%。引进各类文创企业71家，网络文学及编剧工作室发展到23户，实现营业收入1.4亿元。新技术新业态加快成长，新增3项省级新产品、3户省级企业技术中心和1个省级数字化（智能）示范车间，新增科技企业孵化器7家、众创空间8家，技术交易额达到7000万元。电子商务发展迅速，全市电商交易额实现186.4亿元、同比增长24.3%，全网零售额居全省第三位，农产品网上销售额达到28亿元。

（五）改革开放增添动力和活力

坚持以优化营商环境推动深化改革，聚焦“办事不求人”，企业设立登记30分钟办结，开办企业、行业许可全流程减至2个工作日，简易注销公示期减至20天，不动产登记实现2日内办结，建设项目审批时效在全省各地市营商环境评价中位列第一，牡丹江市在2019年全省营商环境第三方评估中综合排名第四。前三季度累计减免税费8.42亿元，为42户企业降低电价1252万元，为27户企业降低水费341.5万元，新增市场主体2.1万户、同比增长17.5%。以黑龙江自贸试验区绥芬河片区为重点推进开放平台建设，中俄清洁能源产业园、中俄木材加工交易中心等重点项目加快建设，已入驻项目13个。外经贸质量提升，地产品出口比重、进口资源落地加工比重分别高于同期1个和1.6个百分点，外商及港澳台投资同比增长28%。

二 经济运行中存在的问题

（一）经济总量不大

尽管近年来始终处于全省第3位，但与同一阵营的其他城市相比，差距逐步缩小，三次产业的增加值规模都不大。投资增速波动较大，在全省13个地市中的位次最高列第3位，最低列第10位；消费贡献超过50%，但居民消费占总消费比重有所下滑；外经贸对地方经济拉动作用不强等问题短时期内没有明显改善，“过埠不增值”问题长期存在。

（二）发展速度不快

全市“十三五”前三年GDP年均增长率为4.5%，分别比全国、全省低2个和1.5个百分点。2019年前三季度，虽然GDP实现增长4%，但在全省仅排在第9位，其他主要指标增速也不理想。

（三）发展质量不优

牡丹江市经济门类较多但产业规模偏小，第一产业特而不精、第二产业全而不大、第三产业大而不优等问题没有从根本上破题，与高质量发展要求还有差距。传统产业转型缓慢、关联度不高，目前链条相对比较完整的产业只有林木林纸、食品医药等产业，税收超亿元企业只有10户，规上工业中战略性新兴产业占比不足10%，高新技术企业仅占全省2.5%，商贸业中传统产业占比超过90%。县域经济呈现下滑和分化态势，原有的全省第一县域组团地位不稳。

（四）内生动力不足

各类主体创新意识不强，科技成果转化应用不够，规上工业企业中拥有省级以上研发机构的不足10%，社会研究与发展经费（R&D投入）占GDP比重仅为0.1%左右，科技进步贡献率低于全国7.5个百分点。大智移云、电子商务、新文创等产业发展基础和前景较好，但没有形成有竞争力的市场主体。各级各类开发区、园区管理体制相对落后，要素配套和产业集聚能力较弱。

三　2020年经济形势预测

2020年，是全面建成小康社会的决胜之年，是“十三五”规划的收官之年，牡丹江市高质量发展既面临中美贸易等诸多不确定性因素，同时也面临四个“重大机遇”。

一方面，困难挑战不容忽视，外部环境不利因素和自身发展两难多难问题交织。另一方面，发展机遇难得，《中共中央国务院关于支持东北地区深化改革创新推动高质量发展的意见》等一系列政策相继落地，中国（黑龙江）自由贸易试验区获批、绥芬河片区入列，营造“投资必过山海关，谁不过谁后悔”的浓厚氛围，将为黑龙江乃至牡丹江加快项目建设、扩大有效投资带“百千万工程”来难得的机遇。

综合分析研判，2020年牡丹江经济将稳中有进、进中向好，有望实现经济结构进一步优化、新旧动能接续转换、全市经济迈向高质量发展的良好态势。

四　相关对策措施

（一）夯实实体经济基础，强化工业支撑力

深入落实全省“百千万工程”。推动食品加工、新材料、生物医药等

产业发展，抓好大项目建设，推动工业固定资产投资持续增长，加快打造一批百亿级产业和10亿级企业。放大牡丹江经开区龙头作用，支持各县（市）园区优化升级、创新发展。构筑新产业体系，推动“互联网＋先进制造业”，加快产品换代、技术迭代，形成产业转型升级和新兴产业快速成长的新格局。深入做好“三篇大文章”。落实新一轮“老字号”重大技术改造工程和“双千亿”行动，加快“老字号”转换动能、跨越升级。落实新一轮“原字号”重大产业项目整体优化工程，突出“两头两尾”。推进“新字号”向新增长领域拓展，积极推动“大智移云”等新一代信息技术应用。

（二）抢抓实施乡村振兴战略的机遇，推动“三农”工作高质量发展

构筑特色农业发展新优势。深入推进“两牛一猪”工程，实施奶业振兴，扩大菌、菜、牧、林、药等特色产业规模。提升外向型农业层次，培育一批以在俄农业基地为原料车间、以国内大中城市为目标市场的进口加工企业。推动三产融合发展，培育一批亿元以上农产品精深加工和新型主体扩建初加工项目，力争把绿色食品及农副产品加工业打造成第一支柱产业。建设现代农业产业园、农业科技园、农民创业园、三产融合项目和产业化联合体，争创国家级农村产业融合先导区，带动农业服务业转型升级。

（三）推动文旅融合发展，促进“优势变现”

做大做强文化产业。深化国家文化消费试点城市建设，健全文化消费市场，大力培育大众艺术欣赏、体验体育、健身休闲等新消费业态。挖掘红色文化，融会龙江“四种精神”，打造“红色文化之城”。建设新文创总部基地，推进一批文化小镇和文化产业园建设，打造“龙江新文创产业高地”。加快推动全域旅游发展。以创建国家全域旅游示范区为方向，以“旅游产业转型升级三年行动方案”为抓手，打造“大镜泊”旅游圈和“大雪乡”品牌。放大“镜泊胜景”“中国雪乡”“林海雪原”“百年口岸”等品牌效

应，整合资源、市县联动、整体营销，推动“旅游+文化”，赋予旅游景区厚重历史文化底蕴，培育有地方特色的文化创意旅游企业；推动“旅游+康养”，创建中医药健康旅游示范区，打造一批康养基地和康养小镇；推动“旅游+体育”，引进一批高端赛事，打造一批特色项目，培育一批优势企业；推动“旅游+农业”，开发一批田园综合体等乡村旅游产品，打造一批特色小镇、农旅示范基地。

（四）以黑龙江自贸区绥芬河片区建设为抓手，发展更高水平的开放型经济

加快开放合作平台建设，重点推进黑龙江自贸区绥芬河片区建设，打造具有国内国际市场竞争力和影响力的经济功能区。推动绥东重点开发开放试验区建设，利用3~5年时间建成“五个中心”。谋划推进绥波、东波跨境经济合作区，提高牡丹江保税物流中心（B型）运营水平，加快集聚大型物流和跨境贸易、电子商务项目。促进跨境产业集聚发展，坚持“进口抓就地加工，出口抓提档升级”，加快建设特色鲜明、竞争力强的开放型产业基地。提高跨境基础设施互联互通水平，支持华晟、源丰等内陆港建设，提升“哈牡绥符”陆海联运大通道运能，构建多式联运、协同发展的集疏运体系。深入推进口岸通关便利化改革，扩大中俄海关监管结果互认商品范围，探索实施“数据把关、智能验放”通关模式。

（五）深化改革创新，激活高质量发展新动能

推进重点领域改革。深化市场化改革，探索推进牡丹江经开区“管委会+公司化”改革。深化机关作风整顿，优化营商环境，深入贯彻落实省“条例”和“意见”，全面优化政务环境、市场环境、法治环境。深化创新驱动。落实省新一轮科技型企业三年行动计划，实施“科技型企业双提升行动”和“高新技术企业倍增行动”，推动牡丹江高新区晋升国家级。强化企业创新主体地位，引导企业加大研发投入，支持企业自建共建技术创新中心、院士工作站等研发机构，鼓励企业、高校和科研院所参与国家、省重点

研发项目和重大科技专项，推动知识产权数量、质量与转化同步提升。加强科技成果转化服务，推动“产学研用金”深度合作。加强科技合作交流，深化与哈尔滨工业大学、哈尔滨工程大学等省内院校合作，推进中科院育成中心、中试基地、八一农垦大学创新研究院等合作载体建设。强化人才支撑，完善人才激励政策，优化人才发展环境，打好“人才保卫战”。构建现代职业教育体系，鼓励校企合作建设人才培养和实训基地，持续开展“雪城工匠”培育评选，打造高素质产业技术工人大军。

B.28

2019～2020年佳木斯市经济形势分析与预测

李小丽　杨德松*

摘　要： 2019年，佳木斯市经济呈现总体运行平稳态势。动能转换稳中有进；战略新兴产业增势明显；市场主体持续增加；供给侧结构性改革不断深化。在经济稳中向好的同时仍存在稳中有忧，一是部分指标增速放缓，二是经济增长后劲不足，三是区域发展不平衡。展望2020年，继续坚持以供给侧结构性改革为主线，结合佳木斯实际，深入实施农业富民、工业强市、城市提档、开放兴市“四大战略”，加快农业农村发展，推动工业结构调整，完善城市服务功能，提升对外开放水平，积极扩大有效投资，深化重点领域改革，持续优化营商环境，着力维护和谐稳定。

关键词： 佳木斯市　经济形势　稳中有进

2019年，佳木斯市坚持稳中求进工作总基调，以供给侧结构性改革为主线，深入推动农业富民、工业强市、城市提档、开放兴市“四大战略”，统筹推进稳增长、促改革、调结构、惠民生、防风险、保稳定各项工作，经济社会持续健康发展。

---

* 李小丽，黑龙江省社会科学院农业和农村研究所研究员，研究方向为农村经济；杨德松，佳木斯市委政研室综合信息科科长。

一　2019年佳木斯经济运行总体态势及基本特征

2019年，佳木斯经济总体运行平稳、稳中向好、稳中有忧。1～9月，地区生产总值实现542.6亿元，同比增长4.9%，增速高于全省0.6个百分点，较上年同期提高1个百分点，居综合型城市第2位，并列全省第6位。

（一）经济运行总体平稳

一是农业实现丰产丰收。绿色食品产业健康发展，林下经济发展加快，秋收占应收面积的89.1%，实现“十六连丰”。2019年1～9月，全市第一产业增加值实现44.7亿元，同比增长1.8%，占地区生产总值比重8.2%。二是工业保持增长势头。2019年1～9月，全市工业增加值实现125.9亿元，同比增长6.3%。其中，规模以上工业增加值同比增长7.5%，增速高于全省4.8个百分点，高于上年同期4.5个百分点，居综合型城市第3位，居全省第6位。第二产业增加值实现138.2亿元，同比增长3.9%，占地区生产总值比重25.5%。三是消费市场持续扩大。2019年1～9月，全市社会消费品零售总额实现399.9亿元，同比增长7.2%，增速高于全省1个百分点，居综合型城市第1位，居全省第2位。第三产业增加值实现359.7亿元，同比增长5.8%，占地区生产总值比重为66.3%。四是对外开放持续深化。2019年1～9月，全市外贸进出口总额完成36.7亿元，同比增长9.5%，结束连续13个月的负增长态势，增速高于上年同期29.2个百分点，高于计划目标5.5个百分点，居综合型城市第4位，居全省第7位。其中，对俄贸易实现19.5亿元，同比增长10.2%。全市新增外经贸主体87户。

（二）发展质量稳中向好

一是项目建设和招商引资稳步推进。2019年1～9月，全市开复工亿元以上项目158项，超计划目标18项，完成投资131.79亿元，同比增长

15.5%。全市省“百大项目”全部实现开复工建设，完成投资37.1亿元，年度投资完成率87.5%，超额完成省“百大项目”百日会战目标。新签约项目54个，位居全省第1，合同资金212.6亿元，实际利用内资17.5亿元。二是实体经济效益持续提升。1~9月，规模以上工业实现营业收入223亿元，同比增长5.1%，增速高于上年同期2个百分点。实现利润11.5亿元，同比增长16.2%，高于上年同期7.1个百分点。工业亏损面环比收窄3.2个百分点。三是就业形势持续向好。全市城镇新增就业3.9万人次，完成年计划的112%。失业率指标处于低位水平，城镇登记失业率3.77%，低于控制目标0.23个百分点。四是民生保障不断加强。全市民生支出197.4亿元，占一般公共预算支出的87%，兜牢“三保支出”底线。CPI同比上涨2%，低于全国、全省平均水平0.5个、0.3个百分点。累计发放价格补贴资金429.6万元，惠及困难群众40万人次。

（三）动能转换稳中有进

一是战略新兴产业增势明显。全市47户规模以上高新技术企业实现产值63.5亿元，同比增长5.8%，有116家科技型企业被纳入高新技术企业培育库。二是市场主体持续增加。加大创业扶持力度，共为457人发放创业担保贷款3950万元。全市新增市场主体2.4万户，同比增长28.9%，位居全省第1。三是供给侧结构性改革不断深化。大力推进“三去一降一补”，全面落实国家减税降费政策，为企业减少电费支出1926万元，减免税额4.7亿元。

二　经济运行中存在的问题

从2019年初以来全市经济运行走势看，一季度实现首季开门红，二季度以来经济运行稳中趋缓、走势持续承压，经济下行压力依然较大。

（一）部分指标增速放缓

一是从GDP情况看，2019年，全市一季度同比增长6%、二季度增长

5%、三季度增长4.9%，前三季度当季平均增速为5.3%。从第一产业看，增加值增速仅为1.8%，较上年同期回落4.9个百分点；从第二产业看，建筑业增加值同比下降20%，对GDP增速影响较大。二是从固定资产投资情况看，一季度同比增长38.2%、二季度增长4.5%、三季度下滑至－9.4%，增速呈逐步下滑态势，其中，民间投资同比下降17.7%，制造业投资同比下降5.4%。四季度预计新开工亿元以上项目23项，如不能尽快形成有效投资和增加新开工项目数量，投资将进一步放缓。三是从一般公共预算收入情况看，一季度同比增长6.5%、二季度增长0.1%、三季度下滑至－1%，受国家减税降费政策和税源不足等影响，财政收入压力增大。

（二）区域发展不平衡

一是从固定资产投资看，抚远（19.6%）、富锦（14.4%）增速较快，同江（－37.5%）、桦川、桦南、汤原为负增长。二是从规上工业增加值看，汤原（25.7%）、富锦（21.7%）增速较快，抚远、桦南、同江为负增长。三是从外贸进出口总额看，同江（32.2%）、桦南（30.7%）、汤原（22.2%）、桦川（15.7%）增速较快，富锦、抚远为负增长。四是从公共财政收入看，桦南（12.7%）、抚远（5.3%）增速较快，同江、汤原、富锦为负增长。

（三）经济增长后劲不足

一是工业增长基础不稳固。2019年，工业企业亏损面依然较大，占比达34.7%，前三季度新入规企业仅有2户，全市规上企业户数现为249户，较上年同期减少27户，截至9月份，有62户企业主营业务收入未达到1500万元，其中有28户企业未达到1000万元，面临退规风险。二是产业项目拉动力减弱。产业项目数占项目总数比重和产业项目投资占固定资产投资比重分别为36.4%、32.4%，比上年同期低16个和37个百分点。招商项目落地开工率和项目投资转化率偏低，前三季度招商引资项目106项，目前仅有6个项目实现投资入库。三是高新技术产业支撑作用不强。全市高新技术企业只有47户，仅占全市工业企业的18.9%，低于全省平均水平10.3个百分点，低于全国18.6个百分点。

三　2020年佳木斯市经济展望

展望2020年，受国际国内宏观环境影响，佳木斯经济发展的不确定因素依然存在，但机遇大于挑战，需要牢牢把握发展机遇，顺势而为、乘势而上。

（一）从外部环境看

中俄新时代全面战略协作伙伴关系的确定，以及“推动双边贸易额向2000亿美元迈进”的具体目标的提出，给佳木斯带来重大的开放机遇。口岸和通道建设也即将迎来一个质的飞跃，围绕“一桥一岛”加快打造南联北开的贸易大通道、产业聚集区和合作新高地，对外开放一定会有一个大的起色，也必将为振兴发展提供更加有力的推动和支撑。

（二）从政策导向看

2019年国家发布了《中共中央国务院关于支持东北地区深化改革创新推动高质量发展的意见》，省委十二届六次全会审议通过了《中共黑龙江省委贯彻落实〈中共中央国务院关于支持东北地区深化改革创新推动高质量发展的意见〉的实施方案》，及中央预算内东北振兴专项资金和对单个项目高达4000万元补助资金，对佳木斯市经济稳中求进具有推动作用。

（三）从自身实际看

即将形成的以哈尔滨、牡丹江、佳木斯为支点的新两小时经济圈，使得佳木斯对全省东部城市群人流、物流、信息流等要素资源的汇集作用更加凸显。同时，随着国家级高新区和建三江国家农业高新技术产业示范区创建的深入推进，近两年相继落地的央企、京企大项目陆续建成投产，产业承载能力将不断提升，发展后劲逐步显现，发展优势也必将得到持续巩固和放大。

四　对2020年经济工作的政策建议

（一）加快农业农村发展

一是加快推进创建三江国家农业高新技术产业示范区，着力构建现代农业产业体系、生产体系、经营体系，推动佳木斯由农业大市向农业强市转变。二是抢抓国家支持粮食主产区和三江连通工程建设等机遇，加快完善堤防、灌区及渠系配套农田水利基础设施建设。三是推进“两头两尾”，抓好30万吨燃料乙醇等头尾相连、三产融合的项目建设，做大做强农副产品精深加工和绿色食品产业。

（二）推动工业结构调整

一是积极为传统产业植入科技元素，充分运用互联网、人工智能等信息技术为传统产业发展更换新“引擎”，加快推动传统产业由“扩量”向“提质”转变。二是加快培育战略性新兴产业，突出抓好中建材碲化镉薄膜太阳能电池、国电投低温核供暖等投资额度大、科技含量高的项目建设，推动全产业链整体跃升。

（三）完善城市服务功能

一是优先发展生产性服务业，统筹推进商贸物流、金融服务、科技信息等现代服务业发展，积极推动电子商务、文化创意、会展服务等新兴业态发展，服务实体经济发展。二是着力提升生活性服务业，积极引进国内外专业机构，加快打造高端化、个性化、多样化的现代生活服务行业态业生活服务新高地。三是广泛应用自媒体等现代传媒技术多维度开展旅游推介，持续打造华夏东极精品旅游线路，完善旅游公共服务体系，推进全域旅游，扩大服务领域、加快人流集聚、拉动区域消费。

（四）提升对外开放水平

围绕培育发展大桥经济，在加快推进同江中俄跨江铁路大桥相关基础设施和配套设施建设的同时，抓紧推动跨境合作区建设，立足落地加工狠抓项目建设。加快黑瞎子岛防洪排水工程和客货口岸建设，以建设国际旅游岛为目标，开展高起点项目和工程建设。借助“一桥一岛”的辐射牵动作用，着力招引贸易大户、壮大外贸主体，扎实推动现有企业对“一带一路”沿线国家开展国际产能和装备制造合作，努力扩大进出口规模。

（五）深化重点领域改革

发扬创新精神和务实精神，扎实推进市级自主改革，尽快在三大投资集团改革、项目建设管理服务机制优化、创新农村集体经济发展模式、城市物业管理体制完善等制约佳木斯发展的体制机制弊端和短板弱项上取得实质性突破，激发刀刃向内的改革内生动力。特别是紧密结合佳木斯实际，在城市社区体制改革、规范村级“小微权利”等方面再做深入探索，以我们实实在在的基层治理新实践让党的十九届四中全会和省委十二届六次全会精神在佳木斯落地生效。

（六）持续优化营商环境

全面落实省优化营商环境条例，对标发达地区先进经验，着力推进“办事不求人”，构建“一网通办”网上政务服务平台。组织开展产权保护领域政务失信专项治理活动，实施政府违诺专项治理行动、清赖专项治理行动、“新官不理旧账”专项治理行动，构建“亲”“清”新型政商关系。优化劳动力、土地等要素供给结构，提高资源要素配置效率，强化金融供给，积极搭建融资对接平台载体，尤其用好佳木斯现有的产业扶持贷款补偿基金、工业企业纾困资金等各类扶持政策，支持优质企业脱困、推动优质项目落地。

（七）扎实保障改善民生

坚持民生优先，扎实做好脱贫攻坚巩固提升工作，突出剩余贫困人口脱贫、防止返贫和新发生贫困，统筹推进贫困县退出巩固提升工作，为全面建成小康社会奠定坚实基础。统筹推进就业、教育、医疗、住房、食品药品安全等事关群众切身利益的工作，特别是向群众承诺的民生事项，千方百计、排除困难兑现交账，努力把各项民生实事办成全市群众的满意工程，切实让群众得到更多看得见、摸得着的实惠。

（八）着力维护和谐稳定

深入开展扫黑除恶专项斗争，紧盯中央和省委确定的各项目标任务，坚持打防并举、标本兼治，以更大决心、用更大力度统筹推进打财断血、打伞破网、综合治理、基层组织建设等工作，持续巩固和扩大扫黑除恶战果。加强社会治安综合治理和平安建设，严格落实安全生产责任制，毫不放松抓好交通、商场和地下商业街、公共娱乐场所、危险化学品、特种设备等重点行业和重点领域的安全生产，坚决遏制重特大事故发生，有效防范化解各类重大风险，真正使人民获得感、幸福感、安全感更加充实、更有保障、更可持续。

B.29
2019～2020年大庆市经济形势分析与预测

姜　淼　王力力*

摘　要： 2019年前三季度，以习近平新时代中国特色社会主义思想为指导，聚焦贯彻落实习近平总书记在深入推进东北振兴座谈会上的重要讲话和考察黑龙江的重要指示精神，统筹推进“五位一体”总体布局、协调推进“四个全面”战略布局，践行新发展理念，落实高质量发展要求，坚持稳中求进工作总基调，坚持以供给侧结构性改革为主线，围绕中央经济工作会议强调的“六稳”要求、“八字”方针，深入落实省委省政府各项决策部署和市委九届三次、四次全会思路目标，全力以赴抓发展、促改革、优环境、惠民生、转作风，奋力推动大庆全面振兴全方位振兴，加快争当全国资源型城市转型发展排头兵。

关键词： 大庆　经济运行　政策建议

一　2019年大庆市经济运行态势分析

2019年以来，全市上下紧紧围绕年初确定的总体发展目标，突出抓投

---

* 姜淼，大庆市政府研究室科员，研究方向为宏观经济；王力力，黑龙江省社会科学院马克思主义研究所副研究员，研究方向为文化经济。

资、抓项目、抓招商、抓环境、抓改革开放创新、抓解放思想，经济运行保持了稳中有进的良好发展态势。

（一）经济总量逐步增强

2019 年前三季度大庆经济延续了近三年特别是年初以来稳中有进的势头，经济运行处在合理区间，增长动力逐步扩张，韧性和可持续性稳步增强。全年预计增长 4%。从产业看，第一产业增加值增长 4.9%，第二产业增加值增长 2.2%，第三产业增加值增长 6.9%。从贡献看，中直经济预计下降 0.5%，降幅同比收窄 3 个百分点，拉动 GDP 负增长 0.2 个百分点（同期为 -1.2 个百分点）；地方经济预计增长 6.3%，增速同比回落 0.9 个百分点，拉动 GDP 增长 4.2 个百分点（同期为 4.6 个百分点）。

（二）农业态势逐渐扩张

2019 年农业增加值预计增长 5%。一是粮食播种面积比上年增长 1.6%，种植业增加值增长 5.1%；二是肉蛋奶产量全面增长，畜牧业增加值增长 3.3%；三是水产品产量达到 9.2 万吨，渔业增加值增长 15% 以上。但受全国农普数据衔接调整影响，全省和各地市增速同步下调，预计省返增速在 3.5% 左右。

（三）规上工业整体向好

2019 年规上工业增加值预计增长 1.5%，增速比同期提高 1.4 个百分点。一是中直企业降幅收窄。增加值下降 0.5%，降幅比同期收窄 3 个百分点。其中，油田公司生产原油 2322.4 万吨，同比减产 66.5 万吨，与上年前三季度相比少减产 85.6 万吨；生产天然气 32.4 亿立方米，增长 4.7%，增加值下降 1.8%，降幅同比收窄 3 个百分点。石化公司和炼化公司原油加工量 797.1 万吨，同比增加 29.5 万吨；增加值增长 2.4%，同比提高 9.7 个百分点。二是重点企业贡献明显。地方规上企业中，产值超亿元的有 108 户，同比增加 14 户。其中，36 户企业产值增量超亿元，增加值增长 29%，拉动地方规上工业增长15.1个百分点。三是新增企业快速增长。全市新晋规上企业64户，增加值增长192.2%，拉动地方规上工业增长2.7个百分点。四是仍有部分企业生产形势欠佳。142户地方企业产值同比下降，降幅超过50%的有42户。产值不足1000万元的有33户，其中12户不足500万元。另有42户一直处于停产状态。

（四）固定资产投资加速释放

2019年全市固定资产投资预计完成385.8亿元、增长3%。一是增量少、速度回落。和同期相比，净增量仅有11.1亿元；中直投资和地方投资分别增长5.1%、1.4%，全市投资增速比同期回落2.5个百分点、比全年预期低5个百分点。二是分产业看，第一产业投资5.6亿元，下降62.9%；第二产业投资252.9亿元，下降1.6%；第三产业投资127.3亿元，增长23.9%。三是省百大项目进展顺利。全市列入省“百大项目”的有9个，已全部开工。

（五）社会消费品零售总额有所提升

2019年全市社会消费品零售总额预计增长6%。其中，城镇零售额增长5.9%，乡村零售额增长7.2%。一是住宿和餐饮业保持较快增长。预计增长8.1%，高于批发和零售业增速2.3个百分点。二是限上商贸业更新换代和休闲娱乐类商品增长较快。体育娱乐用品增长35.8%、化妆品增长23.4%、建筑及装潢材料增长14.9%、家具增长14.2%、金银珠宝增长12%。三是限额以上零售额一直低速增长，且逐季回落。一季度增长4.7%、上半年增长3.3%、前三季度降至1.3%。重点企业增速放缓，零售额排名前20的批零企业中，有10户负增长；排名前10的住餐企业中，有5户负增长。受排放标准切换、购置税优惠政策取消等因素影响，占限上零售额1/4以上的汽车销售持续低迷，61户汽车销售企业中，43户零售额同比下降，下降面超过70%。

（六）地方财政收入增加明显

2019 年全市地方财政收入完成 130 亿元、增长 4.9%，增速比上半年提高 0.1 个百分点，与和同期持平。公共财政收入 113.3 亿元、增长 1.4%（税收收入 89.1 亿元，下降 3.1%；非税收入 24.2 亿元，增长 22.5%），政府性基金收入 16.5 亿元，增长 36.6%。市本级财政收入 76.1 亿元，增长 0.1%（公共财政收入 70.5 亿元，增长 0.8%；基金收入 5.4 亿元，下降 8.9%）。

（七）实际利用内资排名靠前

全市合同金额中省外资金 1000 万元以上的内资项目达到 62 个（2019 年新签约 32 个，全省排名第三），实际利用内资 94.8 亿元，全省排名第二。

二　大庆市经济运行中存在的问题

（一）固定资产投资增速呈现“持续放缓”趋势

有的县区出现“断崖式”降幅。全市固定资产投资增速从一季度的 8.9%，下滑到上半年的 5.5%，减少了 3.4 个百分点，到第三季度是 3%，再降 2.5 个百分点，对标全年 8% 的预期目标差了 5 个百分点，与一季度比降幅达到 5.9 个百分点。换个角度看，就是前三季度实际增速只有一季度的 1/3。具体来看，中直投资相对稳定，地方投资滑坡明显，萨尔图、让胡路、红岗、大同、肇州、肇源、杜蒙这 7 个县区投资增速低于全市平均水平，除萨尔图外其余 6 个县区都是负增长。

（二）社会消费增长呈现“小幅放缓”趋势

重点限上企业经营遇到困难。2019 年前三季度全市社会消费品零售总额增速分别是 6.7%、6.2% 和 6%，缓势下行。从重点限上企业经营状况看，零售额前20位的批零企业有10户负增长，前10位的住餐企业有5户负增长，占比均是50%，消费动力一般。

（三）财政收入呈现“两级放缓”趋势

财政收入形势一般。2019年全市地方财政收入增长4.9%，与上年同期基本持平。市本级财政收入仅增长0.1%，与年初预算相比，土地出让金和城镇土地使用税两块就短收约26亿元，受减税降费政策影响，税费收入也短收4亿多元。萨尔图、龙凤、大同和杜蒙地方财政收入都是负增长，保运行、保运转、保稳定存在压力。

（四）部分地区招商引资进展滞后

全市新签约落地的82个亿元以上招商项目中，2019年新签约的只有57个，投资10亿元以上的大项目有13个。有的县区没有大项目，小项目、新项目也不多，甚至还有的县区在亿元以上项目数、计划投资额、到位资金等各项统计中基本靠后。

（五）部分产业项目建设投资完成额度不高

一方面，是投资进度没有达到预期，按照县区直报口径，2019年，全市“百项开工建设”重点项目投资完成率为68.5%，与9月底70%的既定目标还有差距，让胡路、红岗、大同、肇源、林甸、杜蒙这6个县区投资完成率低于全市平均水平。另一方面，项目投资入统情况不好，省“百大项目”，县区投资97.5亿元，但目前掌握实际入统刚过60亿元。

（六）部分规上企业稳产保规成效不明显

整体看，2019年，全市规上工业运行态势在回暖，但433户规上企业中，有145户企业产值下降，下降面超过了1/3；有42户企业停产，占比将近1/10；有58户企业面临掉规风险，肇州、肇源有40户基本确定掉规。

（七）中直与地方两大板块对全市经济贡献不平衡

从过去几年中直和地方的表现看，一直是中直减弱、地方增强。2019年这个局面相反，中直指标普遍向好，对全市GDP的负向拉动收窄了1个百分点，但地方投资在走弱，预计增速为6.3%、同比回落了0.9个百分点，拉动全市经济增长4.2个百分点、比上年同期回落了0.4个百分点。

三　对2020年经济工作的政策建议

（一）抓规划，进一步做好顶层设计

重点做好两个规划，力争在新一轮城市群发展、收缩型城市建设中争得战略主动。一是做好“十四五”规划。立足百年油田建设和区域一体化发展，提早谋划，争取更多的“大庆设想”变成“省级战略”和“国家战略”。二是做好工业强市规划。站在工业强省的视角，主动承接百年油田建设任务，围绕工业规模突破、质量突破、品牌突破、园区突破，加快走出一条大庆工业经济转型发展、振兴发展的新路子。

（二）抓投资，进一步夯实稳增长基础

深挖各方潜力，确保投资规模只升不降。一是抓中直大企业产能投资。在支持大企业稳定常规业务投资基础上，共同向上争取更多生产计划投资，持续稳定中直经济投资的基本面。二是抓产业项目建设投资。保持工业投资增长势头，向大项目要潜力、要进度，加快“三头三尾”等新建续建重点产业项目建设进度。三是抓基础设施项目投资。抢抓国家基础设施补短板的政策窗口期，结合贯彻中央37号文件、省委十二届六次全会《实施方案》和哈大一体化发展等工作，把项目准备好、完善好，争取获得上级资金支持。同时，研究推动用专项债券的20%作为资本金，吸引社会融资的方式，扩大有效投资量，这方面要尽快破题。

（三）抓工业强市，进一步涵养发展后劲

紧紧扭住工业发展核心要务不动摇，既要高质量的总量也要高质量的速度。一是服务好油田产能建设。在打井征地、环境评估等方面创新招法，简化手续快审批、打捆并联集中批，支持油田多采油、少减产，稳定3000万吨生产规模。二是在合作谋建项目上争取实现突破。主动对接油田共同谋划非常规能源开发、油气管道建设、天然气利用、“油头化尾”混改等项目，力争一批项目列入中石油、省里发展规划并适时启动实施。三是提升地方工业质量。坚持抓大不放小，深入推行“一企一策”，按“梯队式”原则支持各类企业加快裂变成长。四是推动落实一批转型升级项目。围绕两个示范区，谋划建设装备企业盘活、生态环境修复、绿色能源、智能材料、“三头三尾”等节点型产业项目，确保2020年4月份“开春即开工”。六是继续深化“五项服务机制”。加快形成更多有效实物投资量，确保伊利液态奶、龙油550等一批龙头项目如期投产。

（四）抓招商，进一步积蓄发展潜能

建立专业团队、定期调度、目标奖励、预算保障工作机制，做到精准招商、专业人员招商、精干队伍招商。一是开展冬季招商。从2019年11月份开始，开展为期4个月的“招商之冬”行动，派出科技、能源、旅游等12个招商组，变“猫冬”为“虎跃”。二是开展常年驻外招商。抽调精干人员，组成专班常年驻守长三角、珠三角、京津冀等重点区域，开展敲门招商。三是与央企合作共同招商。重点是围绕央企的产品上下游，引进原料供应企业、周边配套企业和销售公司、下游加工项目。四是开展委托招商。依托深圳前海创投等专业机构，开展面向国内外500强企业的委托招商。五是开展工业地产招商。依托经开区、龙凤区工业地产项目，集中引进轻资产项目。六是盘活企业闲置资产合作招商。梳理全市有资产、有厂房、有效应的“呆死账”企业，分类嫁接外埠技术、资本和项目。七是放大比较优势招商。充分用好优质原料、要素成本、科技创新等既有优势，引进外来投资

者。八是发挥政策效应招商。围绕用好中央37号文件和省委《实施方案》的各项支持政策，招商引进战略新兴产业、新能源和消纳产业项目。同时，开展招商项目“回头看”，主动“回头”找问题，主动“回头”帮助解决困难，主动“回头”兑现政府承诺。

（五）抓消费，进一步激发市场潜力

充分发挥资源禀赋、产业基础、收入水平等方面的优势，推动消费市场整体突破。一是激发旅游市场潜力。站在哈大一体化的视角高起点谋划旅游业发展，放大用好旅游促销经费，打造高品质城市营销宣传片，重点将寒地温泉、石油文化、冰雪嘉年华、雪地汽车等特色资源和项目包装营销，加快旅游项目精准招商，吸引带动吃住行游购娱关联消费持续增长。二是激发零售市场潜力。重点开发特色商业步行街、夜经济主题商圈，支持区域商贸综合体、连锁门店等项目建设，推动传统商贸企业模式创新、产品创新、营销创新。三是激发外贸市场潜力。借助黑龙江“一区三片”政策搞创新，大力引进外贸进出口企业，加快申建保税物流中心，推进大庆亚欧跨境产业园建设，扩大整车零部件等领域进出口规模，积极争取中俄东线天然气过境分输本地结算。

B.30

2019~2020年鸡西市经济形势分析与预测*

马广明　安　军　刘懿锋**

摘　要： 2019年，面对经济增长下行的压力，鸡西市积极主动适应经济新常态，坚持以转型发展为主线，以稳中求进为总基调，着力转方式调结构，着力抓招商上项目，着力促改革激活力，着力惠民生保稳定，经济运行呈现稳中有升、稳中向好的发展态势。但由于长期以来受体制性、结构性、资源性矛盾制约，产业结构还不够优化，部分行业仍然下降，经济增长的压力依然较大。因此，要继续坚持稳中求进的工作总基调，着力转方式、调结构、抓改革、惠民生、促转型，坚定不移地加快转型发展步伐，努力推动经济高质量发展，打造转型发展的升级版。

关键词： 鸡西　经济发展　形势分析　对策建议

2019年，面对经济增长下行的压力，鸡西市积极主动适应经济新常态，坚持以转型发展为主线，以稳中求进为总基调，着力转方式调结构，着力抓招商上项目，着力促改革激活力，着力惠民生保稳定，经济运行呈现稳中有升、稳中向好的发展态势。

---

* 本文是2018年黑龙江省哲学社会科学研究规划项目（18JYC261）的阶段性研究成果。

** 马广明，鸡西市委副秘书长、市委政研室主任、市委深改办主任；安军，鸡西市政府研究室主任；刘懿锋，黑龙江省社会科学院经济研究所助理研究员。

一 2019年鸡西市经济发展形势分析

（一）从主要经济指标增速来看，七大指标“六升一降”

2019年1～9月份，鸡西市地区生产总值同比增长4.9%，规模以上工业增加值增长4.8%，固定资产投资增长9.6%，社会消费品零售总额增长7%，外贸进出口总额增长32.7%，城镇居民人均可支配收入预计增长6%。一般公共预算收入下降1.4%。

（二）从稳增长保位次效果来看，五大指标实现目标位次

2019年1～9月，全市地区生产总值增速居全省第6位、四煤城第2位。规模以上工业增加值增速居全省第7位、四煤城第1位。固定资产投资增速居全省第3位、四煤城第2位。一般公共预算收入增速居全省第6位、四煤城第2位。社会消费品零售总额增速居全省第6位、四煤城第2位。外贸进出口总额增速居全省第4位、四煤城第3位，虽然增速没有实现“保二争一”的目标，但总量在四煤城领先，比总量在四煤城排第二的鹤岗市高6.1亿元。城镇居民人均可支配收入由于国家和省统计部门没有反馈数据，暂无排名情况。

（三）从经济运行协调性来看，三次产业呈良性发展态势

农业经济在经历了春季非洲猪瘟和夏季严重洪涝灾害的情况下，依然保持总体平稳。2019年1～9月，第一产业实现增加值18.5亿元，同比增长3.2%。其中，种植业实现增加值2.9亿元，增长1.8%；畜牧业实现增加值10.6亿元，增长2%。第二产业实现增加值99.8亿元，增长2.6%。工业经济初步实现了企稳回升，规模以上工业增加值6～9月分别连续增长2.7%、4.3%、4.5%、4.8%。全市新增规模以上企业3户。第三产业实现增加值173.9亿元，增长6.7%，占地区生产总值比重达到

59.5%，拉动全市经济增长3.6个百分点。旅游业实现总收入60亿元，增长12.1%。

（四）从经济增长动能来看，发展后劲逐步增强

一是主导产业支撑作用进一步增强。2019年1~9月，煤炭、石墨、绿色食品、生物医药四大主导产业增加值同比增长3.2%，占全市规上工业的81.5%。其中，石墨、医药等新兴产业增加值分别增长14.5%、12.6%。二是重点项目建设扎实推进。截至目前，全市投资5000万元以上市级重点产业项目开复工91个，开复工率95.8%，完成投资26.6亿元。“百大项目”开复工20个，完成投资12.93亿元，投资完成率达到82.1%，实现了百日攻坚战确定的投资完成率80%的目标。三是市场信心总体稳定。1~9月，全市为各类税收主体累计减税（地方入库）1.6亿元，减轻了市场主体负担。全市新设市场主体13902户。其中，新设立企业2105户，新设个体工商户11686户。四是新经济、新业态较为活跃。1~9月，全市金融业实现增加值20.7亿元，同比增长4.8%。全市快递业务量累计完成441.8万件，同比增长38.2%。其中，同城快递业务量累计完成62.89万件，增长104.9%。五是吸纳就业能力不断增强。1~9月，全市城镇新增就业31346人，完成年计划的95%。城镇登记失业率控制在3.7%，低于省控制目标0.6个百分点。

二　鸡西市经济发展中存在的压力

虽然前三季度鸡西市经济保持了较为平稳的发展，受宏观经济环境影响及自身转型发展的新动能尚未形成支撑，形势仍然比较严峻，经济增长面临较大的下行压力。

（一）主要经济指标增速放缓

与2018年同期增速相比，2019年地区生产总值回落0.6个百分点，规

模以上工业增加值回落2.3个百分点，社会消费品零售总额回落1个百分点。

（二）距全年预期目标还有差距

与全年预期目标相比，地区生产总值差1.1个百分点，规模以上工业增加值差1.2个百分点，一般公共预算收入差4.4个百分点，社会消费品零售总额差1个百分点。

（三）企业收入与政府收入双下降

2019年，全市规模以上工业企业实现主营业务收入201亿元，同比下降7.1%；实现利税15.5亿元，同比下降40.1%。全市180户规模以上工业企业中亏损企业达到69户，亏损面达到38.3%。一般公共预算收入比上年同期减收4000万元。其中，全市税收收入完成18.1亿元，同比减收4800万元，下降2.6%。

（四）居民消费价格涨幅持续扩大

2019年，1～9月，全市居民消费价格指数累计上涨2.2%，自年初以来持续上涨。其中，食品烟酒类价格同比上涨5.3%，拉动全市居民消费价格指数上涨1.53个百分点。肉类、鲜果、蔬菜等价格较高，尤其是猪肉及其替代品价格明显上涨，是拉动居民消费价格上升的主要因素。

三　2020年鸡西市经济发展形势预测

2020年，宏观经济形势仍然错综复杂，鸡西市经济发展仍将面临较大的下行压力。但同时，随着一些新的发展动能的形成，预计未来鸡西市经济运行仍将保持总体平稳、稳中趋缓态势，增长速度与2019年基本持平，经济失速风险不大。

四 对策建议

（一）发挥绿色优势发展第一产业

第一产业占鸡西市经济比重高，应大力实施乡村振兴战略，持续深化农业供给侧结构性改革，提高农业综合竞争力。结合实际调整农业生产品种结构、品质结构和生产力布局，推动农业由增产导向转向提质导向。种植业方面，应做好洪涝雹灾害和突发病虫灾害防控，强化农业科技指导服务，引导农民进行科学水肥管理，为农业丰产增收打下良好基础。畜牧业方面，应加快以“两牛一猪一禽”为重点的畜牧业标准化、规模化步伐。加快从粗放型、分散化向集约型、规模化的生产经营模式转变，通过政策扶持、生产补贴等方式，改扩建更多的标准化现代牧场和养殖场。稳步发展“鸭稻”“蟹稻”“鱼稻”等绿色有机农业、蔬菜瓜果等近郊农业和食用菌、蜜蜂等特色养殖业。农副产品方面，应围绕“两头两尾”，提高农副产品附加值与经济效益。加快发展高品质谷物食品、乳制品、畜产品以及特色饮品。培育龙头企业、家庭农场、农民合作社多元融合的产业化主体，增强市场开拓力和风险抵抗力。

（二）高质量发展工业

坚持招商引资上项目引进增量和现有企业裂变升级做大存量“两个轮子”一起转，着力提高工业经济运行质量。首先，围绕石墨、煤炭、食品和农副产品加工、生物医药四大主导产业，加快推进重点产业项目建设，注意项目储存。其次，增加规上企业数量。实施企业裂变升级战略，促进企业扩模升级，实现扩张式发展。深入贯彻落实《省政府关于加快培育规上工业企业十项措施》，加快临规企业培育，确保 2019 年净增规上企业 10 户。加快新落户企业建设，推动增量向存量转化。进一步用好省委、省政府支持民营经济 50 条，扶持中小微企业发展。加强对 137 户重点企业的跟踪监测，及时发现和化解苗头性倾向性问题。优化要素配置，降低企业用能、物流成本，强化电力、运输、资金等要素保障。对未启动生产的规上企业，摸清情况，帮助企业解决困难，尽快启动生产。

（三）大力推进第三产业发展

一是大力发展旅游产业。加快兴凯湖风景名胜区总体规划的编制和审批，促进规划尽早实施。推进兴凯湖旅游管理体制改革，尽快发挥兴凯湖在旅游经济中的龙头作用和品牌效应。二是加快发展现代服务业。鼓励支持限额以上企业、主流超市、专业批发市场，开展“线上线下”互动的零售业务。完善提升电子商务园区功能，加快石墨、绿色食品等交易平台建设。加快建设一批生产服务型物流园区和配送中心，重点推进泛华物流园区、密山华孚仓储冷链物流等项目建设。大力发展健康养老产业，推动医疗服务、健康养生、“候鸟”养老、文化体育等产业融合发展。坚持“房子是用来住的，不是用来炒的”的定位，精准施策，加快转型升级，持续推动房地产平稳健康发展。三是推进对外贸易转型升级。进一步完善口岸基础设施建设，优化通关环境。引进培养大中型进出口企业，促进对外贸易稳步增长。推进密山天汇公司俄罗斯液化石油气进口、虎林远华公司实木门生产、瑞金盈公司大豆腐竹加工等外贸项目建设。运行管理好中俄边民互市贸易区，不断提升旅贸经济的发展水平。四是深化发展电子商务。加大对电子商务企业扶持力度，紧紧抓住国家发展“互联网+”、信息消费、扩大内需等政策机遇，使传统商业与“互联网+”深度融合，留住和吸引本地和外地的网络购买力。五是加快传统零售实体转型。零售业积极转变经营模式、进行品类调整、加大促销力度，进一步提高电子商务零售额在全市社会消费品零售额中的比重，为鸡西市经济发展增添新动力。

（四）突出抓好项目建设和招商引资

应把产业项目建设作为实现经济高质量发展的第一抓手，并持续加大招商引资力度。一是加快重点产业项目建设。充分发挥五大产业推进组的作用，对已开复工的项目，按照时间节点计划，加大推进力度，确保建设任务按期完成。对未开工的项目，要加强督导，确保项目早日开工建设。对投资500万~5000万元的项目，进一步加大项目谋划力度，深入挖潜，将符合条件的项目全部纳入本地产业项目库进行管理。二是强化民生和基础设施项目建设。加快推进采煤沉陷棚户区及配套基础设施建设、牡佳快速铁路鸡西段、城市街路改造、供水供热管网改造等民生和基础设施项目建设。三是大力推进项目招商引资。大力开展招商引资活动，不断提高招商引资的质量和实效。谋划组织好夏秋季专题招商活动，努力引进一批大项目、好项目。强化招商引资针对性，抓好重大经贸活动签约成果的跟踪推进，提高合同履约率和项目开工率，确保项目“招得来、落得下、留得住、做得大”。

（五）着力培育转型发展的新动能

一是加快新经济增长领域培育。加快落实《鸡西市新经济增长领域三年培育计划（2018~2020年）》，将产业项目建设与新增长领域培育相结合，不断挖掘、培育、释放优势和潜力，动态推动30个新增长领域发展，努力生成一批新项目，培育一批新产业。二是大力发展新产业、新业态、新商业模式。以建设中科遥感卫星产业应用项目为契机，加快推进大数据、云计算、物联网技术与各行业融合发展。实施新一轮科技型企业培育计划，依托各方力量，创办一批科技企业孵化器，着力培育一批主营业务收入500万元以上科技型企业。鼓励、支持科技人员、大学生、农民、龙煤转移分流职工创业就业。加快企业、个体工商户和专业合作社等市场主体培育。

（六）深化改革释放发展潜力

一是持续深化作风整顿和优化营商环境，深化“放管服”改革，加快建立以权责清单为核心的高效审批体制，进一步释放市场主体活力。认真抓好商事、价格、农村、社会事业等各项改革，营造“亲”“清”政商关系。二是抓好重点领域改革工作。创新政府配置资源方式，切实降低实体经济要素成本和各类交易成本。加快鸡西产城融合示范区试点建设，健全各类公共资源出让收益管理和监督制度体系，大力推行政府和社会资本合作（PPP模式）。加快推进电力市场化交易体制改革，利用好国家电力市场化交易改革政策和省委、省政府出台的促进开发区改革创新的发展意见，探索、创新建立合作机制，降低园区企业用电成本。

B.31
2019～2020年双鸭山市经济形势分析与预测*

于海峰　王大业**

摘　要： 2019年，双鸭山市坚持稳中求进工作总基调，按照高质量发展要求，以供给侧结构性改革为主线，坚定不移转方式、调结构、抓改革、促开放、惠民生、保稳定，经济运行总体平稳。但受长期以来体制性、结构性、资源性矛盾制约，经济下行压力不容忽视，发展仍面临许多不确定、不稳定因素。当前，双鸭山正处于加快转型推动经济高质量发展的关键时期，发展不平衡、不充分的问题依然突出，必须持续深化供给侧结构性改革，加快构建多点支撑、多业并举、多元发展现代产业新体系，全力推进新时代双鸭山全面振兴全方位振兴。

关键词： 双鸭山　经济运行　改革开放　营商环境

一　2019年双鸭山市经济运行总体情况

全市经济运行整体呈现持续平稳增长态势。2019年1～9月，全市实现

* 本文是2018年黑龙江省哲学社会科学研究规划项目（项目号：18JYC261）的阶段性研究成果。

** 于海峰，双鸭山市委政研室主任，研究方向为党建理论、区域经济发展；王大业，黑龙江省社会科学院文化和旅游研究所助理研究员，研究方向为工业经济学。

地区生产总值（GDP）251.2 亿元，同比增长 5.2%，增幅较上年同期回落 0.4 个百分点，高于全省平均水平 0.9 个百分点，居四煤城首位。

（一）农业生产增速回落

2019 年 1 ~ 9 月，第一产业实现增加值 18.2 亿元，同比增长 1.9%，增幅较上年同期回落 3.4 个百分点，低于全省平均水平 0.7 个百分点。全年农作物种植面积 615.9 万亩。畜牧业发展平稳，除生猪产业受非洲猪瘟疫情和环保压力影响处于下行趋势外，其他产业运行平稳，效益良好，增加值同比增长 5%。

（二）工业经济平稳增长

规模以上工业增加值同比增长 4.3%，增幅同比回落 3.1 个百分点，高于全省平均水平 1.6 个百分点，增幅居四煤城第二位。全市规上工业企业实现主营业务收入 279.2 亿元，同比增长 4.6%；利润 4.8 亿元，同比下降 41.5%；税金 10.5 亿元，同比下降 18.1%。主导产业“四升两降”。煤炭、粮食加工、建材、煤化工行业增加值分别同比增长 4.9%、12.3%、19.3% 和 2%，拉升规上工业增速 3.1 个、1 个、0.7 个和 0.04 个百分点；电力、钢铁行业增加值分别同比下降 3% 和 10.1%，拉低规上工业增速 0.3 个和 1.3 个百分点。先行指标“一稳两降”。全社会用电量完成 35.9 亿千瓦时，同比下降 1.9%，其中，工业用电量 26.9 亿千瓦时，同比下降 1.4%；铁路货运量完成 711 万吨，同比下降 9.3%，其中煤炭、钢铁、焦炭、粮食运量分别同比下降 7.1%、5.1%、4.9% 和 9.9%。信贷期限结构进一步优化，中长期贷款余额实现 236.8 亿元，存贷比 100.4%，高出全省平均水平 23.1 个百分点，居全省第 2 位。

（三）项目建设加快推进

2019 年 1 ~ 9 月，全市落实投资 500 万元以上产业项目 153 个（新建 88 个，续建 65 个），年度计划投资 71.5 亿元；实现开复工 133 个（新建 70

个，续建63个），比上年同期增加70个；完成投资43亿元，比上年同期增加1.6亿元。其中，28个省级“百大项目”实现开复工26个，开复工率为92.9%；64个市级“百大项目”实现开复工56个，开复工率为87.5%，完成投资18.4亿元。

（四）消费市场平稳运行

全市社会消费品零售总额同比增长7.2%，增幅较上年同期提高1.2个百分点，高于全省平均水平1个百分点，居四煤城首位。电商产业发展势头良好，全市电商企业发展到680余家，从业人员近万人，快递服务企业业务量和业务收入分别同比增长8.4%和12.1%。“众农联”平台总部型经济发展迅猛，平台注册会员企业达到1007户，累计线上交易量440.4万吨，交易额121.3亿元。

（五）财政运行总体平稳

全市一般公共预算收入实现19.4亿元，同比下降1.2%，增幅较上年同期下降27.9个百分点，高于全省平均水平3个百分点，居四煤城首位。一般公共预算支出完成126亿元，同比增长15.1%，增幅较上年同期提高6.1个百分点。

（六）居民收入稳步提高

居民收入、就业民生指标表现良好。全市城镇常住居民人均可支配收入实现19743元，同比增长6.4%，高于全省平均水平0.6个百分点。农村常住居民人均可支配收入实现10286元，同比增长7.5%，高于全省0.5个百分点。就业形势总体稳定。2019年1~9月全市累计实现城镇新增就业1.79万人；城镇登记失业率控制在3.6%，低于控制目标0.7个百分点。

（七）供给侧结构性改革扎实推进

2019年1~9月，全市累计商品房消化存量59.5万平方米；中储粮双鸭山直属库去政策性库存98.8万吨。支持建龙钢铁、新时代水泥等12户用电大户企业参与签约“直供电”交易电量11.7亿度，预计全年可为企业节约用电成本5600万元。全面落实减税降费政策，1～10月份全市累计减税降费5.4亿元。

（八）对外贸易出口增长，进口下滑

全市外贸进出口总值实现7.24亿元，同比下降5.1%，增幅较上年同期下降16个百分点，低于全省平均水平18.2个百分点，居四煤城第4位。其中，出口同比增长19.5%；进口同比下降18.3%。进口下降主要受俄方加征关税限制原木出口影响，1～9月双鸭山市对俄木材进口额同比减少1.04亿元，同比下降22.29%。对俄贸易实现4.89亿元，同比下降10.5%，对俄贸易占全部贸易的67.54%。

二　2019年双鸭山市经济运行存在的主要问题

（一）经济结构转型升级缓慢

当前，发展方式和经济结构问题是制约双鸭山振兴发展的突出因素。从发展方式看，主要依据要素投入推动经济发展的比重优势大大减弱，资源环境的承载能力大大收紧，传统发展模式已经很难适应新时代要求。从产业结构看，截至2018年底，三次产业比重为38.4∶20.5∶41.1。第一产业偏重、第二产业偏弱，第三产业对全市经济增长贡献增加，这主要是第二产业不振、第三产业相对占比较高的结果，并非完全意义上的结构优化升级结果。从所有制结构看，非公有制经济尽管占全市半壁江山，但总量较小，民营企业占规模以上企业比重还不高、实力还不强。

（二）新旧动能接续压力较大

当前，全市经济转型升级稳步推进，战略性新兴产业亮点纷呈，但从

总体运行态势来看，工业经济持续增长面临严峻挑战，2019 年 1～9 月，全市规模以上工业长期停产企业达 20 户，停产面 13.2%，同比降低 6 个百分点，停产企业主要集中在煤炭和粮食加工行业；亏损企业 50 户，亏损面 32.9%。基础设施建设、房地产开发等传统动能面临不同程度的瓶颈制约，战略性新兴产业、新兴消费热点、绿色经济等新动能规模仍然偏小，煤炭、钢铁、电力、建材等传统产业改造升级力度不够，新能源新材料、休闲旅游等战略性新兴产业储备不足问题较为突出，动力接续期间运行压力较大。

（三）科技创新能力亟须加强

在经济下行压力持续加大和转型发展需求迫切的背景下，双鸭山作为煤炭资源型城市在转型发展过程中也面临巨大压力，传统的投资驱动的发展模式难以为继，特别是在创新能力建设、科技成果转化等方面存在突出短板。2019 年 8 月 30 日，国家统计局、科学技术部和财政部联合发布的《2018 年全国科技经费投入统计公报》显示，2018 年，全国研究与试验发展（R&D）经费投入强度为 2.19%，比上年提高 0.04 个百分点，而双鸭山仅为 0.5%，低于全省平均水平 0.57 个百分点，战略性新兴产业占规上工业增加值比重仅为 4.4%。

（四）县域经济发展速度不快

作为农业大市，双鸭山 49.8 万农村人口和绝大多数贫困人口都生活在县域内。四个县土地占全市的 90%，人口占全市的 67%，在全市发展大局中地位举足轻重，但目前县域经济总量小、产业层次低等问题还比较突出，2019 年 1～9 月，全市县域实现地区生产总值 157 亿元，占全市的 60%。支柱产业受政策和市场等因素影响举步维艰，新经济增长点培育能力弱，导致主要经济指标增速不快。从居民收入看，1～9 月，全市人均可支配收入为 19743 元，农村居民可支配收入为 10286 元，城乡居民人均收入可支配收入差额为 9457 元，收入比为 1.9∶1，农村居民收入约为城镇居民收入的一半。

三　2020年双鸭山市发展面临的宏观经济环境

放眼2020年国际国内经济形势，中国经济坚定不移走高质量发展道路，新时期更高水平的深化改革和扩大开放，将为高质量发展提供更为强劲的发展动力。同时，随着不确定性因素等潜在风险累积叠加，世界经济与国内经济增长均面临较大下行压力。

面对国内外经济形势机遇与挑战并存、潜力与风险叠加的错综复杂形势，从短期看，双鸭山面对国内经济下行压力加大的条件，处于滚石上山、爬坡过坎攻坚期的双鸭山，经济运行困难将会增加，公共财政收入增长基础不稳固，就业形势可能比较严峻，城乡居民收入增长压力加大。但随着习近平总书记在深入推进东北振兴座谈会上的重要讲话精神和考察黑龙江时的重要指示精神以及省委十二届五次、六次全会精神的贯彻落实，省委支持煤城转型发展、县域经济高质量发展等政策的扎实推进，双鸭山全面振兴全方位振兴的方向更明确、目标更明晰、路径更坚定、措施更具体。综合研判，2020年全市主要经济指标与2019年持平，开始显现出由稳增长阶段向高质量发展阶段转换的特征，保持稳中有进、稳中向好态势。

四　对2020年双鸭山市经济工作的建议

（一）坚持把转变发展方式作为核心任务

聚焦经济建设这个中心，以供给侧结构性改革为主线，积极融入“六个强省”建设，全力做好“三篇大文章”、抓好“五头五尾”，大力发展接续替代产业，加快转方式调结构。全力以赴抓好招商引资，坚持精准招商理念，充分发挥“长三角”“珠三角”等专门招商机构作用，围绕现代煤电化、粮食和绿色食品深加工、石墨及新材料、生态旅游、特色种植“五大产业链条”，招引龙头企业，推动招商引资实现新突破。持之以恒抓好产业项目建设，积极融入全省“百千万工程”和“百大项目”建设，大力实施“专班+园区”“目标+考核”，压实市级领导和县区、经济部门责任，进一步增强招商引资积极性主动性。深入实施创新驱动发展战略，把振兴发展的基点放在创新上，努力在深化高等院校合作、建设产业技术创新联盟、强化人才引进等方面取得新进展。抢抓互联网经济发展机遇，大力发展新经济新业态新模式，突出抓好电商产业和“众农联”总部型经济发展。

（二）坚持把深化改革开放作为关键一招

深入贯彻落实党中央、省委关于全面深化改革的部署要求，扎实推进供给侧结构性改革、深化“放管服”优化营商环境、商事制度、财税体制、降本减负、国资国企、农业农村等一系列重大改革，破除体制机制弊端，激发转型发展内生动力。深度融入“一带一路”倡议，落实省委“一窗四区”部署，大力发展开放型经济，充分利用国内国际两个市场、两种资源，不断提升对内、对外双向开放水平。加大对俄投资合作力度，谋划利用好同江大桥通车契机，提升对俄经贸、旅游、金融、物流、现代服务等产业拉动的能力，积极开发日韩等国家和地区市场。主动对接京津冀协同发展、长江经济带发展、粤港澳大湾区建设等国家重大战略，借助龙粤合作契机，全面深化与佛山市、深圳市对口合作。

（三）坚持把发展现代农业作为主攻方向

深入实施乡村振兴战略，深化农业供给侧结构性改革，把转变农业发展方式作为实现农业现代化的重要途径，统筹抓好调结构、壮龙头、抓特色、树品牌等工作。坚持“质量兴农”“绿色兴农”，大力实施农业“三减”行动，强化绿色有机农产品和“互联网+农业”示范基地建设，加快鲜食玉米、棚室蔬菜、菌菇等绿色优质农产品开发，增加经济作物种植面积。坚持把绿色食品和农副产品加工业打造成第一支柱产业，积极引进培育一批农产品精深加工项目，延长产业链、拓展增收链、提升价值链。大力发展县域经济，立足各县资源禀赋和产业基础，不断培育壮大支柱产业和特色产业，夯实县域产业支撑，推动县域经济提档升级、提质增效，实现高质量发展。

（四）坚持把优化营商环境作为重点任务

牢固树立“营商环境是竞争力，也是生产力”理念，持续深化作风整顿和优化营商环境，立足转型发展实际，全力打造“五个环境”。深化“放管服”改革，加快建立以权责清单为核心的高效审批体制，设置“综合服务窗口”，实现“一窗多办”，全面提升审批办事服务效率和效能，实现办事不求人。突出抓好小微企业培育壮大，用好中小企业发展基金，搭建银企合作平台，发挥小微企业信贷风险补偿金和企业转贷周转金作用，重点支持初创期和成长期中小微企业发展。

B.32
2019 ~2020年伊春市经济形势分析与预测

邢 明 王雅华*

摘 要： 2019 年 1 ~ 9 月份，伊春市各主要经济指标超过全省平均水平，GDP 同比增长 5.3%，同时经济结构继续呈现积极调整态势，但是由于工业一企独大、农业自然灾害因素等影响，伊春市经济发展还处在调整期，经济结构的偏差影响经济增长预期。预计 2020 年伊春市经济会继续保持高于全省均值的增速，经济运行将处于持续调整阶段。建议发挥重点产业优势，进一步改善营商环境，着力解决产业结构问题推动经济持续稳定发展。

关键词： 伊春市 经济分析

一 2019年伊春经济发展现状

（一）经济指标稳步增长

2019 年 1 ~ 9 月，伊春市实现地区生产总值 176.6 亿元，同比增长 5.3%，高于全省平均增幅 1 个百分点。其中，第一产业实现增加值 41.3 亿

* 邢明，黑龙江省社会科学院农业和农村发展研究所副研究员，研究方向为区域经济；王雅华，伊春市政府政策研究室主任，研究方向为区域经济。

元，同比增长1.3%；第二产业实现增加值46.3亿元，同比增长8.2%；第三产业实现增加值89.1亿元，同比增长5.9%；分别拉动GDP增长0.3个、2.1个、2.9个百分点。同时，规上工业增加值同比增长19.2%，高于全省平均水平16.5个百分点，位居全省第三；社会消费品零售总额同比增长7.1%，高于全省平均水平0.9个百分点，在黑龙江省各地市中排名第四，经济发展态势总体向好。

（二）结构调整成效明显

一是工业经济动能增强。2019年1~9月，伊春市大中型企业增加值同比增长52.2%，比上年同期提高51.1个百分点，高于规模以上工业平均增速33个百分点，增速大幅提升；制造业增加值同比增长34.1%，比上年同期提高29.7个百分点，占规模以上工业增加值的59.1%；采矿业增加值同比增长4.6%，比上年同期提高2.4个百分点；电力热力生产和供应业增加值同比增长17.8%，比上年同期提高8.4个百分点。二是消费市场保持平稳。2019年1~9月，伊春市社会消费品零售总额同比增长7.1%，高于全省平均水平0.9个百分点，居全省第四位。批发零售业同比增长5.5%，其中，批发业同比增长12.8%，零售业同比增长4.8%；住宿餐饮业同比增长11.3%，其中，住宿业同比增长12.9%，餐饮业同比增长11.5%。旅游收入同比增长15.4%，旅游接待人数同比增长14.7%。旅游产业持续向好，各主要指标均保持两位数的增幅。三是财税收入质量提升。2019年1~9月，伊春市地方财政收入完成15.8亿元，同比增长12.1%，公共财政预算收入完成14.5亿元，同比增长10.5%，增幅位居黑龙江省各地市第一。其中，税收收入10亿元，对公共预算收入的贡献率达到69%，比上年同期提高6.8个百分点。

（三）工业生产运行成亮点

2019年以来，伊春市工业生产一直保持稳步增长的态势。2019年1~9月伊春市规模以上工业实现增加值同比增长19.2%，增速与2019年1~8月持平，比2018年1~9月增幅提高14.6个百分点。2019年1~9月伊春市规模以上工业实现增加值高于全省同期平均水平16.5个百分点，在黑龙江省各地市排名中居第3位。大中型工业企业在工业稳增长中发挥着重要作用。建龙西钢增长的带动下，大中型企业生产增势强劲。2019年1~9月伊春市大中型企业增加值同比增长52.2%，同比提高51.1个百分点。2019年1~9月份伊春市小微企业生增加值同比增长1.5%。从行业上看制造业是工业是带动伊春市规模以上工业增长的支柱行业，制造业增加值同比增长34.1%，比2018年1~9月提高29.7个百分点，制造业占规模以上工业增加值的59.1%，为规模以上工业增加值做出了86.3%的贡献率。采矿业增加值同比增长4.6%，比2018年1~9月提高2.4个百分点。电力热力生产和供应业增加值同比增长17.8%，比2018年1~9月提高8.4个百分点。工业企业经营效益总体向好。1~8月，规模以工业企业实现利润总额15.8亿元，同比增长120%。其中钢铁行业、有色金属矿采选业分别实现利润8亿元和7.3亿元，贡献率达97.2%。

二　经济运行中存在的问题分析

（一）拉动经济增长因素单一

2019年1~9月，伊春市地区生产总值较上年同期回落了0.7个百分点，比一季度和上半年分别回落了0.6个和0.8个百分点。而且，主要是规模以上工业增长的拉动，其中建龙西钢拉动规模以上工业增长21.1个百分点，拉动GDP增长2.4个百分点。若扣除建龙西钢的拉动因素，则规模以上工业增加值同比下降1.9%，GDP仅增长2.9%，经济抗风险能力较弱，经济增速回落趋势明显。一企独大，是伊春工业经济运行的明显特征。

（二）工业企业发展不均衡

2019年1~9月，伊春市61户规模以上工业企业中，有30户企业产值同比增长，建龙西钢实现销售收入111亿元、利润8.3亿元、税金2.6亿元，分别同比增长61%、94%和20%，鹿鸣钼矿实现销售收入20.8亿元、利润5.8亿元、税金8.5亿元，分别同比增长31%、61%和96%。与此同时，还有30户企业的产值同比下降。其中，4户企业降幅均超过70%；1户企业停产，停产及减产企业合计占比达到50.8%，比上年同期提高8.5个百分点，主要集中在木材加工、食品加工和电力热力行业。工业增长对钢铁行业依赖偏重。2019年伊春市工业生产快速增长主要得益于钢铁行业回暖。其他工业行业产值同比呈现下降趋势，传统行业农副食品加工、木材加工等行业产经营状况没有明显的改善。受市场需求不足、原料价格上涨、企业流动资金紧张等因素影响，除钢铁行业外多数企业呈现持续下降态势。钢铁行业在产能增长有限的情况下持续增长，而后期增量受限。六大高耗能行业占比偏高。2019年1~9月，伊春市六大高耗能行业实现增加值同比增长47.5%，比上年同期提高46个百分点。高耗能行业拉动工业增长，但加重了工业结构优化调整负担。

（三）经济下行压力大

伊春市人口自然增长率为负增长。地区生产总值不足全省的2%。人均生产总值仅为全省五成多，2019年1~8月，伊春市累计实现进出口总值21777万元，同比下降14.1%。其中：出口总值20096万元，同比下降9.9%；进口总值1682万元，同比下降44.9%。进出口额持续大幅度下滑。经济下行压力大。

三 对策建议

（一）突出加强生态建设，更好肩负起维护国家生态安全的重任

立足国家重点生态功能区定位，深入实施天保二期工程，实施最严格的保护制度，统筹抓好山水林田湖草系统治理，提升生态系统的质量和稳定

性。一是严格生态保护。重点加大对自然保护区、森林公园、湿地公园、景区景点排查力度，依法依规开展违建清理整治。严厉打击盗伐林木、蚕食林地、毁林开荒、掠青采集、违规采砂采矿等违法行为，从严查处乱捕滥猎野生动物违法行为，让伊春的山更绿、天更蓝、水更清。二是推进山水林田湖草统筹治理。承接落实小兴安岭—三江平原山水林田湖草保护修复工程，实施好伊春河水环境治理、伊春区秋沙鸭栖息地修复治理等工程，推动小兴安岭生态功能持续恢复。三是科学经营森林资源。强化造林质量管理，继续抓好森林经营试点局建设，争取“南四局”公司森林培育项目纳入三北防护林四期工程。四是创新生态保护机制。深入推进自然保护区“一区一法”建设，积极推动汤旺河石林、五营红松原始林申报世界自然遗产，扎实推进建立市场化、多元化生态保护补偿机制行动计划落实。

（二）突出推动产业发展，努力构建以产业生态化和生态产业化为主体的生态经济体系

立足林业资源型城市定位，深入贯彻落实“生态就是资源，生态就是生产力”“绿水青山就是金山银山，冰天雪地也是金山银山”指示要求，在保护的前提下，加快推动产业生态化和生态产业化，加快把林区特色产业做大做强。一是突出改造升级、提质增效，加快推进传统优势产业生态化。立足资源节约和环境改善，加快推进木业加工和绿色矿业生态化发展，通过改造升级“老字号”，让传统优势产业“老树发新枝”。例如，在木业加工业上，继续支持光明、永达等龙头企业，主动迎合市场需求，通过工艺创新，走生态环保、绿色发展的路子，降低资源消耗，提高产业效益。在绿色矿业上，坚持“开发一点，保护一面，带动全局”的原则，积极支持建龙西钢、鹿鸣钼矿等龙头企业技改项目建设，推动企业环保升级和增产扩能互为促进，进一步提高矿业对经济增长的支撑力。二是突出放大优势、挖掘潜力，加快推进生态资源产业化。继续依托优越的生态环境和富集的生态资源，加快培育壮大森林生态旅游、农林食品、林都北药等绿色生态产业，通过深度开发“原字号”、培育壮大“新字号”，推动生态资源加快产业化。例如，

在生态旅游业上，加快提高避暑度假、康体养生、冰雪体验旅游产品的供给能力；在农林食品业上，按照绿色有机标准，发展特色农业和林下经济，把纯天然、无污染做到极致，让有限的土地资源产出更大的经济效益；在北药业上，加快建设标准化基地、研发代表性药品，加快提高新药研发生产能力。

（三）持续推进工业经济稳增长

推动工业经济稳步发展。一是抓重点地区。高度关注低增速增长地区，加强督促指导，全力促进工业经济的稳定运行。二是抓重点行业。抓好钢材、水泥、林木产品加工等重点行业的帮扶解困，帮助企业稳产增效。三是抓重点企业。帮助重点企业增强信心，调整结构，开拓市场，提质增效，确保全市工业经济稳定增长。持续推进工业经济结构调整。一是改造升级“老字号”。鼓励冶金建材、林产工业企业采用新技术、新工艺进行产品升级，推动家具和木制品企业研发生产时尚环保产品，推动传统优势产业向优质、特色和高端化发展。二是深度开发“原字号”。加快建设中国森林食品之都、中国林都北药之乡。抓招商、建基地、上项目，提高产品产业规模和层次，提高产品附加值。三是培育壮大“新字号”。充分发挥资源优势，大力发展新产业新产品，形成新的经济增长点。加快培育经济发展新动能。认真贯彻落实省政府关于加快培育规模以上工业企业工作部署，采取有效措施，进一步加强规模以上工业企业培育工作，充分释放全市工业经济发展潜力，补齐工业总量偏小、规模以上工业企业数量偏少、企业整体竞争力偏弱的发展短板，推动工业经济扩量升级、提质增效，增强工业经济发展后劲。

B.33

2019 ~2020年七台河市经济形势分析与预测

赵 蕾　李宪文*

摘　要： 七台河这座煤城，在近几年的城市转型中，坚持“民营富市、工业强市、生态立市、创新兴市”的发展思路，2019 年经济保持稳步增长。但是，在发展中仍然存在发展不平衡不充分的问题，如替代产业支撑能力不足、传统零售企业竞争力不强、财政收支平衡压力加大等。建议加大招商引资力度以增强经济发展后劲、推动产业结构转型升级以做实做强实体经济、发挥优势特色以发展现代服务业、实施创新战略以集聚科技创新要素、优化营商环境以为市场主体注入活力、坚持生态优先以推动绿色发展，通过以上六个方面的高质量发展推进全面振兴全方位振兴。

关键词： 七台河　经济形势　动能转换

一　七台河市经济发展现状

经初步核算，2019 年前三季度七台河市实现地区生产总值（GDP）159.1 亿元，比上年同期增长 3.5%；增幅比上半年提高 1.3 个百分点，比

---

* 赵蕾，黑龙江省社会科学院经济研究所副研究员，硕士，研究方向为产业经济；李宪文，中共七台河市委政策研究室科长，研究方向为区域经济。

一季度提高1.4个百分点。从三次产业看，第一产业增加值7.4亿元，比上年同期增长2.4%；第二产业增加值58.4亿元，比上年同期增长1.6%；第三产业增加值93.3亿元，比上年同期增长4.9%。全市GDP三次产业构成为4.6∶36.7∶58.7。

（一）三大产业稳中有进

1. 农业生产总体平稳

2019年前三季度，全市农林牧渔业增加值实现8.3亿元，同比增长2.5%，增幅比上半年提高0.7个百分点，比一季度提高7个百分点。其中，农业增加值0.79亿元，增长1.5%；林业增加值1.64亿元，增长3.8%；畜牧业增加值4.66亿元，增长1.8%；渔业增加值0.28亿元，增长5.5%；农、林、牧、渔专业及辅助性活动增加值0.90亿元，增长3.6%，农业实现平稳增长。

2. 工业生产持续回升

2019年前三季度，全市规模以上工业增加值同比增长1.4%。从横向看，规模以上工业增加值增速低于全省1.8个百分点，低于鸡西、双鸭山3.4个和2.9个百分点，在全省13个地市中列第十位，四煤城中列第三位，高于鹤岗0.1个百分点。从纵向看，全市规模以上工业增加值增速比上半年提高8.2个百分点，比一季度提高8.7个百分点。从主要工业产品分析，原煤下降20.0%，洗精煤下降23.6%，焦炭增长46%，发电量下降1.4%，精甲醇增长13.5%，煤气增长28.0%，家具增长8.0%。工业经济正在持续回升。

3. 服务业保持稳定增长

2019年前三季度，全市服务业增加值93.3亿元，比上年同期增长4.9%，增幅比上半年提高0.3个百分点，低于全省平均水平（5.2%）0.3个百分点，在全省列第十一位，四煤城中列第四位。从第三产业构成指标看，财政八项支出增长15.1%；1～8月邮政业务总量增长51.1%；金融机构人民币存贷款余额增长9%；证券交易额增长10.7%；保费收入增长5.4%；电信业务总量增长51.1%。

（二）三大需求稳中向好

1. 固定资产投资增幅较高

2019 年前三季度，全市固定资产投资完成额比上年同期增长 27.9%，增幅比 1~8 月提高 10.4 个百分点，比上半年提高 13.8 个百分点，比上年同期提高 50.2 个百分点，在全省 13 个地市中列第一位，高于全省平均水平 26.2 个百分点，分别高于鸡西、鹤岗、双鸭山 18.3 个、58.0 个和 22.8 个百分点。

2. 消费品零售额平稳增长

2019 年前三季度，全市社会消费品零售总额比上年同期增长 6.1%，低于全省平均水平（6.2%）0.1 个百分点，在全省十三个地市中列第十位，四煤城中列第四位。从行业看，批发和零售业、住宿餐饮业分别增长 1.3%、18.0%。从地域看，城镇市场同比增长 5.3%，农村市场同比增长 10.0%。

3. 进出口保持高速增长

2019 年前三季度，全市实现进出口总额 981.6 万元，同比增长 130.9%，增幅高于全省 117.8 个百分点，在全省 13 个地市中列第一位，分别高于鸡西、鹤岗、双鸭山 104.2 个、52.7 个和 140.6 个百分点。

（三）两大支撑提供保障

1. 财政支出保持较快增长

2019 年前三季度，全市一般公共预算支出完成 83.7 亿元，同比增长 28.6%，增幅比同期提高 20.6 个百分点。民生支出 67.4 亿元，占一般公共预算支出的 80.6%。其中，科学技术、节能环保、城乡社区、住房保障、粮油物资储备比上年同期分别增长 1.5 倍、13.4 倍、1.8 倍、2.5 倍和 2.1 倍。

2. 金融机构存贷款略有增长

据人民银行统计，截至 9 月末，全市金融机构本外币各项存款余额

508.2亿元，同比增长10.2%，比上年同期提高7.7个百分点。金融机构本外币各项贷款余额238.5亿元，同比增长6.5%，比上年同期提高10.4个百分点。

二　七台河市经济发展中存在的问题

近几年，七台河市坚持“民营富市、工业强市、生态立市、创新兴市”的发展思路，推动经济增长方式由投资拉动、要素推动“双轮驱动”向投资拉动、要素推动、创新驱动、市场带动“四轮驱动”转变。但是，在发展中仍然存在发展不平衡不充分的问题，究其原因，主要是以下几个方面。

（一）替代产业支撑能力不足

2019年前三季度，全市工业生产虽然保持平稳增长，但增速放缓。究其原因，一是2018年关闭小煤矿，淘汰落后产能429万吨，受原煤产量下降影响，煤炭采选业负向拉动明显。二是替代产业项目多数仍处在建设培育阶段，大规模释放产能尚需时日。总之，单一产业结构抵御市场风险能力不强，非涉煤产业总量过小，对经济的拉动作用有限，替代产业的支撑作用亟待提高。

（二）传统零售企业竞争力不强

在互联网的冲击下，传统的实体零售业增长缓慢，传统零售企业在创新经营机制和加强线上线下融合发展的速度偏慢，因达不到限额标准而退出市场。

（三）财政收支平衡压力加大

截至9月末，七台河市一般公共预算收入完成17.3亿元，同比下降5.1%，其中，税收收入完成13.7亿元，同比下降9.1%；非税收入完成3.6亿元，同比增长14.2%。重点民生项目、支持经济转型和重点领域改革等刚性支出不断加大。收支失衡严重影响今后的发展，保障财政收支平衡面临较大压力。

三　促进七台河经济发展对策建议

（一）加大招商引资力度，增强经济发展后劲

“六个强省”战略是黑龙江工作的目标。七台河市应借助外力，破解财力不足的困扰。建议按照全省“工业强省”的战略部署，对接“百千万工程”，抓住省委、省政府支持江河产业园区发展的有利契机，全力开展招商引资，吸引一批拉动作用强、科技含量高、市场潜力好的大项目、好项目入驻产业园区，加快推进在建项目竣工投产，积极培育壮大新动能，努力打造一批百亿级企业、千亿级产业园区。在招大引强上取得新突破，积极引进一批生成速度快、科技含量高、产业链条长、带动作用强的大项目。加快推进桃山湖生态环保水利综合治理项目等省“百大项目”建设进程，确保完成年度计划任务。通过优质服务提高投资满意度，实现以商招商的良性循环。通过招商引资实现产业链条的延伸，增强经济发展的后劲。

（二）推动产业结构转型升级，做实做强实体经济

一是坚持以“煤头电尾”“煤头化尾”为抓手，发挥煤炭作为主导产业多年形成的产业基础、技术和人才优势，深化煤企、化企协作，延伸产业链条，提高煤炭资源附加值，为城市产业转型升级赢得时间和空间。通过巩固淘汰落后产能成果，倒逼煤企主动转型升级。二是以“农头工尾”“粮头食尾”为抓手，着力培育和壮大地方特色农业产业体系。可发挥产业园区的集聚带动效应，引进和培育带动性强、关联度高的大企业、大集团，培育新兴支柱产业，推动形成产业发展集群。三是大力发展新型碳产业，加快构筑以石墨及石墨烯为代表的新材料产业体系，不断延伸“碳”产业价值链条，加快高新技术成果转化，加大“碳”产业创新要素供给，形成独具特色的

"碳"材料产业集群。四是着力打造"北方寒地药都"。积极与省中医药大学、省中医药科学院开展深度合作，扩大中药材种植面积，推进中药材种植规模化，加快国药华邈、珍宝岛药业等中草药深加工项目建设进程，充分发挥"黑龙江中草药种子种苗繁育基地""农民创业中草药培训及示范基地"作用，实现转型增效。

（三）发挥优势特色，大力发展现代服务业

现代服务业是推动七台河市转型发展的重要着力点，既有利于促进第一、第二、第三产业的融合发展，又能扩大就业满足消费新需求。一是建议七台河市发展电商、物流、金融、科技、家政服务等现代服务业，抓好新零售小镇、商贸博览城等项目建设，不断提升城市活力。二是加快发展文化旅游产业，以开发文化旅游产品为先导，坚持走特色融合发展之路，充分发挥七台河市冠军文化、抗联文化、矿工文化和生态园林的独特魅力，加强重点景区的规划设计和策划包装，加快桃山湖坝下湿地公园建设，抓好彩灯游园会、冰雪嘉年华等特色文旅项目，融入龙江东部旅游圈，打造七台河市特色文化旅游品牌。三是大力发展冰雪经济，认真落实全省冰雪旅游专项规划和冰雪装备产业发展规划，充分发挥七台河的短道速滑基础和人才优势，深化与省内高校合作，开展短道速滑人才培养。促进文化旅游和体育产业深度融合。要以2022年北京冬奥会为契机，积极承办大型冰雪体育赛事，推广"大众冰雪季"等主题活动，把七台河建设成为全国短道速滑运动基地。

（四）大力实施创新驱动战略，加快集聚科技创新要素

创新是引领发展的第一动力。应深入推动产学研结合，加强与高校和科研院所战略合作，发挥北京石墨烯研究院宝泰隆研发中心、省工研院七台河分院等科研机构的研发优势，推进前沿创新科技成果产业化。同时，加快完善科技创新平台建设，引导科技创新人才集聚，加速科技成果转化，培育发展新业态、新技术、新产业，不断提高新经济比重。抓好开发区创业中心、宝泰隆创新大厦等项目建设。加大科技创新投入，强化技术创新投资引导和

奖励扶持资金投入，把科技城打造成推动创新发展的动力源和增长极。加快培育创新主体，实施新一轮科技型企业三年行动计划，培育一批技术含量高、有发展前景的科技型企业。深入实施“双百”人才计划，积极对接省“头雁行动”，加大平台、资金、政策、环境支持力度，引进培养领军人才。着力建设大学生实习实训、大学生创业就业、科技成果转化、专家智库“四个基地”。

（五）不断优化营商环境，为市场主体添活力

深入贯彻落实国务院《优化营商环境条例》、《黑龙江省优化营商环境条例》，深化“放管服”和商事制度改革，推进“证照分离”改革，持续精简涉企经营许可事项。加强“双随机、一公开”监管，推进部门内“双随机”抽查全流程整合。积极推动建立信用约束和跨部门联合惩戒机制。要加快推进“互联网+监管”和“智慧监管”平台建设，为实现大数据基础上的公正监管奠定基础。要抓好各项降费政策落实情况的监督检查，特别是涉企收费专项检查，切实减轻企业负担。鼓励和支持金融机构加大对民营企业、中小企业的支持力度，降低民营企业、中小企业综合融资成本，缓解企业融资难、融资贵问题。进一步增强服务意识，切实转变工作作风，着力构建“亲”“清”新型政商关系，教育各级干部在“亲”上下功夫、在“清”上守底线，带头当好企业发展的信息员、联络员、战斗员，特别是服务员。加快市民中心建设，对政务服务大厅中部门分设的服务窗口进行整合，全面推行政务服务“马上办、网上办、一次办、七台河帮办”，推进审批流程再造，压缩企业审批时限，打造便捷高效的政务服务环境。

（六）坚持生态优先，推动绿色发展

绿水青山就是金山银山，冰天雪地也是金山银山。七台河市要努力将绿色变为城市的底色、发展的主色。一是深入推进生态保护修复和环境治理，大力开展城乡环境、大气污染、采矿沉陷区等综合治理，扎实推进倭肯河流域综合整治，加快桃山湖坝下生态综合治理工程建设，巩固“清四乱”成

果，为倭肯河下游治污提供更大空间。二是坚决完成退出劣Ⅴ类水体的发展目标，努力向水生态文明城市的目标迈进，用行动立执政形象，用民生促经济发展。三是把农村人居环境整治作为实施乡村振兴战略的重要内容，全力推进垃圾革命、污水革命、厕所革命、能源革命、菜园革命，通过落实“四清”（清理河道、沟渠、柴火、生活垃圾）、“三拆”（拆除村道旁猪圈、简易厕所、危旧房屋）等具体工作，全面提升农村基础设施和公共服务水平，着力解决农村环境“脏乱差”问题，全力打造生态宜居的美丽乡村。

B.34
2019~2020年鹤岗市经济形势分析与预测

苏惟真　黄景生*

摘　要： 2019年党中央、国务院下发了《关于支持东北地区深化改革创新推动高质量发展的意见》，随着政策红利的释放，2019年前三季度鹤岗市经济保持稳步增长，文中从GDP、农业生产、规上工业、固定资产投资、社会消费品零售总额以及财政等多方面详细分析了鹤岗市的经济运行现状。但一些资源型城市共性问题仍然存在，"三偏"问题没有得到彻底解决。预计2020年鹤岗市的经济运行将继续保持平稳增长的态势。最后，提出促进鹤岗市经济高质量转型发展之路的对策建议。

关键词： 鹤岗市　经济　五大产业　转型发展

一　2019年鹤岗市经济运行现状

2019年以来，鹤岗市紧紧围绕党中央、国务院和省委、省政府系列决策部署，以供给侧结构性改革为主线，深入做好"三篇大文章"，着力推进

* 苏惟真，黑龙江省社会科学院农业和农村发展研究所助理研究员，研究方向为农业经济；黄景生，鹤岗市委政研室主任，研究方向为区域经济。

“四头四尾”落地，大力实施生态立市、产业强市、开放活市、人才兴市“四大战略”，培育发展绿色矿业、生态农业、文化旅游、外贸物流、战略新兴“五大产业”，加快打造“三地一区”，持续推动思想转型、体制转型、产业转型、动转型能、作风转型和由“黑”到“绿”转变，加快转方式调结构步伐，实现经济运行持续向好。

（一）GDP 保持平稳增长

2019 年前三季度，地区生产总值实现 162.2 亿元，同比增长 3.1%。其中，第一产业实现增加值 15.3 亿元，同比增长 0.9%；第二产业实现增加值 65.4 亿元，同比增长 0.8%；第三产业实现增加值 81.5 亿元，同比增长 5.4%。三次产业比为 9.5∶40.3∶50.2。从国民经济核算的基础指标看，前三季度负增长的指标有 7 项，正增长的指标有 14 项。

（二）农业生产稳步提升

2019 年前三季度，实现农林牧渔业增加值 17.3 亿元。由于受气候条件、种植习惯、农业经济以及发展渠道等诸多因素的影响，水稻育秧大棚二次开发利用率普遍偏低，种植业比较效益偏低，前三季度农业增加值 0.5 亿元，同比下降 13%；受城市棚户区改造、环保污染整治和非洲猪瘟、炭疽疫情、养殖用地审批较难等因素影响，鹤岗市养殖投入增加，养殖规模缩减，养殖空间缩小，前三季度畜牧业增加值为 13.5 亿元，同比增长 2.5%；受萝北县抚育和育种育苗面积下降影响，前三季度林业增加值 0.4 亿元，同比下降 21.1%；前三季度渔业增加值 0.9 亿元，同比增长 3.7%。

同时，鹤岗市着力优化农业结构，稳步提升优质农产品供给能力，2019 年调减水稻面积 11.1 万亩，调减玉米面积 17 万亩，增加大豆面积 33.6 万亩，大力发展蔬菜、鲜食玉米、中药材等高值高效作物，有机绿色食品种植面积达到 142 万亩。大力培育牵动性和辐射力较强的农业产业化龙头企业，推动农产品精深加工集群集聚发展，全市农业产业化龙头企业达到 51 户，主营业务收入500万元以上企业发展到44户，实现收入50亿元，呈现出向农业现代化方向发展的态势。

（三）规上工业增速放缓

前三季度，规上工业增加值同比增长1.3%，低于全省平均水平1.4个百分点，预计2019年底前有3户新建企业入统，全年全市规上工业增加值有望达到全省平均增速以上。从重点行业看，前五大行业增加值同比增长1.9%，占规上工业的93.3%，拉动规上工业增长1.8个百分点。从企业效益看，全市128户规模以上工业企业实现利润总额4亿元，比同期减少4.5亿元。

（四）固定资产投资下降明显

前三季度，固定资产投资同比下降30.1%。从经济类型看，国有及国有控股占主体同比下降26.6%，民间项目投资同比下降36.7%。从构成分类看，建筑安装工程同比下降23.3%，设备工器具购置同比下降54.6%，其他费用同比下降27.7%。从产业结构看，第一产业同比下降71%，第二产业同比下降32.5%，第三产业同比下降26.8%。投资下降原因主要有四个方面：一是棚户区改造等项目下降幅度大，前三季度投资同比下降69.3%；二是国有投资与民间投资双下降，国有及国有控股投资同比下降26.6%，民间投资项目同比下降36.7%；三是施工项目少，前三季度全市施工项目150个，同比减少10个，其中新开工项目55个，同比减少7个；四是受天气条件影响，施工难度加大，今年降雨量较往年明显增多，极大影响了投资项目特别是户外项目的开工和建设。

（五）社会消费品零售总额持续增长

前三季度，社会消费品零售总额完成121.5亿元，同比增长7%，高于全省平均水平0.8个百分点，列全省第6位、四煤城第2位。限上社会消费品零售总额增长3.5%，限上零售业销售额同比下降0.4%，限上餐饮业营业额同比增长1.4%。

（六）财政收入出现下滑

2019年前三季度，受减免税费及税源影响，全市实现全口径财政收入30.1亿元，财政收入同比下降8.3%。其中公共财政收入16.1亿元，同比下降10.1%。公共财政收入中税收收入11.5亿元，同比下降4.2%；非税收入4.6亿元，同比下降22%。

（七）外贸进出口总值快速增长

前三季度，完成外贸进出口总值10.4亿元，同比增长89.6%，列全省第2位、四煤城第2位。其中出口0.4亿元，同比下降15.5%；进口10亿元，同比增长99.1%。累计利用省外内资项目20个。

（八）城乡居民人均可支配收入增速平稳

前三季度城镇居民人均可支配收入预计18599元，同比增长6.5%，与上半年基本持平。

二　2019年鹤岗市经济运行中存在的主要问题

（一）产业结构偏重问题仍然存在，短期内无法彻底扭转

产业结构偏重问题依然体现在工业上，虽然煤经济占规模以上工业比重较2018年有所下降，但仍无法摆脱依赖煤炭产业发展的问题。2019年，鹤岗市重点推进五矿集团对石墨资源的整合，加快推进米家乐速食米饭、可口儿大豆食品产业园等项目建设。但由于长期受到资源型城市依赖煤炭资源制约，产业结构单一，转方式调结构需要一个长期过程，产业结构偏重问题短期内还无法彻底扭转。

（二）固定资产投资拉动不强，在建项目进展不均衡

2019年前三季度，鹤岗市固定资产投资同比下降30.1%，比上年同期减少22.9个百分点。鹤岗市全面推进开发新能源发电项目，光伏、风电等13个新能源发电项目被正式列入国家和省规划，纳入规划项目数量、新增发电量分别占全省25%和37%，列全省首位。项目计划2020年之前全部并网发电，届时将实现新增装机容量130万千瓦，新增发电量34.45亿度/年，拉动投资98.7亿元，全市新能源发电装机容量占发电装机总容量的48.5%以上，逐步解决投资增长点单一等一系列问题，但还是存在过度依赖大项目、工业投资总量小、民间投资活跃度不足、新开工项目少等问题，固定资产投资增长压力依然较大。

（三）第三产业拉动引擎动力不足，经济作用不明显

现代服务业规模小、发展慢，规模以上营利性服务业仅有4户，凡能纳入统计口径的营利性服务业增加值占第三产业的比重只有10%左右，对经济增长拉动有限。鹤岗市积极打造现代产业体系、实施创新驱动发展、重聚发展新动能，目前全市共有自建电商平台19个。2019年，鹤岗市进一步完善“好品鹤岗”电子商务平台服务体系建设，引进第三方知名电商，建设好品鹤岗商城、智慧餐饮、智慧酒店、便民缴费（大数据运行分析系统）四个系统，构建市政府自建电商平台带动企业和电商平台协同发展的新态势。

（四）战略新兴产业步伐缓慢，精深加工项目活力还未释放

战略新兴企业和高新技术企业总量低数量少，占比仅有0.7%和1.3%，最有发展潜力的石墨行业没有呈现明显的增长态势，占规上工业增加值的比重一直在4%左右。为加快新兴产业发展，鹤岗市全力推进国信通动力电池、海达石墨负极材料、奥星石墨深加工、帝源矿业石墨深加工等项目建成投产，重点抓石墨新材料、锂离子动力电池、储能电池、光伏发电、风电、生物质

发电、“互联网+”等新技术、新产业的发展，为鹤岗转型发展提供新动能，但仍存在新兴产业基础薄弱、新的经济增长点没有形成规模的问题。

三 2020年鹤岗市经济形势展望

2020年，面对煤炭资源枯竭、原煤产量下降以及接续替代产业尚未形成等困难局面，鹤岗市借助国家新一轮东北振兴战略，依托资源优势，大力实施“五大产业”；重大基础设施建设取得新突破，城区老工业区搬迁改造、独立工矿区改造搬迁，采煤沉陷区综合治理和创新能力建设上政策空间较大，城市转型发展前景广阔。综合研判，2020年是充满希望和挑战的一年，鹤岗经济运行将继续保持稳步增长态势。

（一）预计GDP将实现增长态势

现基于全市2019年地区生产总值核算中第一产业、第二产业、第三产业情况和明年走势预计做出初步概算。第一产业农业总体稳定，种植业、养殖业占比第一产业90%以上，养殖业（特别是生猪养殖）明年将呈现恢复性增长，扭转非洲猪瘟以来“断崖式”下降的趋势。第二产业工业平稳运行，明年鹤岗市将重点开展省市“百大项目”建设，佳鹤铁路项目将顺利推进，关门嘴子水库项目开工建设，老旧小区改造工程启动，新批复的一批新能源发电项目陆续实施，将强有力拉动配套建材、人员就业、财税收入等指标上行。同时，龙煤鹤矿、海油华鹤、国信通等一批大型企业将继续推动指标平稳运行。第三产业服务业快速发展，财政八项支出和社会消费品零售总额占第三产业60%以上，考虑到2020年经济形势整体向好，财政收入增加，八项支出将继续提高。2020年，鹤岗市将红星万象等一批新的大型商贸企业将投入运营，伴随居民收入增加和消费升级。

（二）预计全市规上工业可实现平稳增长

2020年，在煤炭、石墨、农副食品等重点行业利好因素的带动下，预计鹤岗市工业经济运行会呈现平稳增长的发展态势。一是煤炭开采洗选业预计正增长。鸟山煤矿预计2020年6月份投产，规上地方煤矿预计2020年开工情况好于2019年，全市规上原煤产量有望实现小幅增长。二是石墨行业发展势头良好。随着中国五矿入驻鹤岗市，国信通动力电池和泰东德高纯石墨及负极材料项目投产，石墨行业有望实现较快增长。三是农副食品制造业行业回暖。预计大米、乳制品等产量陆续回升。2019年底预计东发豆制品、两江牧业等食品加工企业进入规上，有望带动行业实现恢复性增长。

（三）农业持续保持良好发展趋势

从近三年的统计数据看，鹤岗市农业发展始终保持良好态势。2017年，鹤岗市粮食作物播种面积为279.95万亩，产量为19.2亿斤；2018年，粮食作物播种面积299.06万亩，产量为20.14亿斤；2019年，粮食作物播种面积达到308.2万亩，产量预计达到24.1亿斤，分别比2017年增长10%、25.5%。2020年鹤岗市将继续大力推广“高产、优质、多抗”品种，逐步扩大中药材、食用菌、万寿菊、山野菜等特色高效作物和饲料饲草种植规模，不断增强农业综合生产能力。2020年，散养户补栏积极性将继续提高，规模场也将继续增栏扩大产能，畜牧产业全行业将实现恢复性增长。2019年，农机总动力达到119.5万千瓦，比2017年增长4.4%；主要农作物田间综合机械化率为99.6%，预计2019年底，萝北县可评为全国主要农作物生产全程机械化示范县。到2020年，农机总动力预计达到120万千瓦，主要农作物田间综合机械化率为99.7%。预计2020年，鹤岗市农业依然会保持良好发展势头。

（四）经开区承载力不断提升

2019年底，鹤岗经开区入驻企业达到55户，其中规上企业达到14户；实现工业总产值73亿元，同比增长3.2%，其中规上企业实现工业总产值69亿元，同比增长4.24%；实现税收2.7亿元，同比增长1.18%。打造煤电化产业核心区，初步形成了以中海油、华鹤为龙头的百万吨煤制化肥产业链，以鹤翔新能源、嘉润新能源为龙头的20万吨焦炉煤气制LNG产业链，以征楠、广宇为龙头的400万吨煤制焦产业链，以华能鹤电为龙头的120万千瓦煤转电产业链。2020年，鹤岗经开区将初步形成运行模式与管理机制双创新、功能布局与设施建设双加强、经济总量与经济效益双提升的良好局面。

四　促进鹤岗市经济转型的对策建议

2020年，鹤岗市要充分利用自身资源优势，加快产业发展和项目建设，统筹稳增长、促改革、调结构、惠民生、防风险、保稳定，奋力走出一条质量更高、效益更好、结构更优、优势充分释放的高质量发展之路。

（一）深入实施“十百千”工程

紧紧围绕“建设龙江东部工业强市”，全面承接落实省委、省政府“百千万工程”，围绕发展“五大产业”，培育10个产值超十亿级企业、形成3个销售收入超百亿级产业、打造千亿级产业集群。加快实施产业项目三年行动计划，健全产业项目储备库。开展企业提质增效专项行动，盘活存量企业，扩大项目增量，打造一批集团化企业、新增一批规模以上企业、培育一批高科技企业，实现质量和效益同步提升。

（二）大力发展农业支柱产业

围绕“名、特、优、新、稀”产品，进一步扩大有机绿色农产品和鲜食玉米、寒地樱桃、汉麻等高效特色作物种植规模，推进农村菜园、果园、花海“两园一海”建设，引导特色农产品生产逐步向专业化、集约化、规模化发展。深入推进“两牛一猪一禽”工程，加快促进生猪恢复性生产，积极发展肉鸡、大鹅等禽类养殖及特色水产养殖，拓宽农民增收渠道。积极推进农产品流通体系建设，大力发展连锁经营、电子商务等新型流通业态，打造农产品销售公共服务平台。充分发挥“互联网＋农业”作用，围绕农产品在生产、加工、检验、物流、销售等全产业链实行全程监控，打造环境可测、生产可控、质量可溯的现代化农业。

（三）发展壮大战略新兴产业

培育壮大“新字号”企业，以建设石墨新材料产业基地为目标，坚持“一平台、两园区、三条产业链”发展方向，支持国信通动力电池、华升石墨烯、海达高纯石墨、奥星石墨负极、溢祥石墨负极等企业实现量产，深化与中国五矿、深圳贝特瑞集团等龙头企业合作，加速推动石墨产业高质量发展。大力发展文化旅游产业，突出中俄界江游、森林养生游、现代农业游、矿山文化游四个重点方向，推动“旅游+”融合发展，谋划建设忠仁“鱼米之乡”生态小镇、云山石墨小镇、“电影故事·矿山记忆”小城镇等18个特色小镇，建设水上健身中心、市滑冰馆、大型群众冰雪活动基地、冰雪综合体等项目，推进清源湖、鹤立湖、谕霖射击场等景区基础设施建设。着力打造“龙江三峡”中俄犹文化旅游集合区，持续叫响“游龙江三峡，赏两国风光”品牌。

（四）培育壮大县域经济

依托各县（区）资源特点、区位优势发展特色产业，建立一地一规划、一区一主导产业的发展格局，将绥滨县打造成北方鱼米之乡、辽金生态古城，将萝北县打造成重点边境口岸城市，引导各区实现差异化、互补式发展。引导城市产业有序向两县转移，支持适宜产业向小城镇集聚发展，支持企业在乡村兴办生产车间、就业基地，增加农民就地就近就业岗位。推进区域一体化协调发展，实现各县（区）与鹤矿、农垦、森工互助、互补、互利发展。

（五）加快推进园区发展建设

针对影响民营经济、中小微企业发展的用地、规划、环评、建设等方面的突出问题，新建2个中小微企业产业园区，为中小微企业发展提供要素服务支撑。加快推进路、水、电、热等基础设施，抓好土地收储，做好土地预留，整合棚改腾空土地，提升项目承载能力。加大招商引资力度，坚持“走出去、请进来”，适时举办和参加各类产业招商推介会，紧紧围绕鹤岗市“五大产业”定位和布局引进一批拉动能力强、科技含量高、市场潜力好的大项目、好项目。

B.35

2019~2020年绥化市经济形势分析与预测

宋晓丹　张福超　赵月华　张　旭*

摘　要： 2019年，绥化市积极应对经济下行压力，经济运行呈现总体平稳、稳中趋缓态势。具体体现在，经济实力稳步增强，结构调整释放潜力；产业转型持续升级，主导产业支撑有力；新旧动能加速转换，内生动力积蓄生成；质量效益同步向好，基础保障比较充分。但受到不确定因素的制约，绥化市经济在发展中存在着经济增长明显放缓、防范风险能力不强、投资增长后劲乏力、财税收入不及预期的问题。为应对出现的问题，绥化将通过推进农业供给全面升级，厚植绿色发展新优势；推进产业转型全面升级，汇聚经济发展新动能；推进县域经济全面升级，打造竞相发展新格局；推进开放合作全面升级，构建外贸导向新高地；推进治理效能全面升级，重塑投资营商新环境。

关键词： 绥化市　新优势　全面升级　积蓄新动能

一　2019年绥化市经济运行总体态势与基本特征

2019年，绥化市积极应对经济下行压力，强调度、挖潜力、稳增

* 宋晓丹，黑龙江省社会科学院经济研究所助理研究员，研究方向为区域经济、发展经济学；张福超，绥化市委政研室主任；赵月华，绥化市委政研室经济研究科科长，研究方向为区域经济；张旭，绥化市委政研室农村研究科副科长，研究方向为农村经济。

长，转型升级内在动力不断增强，经济运行呈现总体平稳、稳中趋缓态势。

（一）经济实力稳步增强，结构调整释放潜力

2019年前三季度，绥化市地区生产总值完成725亿元，同比增长4%，总量稳居全省第一方阵。一是工业经济引领增长。第二产业增加值增长5.4%，增幅领跑三次产业，对经济增长贡献率达43%，创近年来最好水平。来自工业经济的拉动强劲，据电力部门统计，全市大工业用电量增长16.4%，高于全社会用电量10.6个百分点。规上工业增加值同比增长9.7%，高于GDP增幅4.3个百分点，高于全省增幅7个百分点，列六个综合城市第2位。二是县域经济整体增强。全省考核反馈显示，安达、肇东、庆安、青冈、海伦5个县综合指标进入全省前20名，县域经济阵营明显壮大。县域GDP实现692亿元，占全省24%，比上半年提高5.6个百分点；县域规上工业增加值8个县域实现增长，海伦、青冈、兰西、望奎增长在两位数以上；县域财政公共预算收入占全市71%，占全省18.3%，比上半年提高0.5个百分点；县域税收收入占全市66.3%，占全省18.9%。安达、肇东财税两项指标分列全省第1位和第2位。三是民营经济发展壮大。减税降费为市场主体赋能，前三季度全市共新增减税6亿元。各类市场主体持续增加，累计新增33667户，其中新增企业6577户，列全省第2位。全市7户产值超10亿元规模以上工业企业均为民营企业，民营经济比重达到60%以上。

（二）产业转型持续升级，主导产业支撑有力

绥化市以供给侧结构性调整为主线，加快构建“1+4+N”现代产业体系，深入推进“千百十”工程，实体经济迈向链条化集群化发展。一是农业供给能力加速提升。粮食总产量预计231.5亿斤，同比增产5.7%，实现“十六连丰”，“压舱石”地位更加稳固。绿色有机食品认证面积1255万亩，发展休闲农业经营主体559个，建设休闲农业与乡村旅游示范点19个。二

是农产品精深加工产业贡献突出。聚焦打造千亿级主导产业，推动“食尾”“工尾”向食品制造、医药、化工、生物领域延伸。规上农产品加工企业发展到173户，产值占工业比重达到67%，增长20.6%，对工业增长贡献率达超过90%，成为拉动经济增长的龙头产业。肉制品、水稻及大豆产业增长率分别达到83%、22%和13%，企业实现满负荷生产。三是产业园区升级释放集聚效应。全市开发区主营业务收入增长31%，利用省外资金同比增长34.2%，各类园区集中了全市60%的规上企业。

（三）新旧动能加速转换，内生动力积蓄生成

绥化市通过实施创新驱动战略，培育壮大新经济新业态，汇聚经济发展新动能。一是科技创新积蓄新动能。深入实施新一轮“科技型企业三年行动计划”，新注册科技型企业达到380户。高新技术企业发展到26户，预计全年达到31户以上，天有为、福和华星、泰纳、迪龙等高新技术企业贡献突出。高新技术产业实现产值204.4亿元，增长13%，增加值增长8%，快于全市经济增长4个百分点。二是战略招商积蓄新动能。签约招商引资项目572个，签约资金844亿元。其中10亿元以上项目11个。成功与恒大集团签约恒大文化旅游城项目，高标准谋划松花江都市田园创新示范区建设，打造哈绥同城化一体化发展先行区。引进数字经济战略合作项目，与阿里巴巴在数字城市、普惠金融等方面开展深度合作，蚂蚁金服授信已达43.5亿元。三是项目建设积蓄新动能。开复工固定资产投资500万元以上产业项目146个，完成投资72.5亿元，转型升级项目占70%。哈伊客专、绥大高速、民用机场、海伦国投等项目加快推进，新和成生物发酵产业园一期试车生产，绥化大数据中心一期建成运营。四是升级消费积蓄新动能。社会消费品零售总额增长6.9%，内需消费拉动较为稳定。文化类等实物商品消费增长超过70%。新业态快速发展，全市网络交易额达到83.3亿元，同比增长23.3%。受大庄园进口量持续增长带动，全市进口额增势强劲，实现20.2亿元，同比增长10.5%，占进出口总额的70%。

（四）质量效益同步向好，基础保障比较充分

持续加大关键领域和薄弱环节补短板力度，积极推进稳就业、促增收、强基础，经济发展质效稳步向好。一是就业形势持续稳定。全面落实创业就业扶持政策，共发放创业贷款1.17亿元，创业带动就业作用突显。城镇新增就业3.81万人，超额完成省定任务，城镇登记失业率3.68%，比计划指标低0.62个百分点，零就业家庭动态为零。二是居民收入持续增长。城镇常住居民人均可支配收入达到19241元，同比增长6.9%，高于全省1.1个百分点，高于全市GDP增速2.5个百分点，居民收入增速跑赢GDP增速。三是企业生产效益创新高。规上工业企业主营业务收入增长5.1%，产销率达到90%，利润总额同比增长36%。四是基础建设投资加大。用于基础建设的国有控股投资快速增加，占固定资产投资的29.8%，增长29.5%。基础设施投资增长17.5%，拉动全市投资3.6个百分点。五是金融保障能力增强。存款余额已突破1700亿元，贷款余额达到1010亿元，存贷比为59%。

二　绥化市经济运行中存在的问题

（一）经济增长明显放缓

近两年，绥化市受产业项目大幅减少和部分行业波动等负向拉动，经济运行仍处于缓冲恢复阶段，增长速度持续低位徘徊。2019年一、二、三季度GDP同比增长5.6%、4.7%和4%，呈现逐季下降态势，特别是二、三季度增幅均低于全省平均水平，第一产业、第三产业增幅均低于GDP增幅，拉动能力有所减弱，经济增长不及全年预期。

（二）防范风险能力不强

由于对行业和市场风险预判不足，部分重点领域出现经营困难。畜牧业

方面，受非洲猪瘟疫情影响，生猪饲养量同比下降38.7%。工业方面，受原料供应、价格下滑等影响，安达安瑞佳出现停产，肇东中粮、明水三精制药等骨干企业产值明显下滑，下拉规模工业4.9个百分点。农产品出口方面，受国际市场波动影响，肇东成福、青冈赛美葵花等企业出口额大幅下降。

（三）投资增长后劲乏力

固定资产投资持续下滑，三次产业投资全部呈现负增长，民间投资降幅超过20%，投资形势不容乐观。究其原因，主要是项目储备严重不足，缺少重大项目支撑，开工项目中亿元以上占比不到20%，产业项目对投资的贡献率不足50%。同时，受建筑业、房地产业颓势影响，房地产投资大幅萎缩，从市场需求及政策导向上看，房地产投资短期内难有改观。

（四）财税收入不及预期

受减税降费政策因素影响，税收收入减收1.1亿元，同比下降3.8%，导致公共财政预算收入同比下降达2.8%。税收占比为66.8%，低于全省9.2个百分点，个别市县低至40.7%，财税收入县域间不均衡问题凸显。由于垫付养老金缺口和偿还到期政府债务本息等因素影响，公共财政预算支出持续增长，财政资金保运行压力较大。

三　2020年绥化市经济形势预测

展望2020年，从消费升级机遇看，绥化依托寒地黑土及其生态化丰富物产，有基础有能力成为美好生活产品的重要“生产端”“供给端”。从乡村振兴机遇看，给绥化农业大市带来的深远影响和重大机遇将会创造改变农村面貌、汇聚财富、人才回归、文化繁荣、治理强化等诸多机会。从互联互通机遇看，绥化在区域一体同城化发展上具有不可比拟的潜力潜能。综合研判，2020年绥化市经济下行压力将有所缓解，基本保持总体稳定、平稳回升态势，经济运行处在合理区间的总基调没有变，有望实现“十三五”中期调整后的发展预期。预计 GDP 增长 6% 以上。

四　2020年绥化市经济工作的对策建议

（一）推进农业供给全面升级，厚植绿色发展新优势

一是建设绿色农业强市。推行循环农业、智慧农业、互联网农业等新模式，建设好示范园区，进一步塑造兰明青望海蔬菜产业带、海伦非转基因大豆优势区和全国最大鲜食玉米生产加工基地等“绿色农业地标”，为保障国家粮食安全和食品安全做出新贡献。二是建设产业融合强市。实施“农旅双链”战略，加快发展共享经济、美丽经济、生态经济，支持家庭农场、农民合作社、农村集体经济组织等发展融合项目，鼓励支持工商资本参与农业领域建设，培育乡村旅游、田园综合体、特色小镇等示范典型。三是建设品牌农业强市。深化“寒地黑土”双品牌战略，加快统一绥化产地品牌、企业品牌、渠道品牌、消费品牌。四是打造农业农村改革先行区。推进农村“三块地”“三变”改革，全面激活土地权能、释放土地价值。推进农事服务一体化体系建设，推广蚂蚁金服普惠金融项目，加快中粮信托开展农事服务一体化项目合作落地，力争在绥化打造一批农事服务一体化的现代农业试点。

（二）推进产业转型全面升级，汇聚经济发展新动能

一是做优做大做强实体经济。加快培育国内一流的玉米精深加工产业集群和特色农产品产业集群，打造精细化工、生物医药、亚麻纺织、机械电子“四大支柱”产业新优势，加快“大智移云”新技术与实体经济深度融合。二是提升产业项目建设质量。深入推行图谱制精准招商，加快储备一批承接政策落地和推动产业升级的战略项目，支持鼓励有条件企业扩能裂变生成新项目，吸引集聚上下游配套跟进，做大龙头企业、培育小巨

人企业。三是深入实施创新驱动战略。大力培育科技型企业、中小企业孵化器和创新创业示范基地，创新产学研用协同推进通道，完善促进创新创业发展政策措施。四是推动开发区创新升级。鼓励企业运营开发区和支持市场化合作共建开发区，加快打造肇东国际农产品加工产业园、青冈百亿级玉米产业园、天有为汽车产业园、新和成生物发酵产业园等区中园、园中园。

（三）推进县域经济全面升级，打造竞相发展新格局

一是打造县域优势主导产业。坚持全市“一盘棋”、县域“一张图”，统筹县域产业规划布局。突出“一县一业”“一县一型”，发挥比较优势，打造优势产业链、产业群、产业带、产业城。探索突破县级行政区划配置资源，强化县域内部、县域间产业集成联动。有针对性地避免重复建设和低水平竞争。二是壮大县域龙头企业集群。通过招大引强、合作裂变、滚动发展，深化“双品牌”合作、产业链配套衔接、扩容升级等转型模式，支持培育中小企业快速成长，壮大县域企业集群。三是培育企业家群体。支持行业协会及新社会阶层、新经济组织发展壮大，加快培育一批全国性的行业先锋、创新型的领军人物、创业型的农民典型，营造尊重企业家、关心企业家、善待企业家的良好氛围。

（四）推进开放合作全面升级，构建外贸导向新高地

一是加快互联互通。全力构建立体交通、信息交互、公共服务等互联互通、共建共享网络，高标准建设龙江北部商贸物流中心及对外经贸节点，提升区域中心城市承载和辐射能级。二是建好外贸基地。培育绿色特色食品及农产品加工出口集群，培育壮大外贸主体层次和规模，加快创建国家级出口农产品质量安全示范区，构建外贸导向型生产加工基地。三是扩大开放合作。扩大与“一带一路”沿线国家经贸往来，深度拓展对俄、日韩蒙等东北亚地区合作交流，深度融入哈尔滨“一小时”“两小时”经济圈，推进与湛江对口合作走深走实，引导域外资金流向战略性新兴产业

和先进制造业。四是强化平台载体。加快绥化海关建设，高标准打造肇东国际农产品加工产业园和国家级亚麻纺织出口基地，打造通道沿线重要物流枢纽区。

（五）推进治理效能全面升级，重塑投资营商新环境

一是打造便捷高效的办事环境。持续深化以“最多跑一次”“办事不求人”为重点的“放管服”改革，推进政务服务流程再造，实施数字城市工程，提升市县两级数据共享交换平台建设，加快打造东北第一座“钉钉示范市”。二是打造富有活力的产业发展环境。实行市场准入负面清单制度，推行普惠金融、科技金融、绿色金融等金融服务，加大清理规范涉企地方收费项目力度，完善“引才留才育才”相关政策和机制，营造统一开放、公平竞争、规范有序的市场环境。三是打造诚信法治的社会环境。强化“新官都要理旧账”，健全完善依法办事、履约践诺监管体系，加快建立营商环境考核机制，完善以信用为核心的新型市场监管体系，严厉打击破坏营商环境的行为。

参考文献

《2018 绿色食品统计公报》，中国绿色食品发展中心网站，2019 年 7 月 10 日。

刘艳涛、陈子璇：《唐珂：加快品牌强农　推进农业高质量发展》，《农民日报》2018 年 7 月 10 日。

韩肖：《如何更好利用资源优势　专家把脉黑龙江食品和农副产品精深加工产业发展》，《经济日报》（中国经济网），2019 年 5 月 23 日。

黑龙江省人民政府：《“龙江绿”以“绿”换“金”》，《农村工作通讯》2019 年第 15 期

秦悦：《发展新业态要重视经营主体带动作用》，《经济日报》2019 年 10 月 11 日。

B.36
2019～2020年大兴安岭地区经济形势分析与预测*

刘文涛　宋静波　王　拓**

摘　要： 在国内国外错综复杂的环境与黑龙江省经济下行的压力下，2019年大兴安岭地区的经济运行态势展现出较强的韧性，应对经济下行压力初见成效。但不可忽视的是，大兴安岭地区也面临诸如农业灾情较为严重、工业经济基础欠佳、百姓平均收入尚在低水平徘徊、固定资产投资持续走低等问题。2020年，大兴安岭地区应当继续深入推进国有林区改革工作，持续加快发展动能转换、抢抓省内政策与机遇，全面提升全区发展效应与质量。

关键词： 大兴安岭地区　高质量发展　林区改革

2019年，大兴安岭区坚持用习近平新时代中国特色社会主义思想为指

* 本文为黑龙江省哲学社会科学研究规划项目"新时代龙江高端装备制造业自主创新对策研究"（18JYE681）；黑龙江省哲学社会科学研究规划项目"基于生态伦理视域的我国传统产业绿色发展路径创新研究"（17JLD182）；黑龙江省哲学社会科学规划项目"黑龙江省资源型城市承接产业转移加快转型发展研究"（19JLB016）；黑龙江省新型智库研究项目"黑龙江省加快资源型城市转型发展研究"（18ZK061）；黑龙江省新型智库研究项目"发展全域旅游推动黑龙江省煤城创新转型发展的对策研究"（18ZK057）。

** 刘文涛，黑龙江省塔河县委办公室副主任，研究方向为行政学；宋静波，黑龙江省社会科学院文化和旅游研究所助理研究员，博士，研究方向为工业经济学；王拓，黑龙江省社会科学院文化和旅游研究所助理研究员，博士，研究方向为经济理论、管理哲学。

导，继续贯彻落实中央和省委经济工作会议精神，牢牢把握稳中求进工作总基调，按照高质量发展的要求，坚决打好“七大攻坚战”，扎实推进“双十”重点工作，多措并举地“保生态、抓改革、促转型、惠民生”，全区各类工作持续推进、稳中有进。1～9月，地区生产总值、规上工业增加值分别增长5.1%、20%，预计全年分别增长5.1%、18%，林区经济实现平稳发展。

一 2019年大兴安岭地区经济发展特征

（一）经济运行稳中有进

一是第一、第三产业平稳增长，第二产业增势强劲。1～9月份，地区生产总值完成74.3亿元，同比增长5.1%，增速较上半年提高0.8个百分点，居全省第5位，高于全省平均水平4.3%的增速0.8个百分点，高于全年目标5%以上的速度0.1个百分点。其中，第一产业增加值为16.1亿元，同比增长了4.9%；第二产业增加值为12.1亿元，同比增长了15.9%；第三产业增加值46.1亿元，同比增长了2.5%。

二是林业保增长、稳基础作用明显。通过多方努力，拥有了稳定的天保工程补助性资金、稳定且持续增加的补造补植费用、稳定的施业区面积。2019年上半年，实现拉动林业增加值5.6亿元，同比增长了6.9%，占GDP比重达到了12.1%。

三是金融市场运行平稳。2019年9月末，我区所有金融机构人民币总存款余额为372.2亿元，同比增长了9.7%。其中：住户存款余额为221.9亿元，增长14.8%；非金融企业存款余额余额54.6亿元，下降10.2%；机关团体存款余额79.5亿元，增长17.5%；财政性存款余额16.1亿元，下降7.3%。各项贷款余额达150.4亿元，同比增加了38.1%。从贷款主体看，住户贷款余额为50.8亿元，增长了37.4%；机关团体贷款及非金融企业余额为99.6亿元，增长了38.5%。

（二）特色经济亮点纷呈

一是接续产业增势强劲。生态旅游接待人数和收入分别增长 11.12% 和 15%，相继在杭州、揭阳等地举办了民宿项目招商暨冬季文旅产品推介会，漠河市入选国家首批全域旅游示范区名单。启动总投资435.1亿元的“双五十”项目116个。松岭钼矿核准和采矿证在省发改委和自然资源厅全力支持下即将破题，呼中区飞虎山铅锌矿划定矿区范围得到批复，漠河市农夫山泉饮用水项目投产（项目设计产能 25.3 万吨/年，目前生产近千吨）。瓦西、呼十公路完工通车。

二是矿产、建筑两项行业拉动工业经济不断增长。2019 年 1 ~9 月，大兴安岭地区规模以上工业增加值同比增长了 20%，增速位列全省第 1 位，高于全省人均水平 2.7% 的增速 17.3 个百分点，高于全年目标 2% 的速度 18 个百分点。增长的主要原因：以古莲河煤矿、欧浦煤矿为主的煤炭企业实现利润同比大幅增加，其中，古莲河煤矿利润比去年同期增加 1208 万元、欧浦煤矿利润比去年同期增加 3354 万元。全社会建筑业增加值完成 5.1 亿元，同比增长 19.8%。区外建筑业产值 1.1 亿元，占资质以上建筑业产值比重为 14.4%。资质以上建筑企业所签合同额比 2018 年同期增加了 2.6 亿元，同比增长 54.6%。

三是消费品市场稳中见升。鉴于我区居民人均收入水平持续增长，进一步拉动市场消费水平。2019 年 1 ~9 月份，大兴安岭地区社会消费品零售总额同比增长了 5.4%。以销售情况看，批发零售业的零售额同比增长了 5.2%；住宿餐饮业零售额同比增长了 5.8%。

二　2019年大兴安岭地区经济发展中的主要问题

（一）全区经济下行压力依然较大

囿于宏观经济的影响，大兴安岭地区经济发展体现出放缓态势，2019 年上半年增速较一季度低 0.9 个百分点，较去年同期低 1.4 个百分点，与

2019 年全年预期目标相差 0.7 个百分点。以行业来看，GDP 核算九大行业的增速与 2018 年同期相比“四增五降”，批发业、住宿业、餐饮业、零售业虽然实现正增长，但是增速持续下降，需予以高度关注。

（二）政府财政收入同比减收

受 2018 年 10 月 1 日实施的个税提高起征点翘尾及 2019 年减税降费政策的影响，工商税收金额 3 亿元，同比下降 11.7%。2019 年上半年，公共财政预算收入总计 4.5 亿元，同比下降 7.6%，低于 2019 年同期 22.2 个百分点。

（三）工业高质量发展进展缓慢

当前大兴安岭地区工业经济增长依然主要依靠传统型矿产开采行业，战略性新兴产业的占比偏低，支撑不足，仅为 9.9%，对各领域的拉动作用明显不足。2019 年上半年，规模以上工业企业亏损面为 50%，亏损额达到 0.2 亿元。

（四）固定资产投资持续下滑

虽然 2019 年固定资产投资计划比去年减少 6.8 亿元，但本年度 1～6 月份也仅完成计划的 16.5%，尚不足一半。尤以棚改配套和“三供一业”项目进度较为落后。与此同时，工业产业项目投资额度较小，重点项目铅锌钼矿审批手续没有完结，大型公路建设处于收尾阶段，瓦西公路投资同比缩减。2019 年固定资产投资同比下降了 7.6%。

三　对策建议

2020 年是深入贯彻党的十九届四中全会和省委十二届六次全会精神开局之年，我们将以推进高质量发展为主线，以抓投资抓项目抓招商为重点，突出解决好观念与信心、体制与机制、保护与发展、当前与长远、短板与弱项、法治与环境问题，努力在加强林区治理、转换发展动能、补齐短板弱项三方面求突破，加快推动林区发展全面振兴、全方位振兴。

（一）在林区治理上把握两个重点

释放改革体制机制活力。2020 年是重点国有林区改革和林业集团直管改革到位之年，我们将深入贯彻中发〔2015〕6 号和中央编办发〔2019〕225 号文件精神，坚持“应分必分，该合则合，分合兼顾”，在“四分开”前提下，探索建立森林防火、资源保护利用、区域规划统筹、基础设施建设、干部人才交流、就业维稳等协调配合共享机制，实现地方政府和林业企业在新体制下同心同向、同治同责、协调高效运行。精准制定实施《重点领域改革风险防控化解工作方案》，按照科学有序、渐进均衡、共享共摊等划分原则，2020 年上半年完成人财物移交，确保分出和谐、分出效能、分出合力，确保人心不散、思想不乱、工作不断。

（二）在动能转换上做好两篇文章

对内深挖潜力。深挖绿色发展潜力，深挖盘活存量资产潜力，探索闲置资源与城市消费需求共享新模式，利用林场场址、棚改房等发展特色民宿。对外借势借力。抢抓政策争取红利，深化落实中发 37 号和省委省政府《实施方案》，制定出台大兴安岭地区 109 项具体任务的《贯彻落实意见》，力争更多项目纳入国家和省“十四五”规划、省“百大项目”计划。抢抓项目投资红利，抓好“准备之冬”，变冬闲为冬忙，开春即开工；抓好项目推进，全力推动我区产业和基础设施“双五十”项目，确定明年开工计划，挂图作战，倒排工期，提高“三率”完成度；抓好重大项目，推动投资逾百亿元的松岭钼矿和原油战略储备库项目明年开工建设，规划建设我区境内 660 公里“醉美 331 风景廊道”配套功能，着力打造爱情小镇、龙江第一湾等景区景点。

（三）在夯实基础上补齐两个短板

提升基础设施硬实力。把握发行专项债券政策窗口期，围绕铁路、公路、机场、电力、4G全覆盖、北药大市场、园区孵化器等，做好项目储备、申报和前期准备工作。打造人文支撑软实力。实施人才引进提升工程，健全引才政策包，畅通人才绿色通道，深入开展本土大学生回乡就业创业行动，订单式培养一批本土技能人才，确保引得来、留得住、可持续，解决缺人缺人才缺智力支撑问题。大力弘扬龙江“四大精神”，以精神面貌转变带动社会风貌转变，以思想文化振兴带动转型发展振兴。

皮 书

智库报告的主要形式
同一主题智库报告的聚合

✤ 皮书定义 ✤

皮书是对中国与世界发展状况和热点问题进行年度监测，以专业的角度、专家的视野和实证研究方法，针对某一领域或区域现状与发展态势展开分析和预测，具备前沿性、原创性、实证性、连续性、时效性等特点的公开出版物，由一系列权威研究报告组成。

✤ 皮书作者 ✤

皮书系列报告作者以国内外一流研究机构、知名高校等重点智库的研究人员为主，多为相关领域一流专家学者，他们的观点代表了当下学界对中国与世界的现实和未来最高水平的解读与分析。截至2020年，皮书研创机构有近千家，报告作者累计超过7万人。

✤ 皮书荣誉 ✤

皮书系列已成为社会科学文献出版社的著名图书品牌和中国社会科学院的知名学术品牌。2016年皮书系列正式列入“十三五”国家重点出版规划项目；2013~2020年，重点皮书列入中国社会科学院承担的国家哲学社会科学创新工程项目。

中国皮书网

（网址：www.pishu.cn）

发布皮书研创资讯，传播皮书精彩内容
引领皮书出版潮流，打造皮书服务平台

栏目设置

◆ **关于皮书**

何谓皮书、皮书分类、皮书大事记、
皮书荣誉、皮书出版第一人、皮书编辑部

◆ **最新资讯**

通知公告、新闻动态、媒体聚焦、
网站专题、视频直播、下载专区

◆ **皮书研创**

皮书规范、皮书选题、皮书出版、
皮书研究、研创团队

◆ **皮书评奖评价**

指标体系、皮书评价、皮书评奖

◆ **互动专区**

皮书说、社科数托邦、皮书微博、留言板

所获荣誉

◆ 2008 年、2011 年、2014 年，中国皮书网均在全国新闻出版业网站荣誉评选中获得“最具商业价值网站”称号；

◆ 2012 年,获得“出版业网站百强”称号。

网库合一

2014年，中国皮书网与皮书数据库端口合一，实现资源共享。

S 基本子库
UB DATABASE

中国社会发展数据库（下设 12 个子库）

整合国内外中国社会发展研究成果，汇聚独家统计数据、深度分析报告，涉及社会、人口、政治、教育、法律等 12 个领域，为了解中国社会发展动态、跟踪社会核心热点、分析社会发展趋势提供一站式资源搜索和数据服务。

中国经济发展数据库（下设 12 个子库）

围绕国内外中国经济发展主题研究报告、学术资讯、基础数据等资料构建，内容涵盖宏观经济、农业经济、工业经济、产业经济等 12 个重点经济领域，为实时掌控经济运行态势、把握经济发展规律、洞察经济形势、进行经济决策提供参考和依据。

中国行业发展数据库（下设 17 个子库）

以中国国民经济行业分类为依据，覆盖金融业、旅游、医疗卫生、交通运输、能源矿产等 100 多个行业，跟踪分析国民经济相关行业市场运行状况和政策导向，汇集行业发展前沿资讯，为投资、从业及各种经济决策提供理论基础和实践指导。

中国区域发展数据库（下设 6 个子库）

对中国特定区域内的经济、社会、文化等领域现状与发展情况进行深度分析和预测，研究层级至县及县以下行政区，涉及地区、区域经济体、城市、农村等不同维度，为地方经济社会宏观态势研究、发展经验研究、案例分析提供数据服务。

中国文化传媒数据库（下设 18 个子库）

汇聚文化传媒领域专家观点、热点资讯，梳理国内外中国文化发展相关学术研究成果、一手统计数据，涵盖文化产业、新闻传播、电影娱乐、文学艺术、群众文化等 18 个重点研究领域。为文化传媒研究提供相关数据、研究报告和综合分析服务。

世界经济与国际关系数据库（下设 6 个子库）

立足“皮书系列”世界经济、国际关系相关学术资源，整合世界经济、国际政治、世界文化与科技、全球性问题、国际组织与国际法、区域研究 6 大领域研究成果，为世界经济与国际关系研究提供全方位数据分析，为决策和形势研判提供参考。

法律声明